中美宏观金融运作机理比较研究

杨朝军　于文博　徐英杰　李一新◎著

经济管理出版社
ECONOMY & MANAGEMENT PUBLISHING HOUSE

图书在版编目（CIP）数据

中美宏观金融运作机理比较研究/杨朝军等著 . —北京：经济管理出版社，2022. 12
ISBN 978-7-5096-8848-9

Ⅰ. ①中…　Ⅱ. ①杨…　Ⅲ. ①金融—对比研究—中国、美国　Ⅳ. ①F832 ②F837. 12

中国版本图书馆 CIP 数据核字（2022）第 236018 号

责任编辑：乔倩颖
责任印制：黄章平
责任校对：董杉珊

出版发行：经济管理出版社
　　　　　（北京市海淀区北蜂窝 8 号中雅大厦 A 座 11 层　100038）
网　　址：www. E-mp. com. cn
电　　话：（010）51915602
印　　刷：唐山昊达印刷有限公司
经　　销：新华书店
开　　本：720mm×1000mm/16
印　　张：14. 75
字　　数：283 千字
版　　次：2022 年 12 月第 1 版　　2022 年 12 月第 1 次印刷
书　　号：ISBN 978-7-5096-8848-9
定　　价：98. 00 元

前　言

本书系作者在国家社科基金重大项目"优化发展中国多层次资本市场体系"结题后的后续研究成果。

本书以实务研究的风格系统分析了中美两国的宏观金融体系，并对中美两国的宏观金融运作机理作了相对完整的比较研究。重点对中美金融体系设置和不同部门关联、货币政策工具及其应用、货币投放/回收机制渠道、利率系统与利率传导、各级财政机制调控及影响、危机下货币财政政策协同比较等方面展开了深入浅出的分析研究。在我国至今尚未见相同类别的书籍出版，本书将有助于填补这一研究领域的空白。

针对"自上而下"（Top-down）投资决策逻辑的思维定式而言，深刻理解一国的宏观金融运作机理是决策逻辑的基础与出发点；中美两国为当今世界最大的两个经济体，深刻理解两国的宏观金融运作机理及互动关系则是做好国家资产配置与大类资产配置决策研究的前提，亦是各种金融投资策略与风格决策最重要的考量基础，这一认知乃是本书的目的。

本书内容属中高层次，适合大学毕业的财经人士及在校金融经济专业的硕士、博士研究生等相关人员阅读参考。

目　录

第一章 中美金融体系设置及不同部门关联比较研究

第一节 中美金融体系设置比较

一、金融体系框架

从金融体系框架的角度看，中美两国的金融体系大体上均可划分为实体部门、金融监管机构、金融中介机构以及金融市场等组成部分。

（一）实体部门

实体部门是金融体系服务的主体，包括居民、非金融企业、政府等。金融市场的基本经济功能就是向居民、企业和政府提供资金融通服务，将资金从盈余经济主体转移到短缺经济主体手中。

（二）金融监管机构

金融监管机构是根据法律规定对一国的金融体系进行监督管理的机构，其职责包括按照规定监督管理金融市场、发布有关金融监督管理和业务的命令和规章、监督管理金融机构的合法合规运作等。

（三）金融中介机构

金融中介机构的主要功能是帮助资金在资金盈余方与资金短缺方两者之间实现转移过程。金融中介机构通过向资金盈余方借入资金，再将这些资金通过证券市场或者直接发放的方式向资金短缺方进行转移。金融中介机构可分为银行类金融机构和非银行类金融机构，银行类金融机构主要是以商业银行为主的存款机构，因其具有货币扩张功能而单列；非银行类金融机构包括公募基金、私募基金、信托、证券、保险、融资租赁等机构。

（四）金融市场

金融市场包括债券、股票等证券交易市场。金融市场的正常运行有赖于金融机构的参与，包括经纪人、交易商和交易所等，这些机构本身并不承担发行负债或购买金融资产的中介职能，但是，这些机构在引导资金由盈余者流向短缺者的过程中也起着举足轻重的作用，被称为"金融的润滑剂"。

二、中国金融体系的重要部门构成

中国金融体系的重要部门构成如图1-1所示。

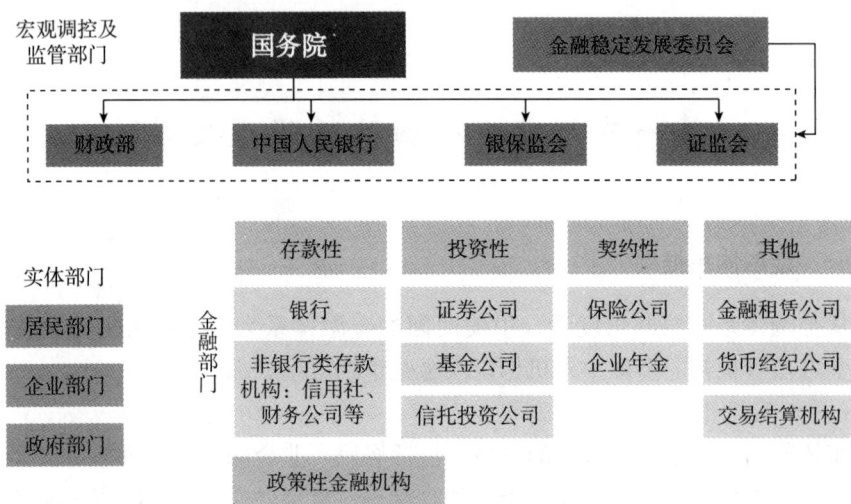

图1-1 中国金融体系的重要部门构成

（一）中国金融体系中的政府部门

政府在金融市场中的角色主要是资金需求方。政府包括中央政府和地方政府。中央政府为弥补财政赤字或筹措经济建设所需资金，在金融市场中发行国库券、财政债券、国家重点建设债券等国债。地方政府为本地公用事业建设发行地方政府债券等。

此外，财政部门在中国人民银行开设国库单一账户（见图1-2）。国库现金管理操作主要采取商业银行定期存款方式，在符合条件的商业银行范围内实行公开招标。为保证国库资金安全，国库现金管理存款银行在接受国库存款时，必须以可流通的国债和地方政府债券为质押。

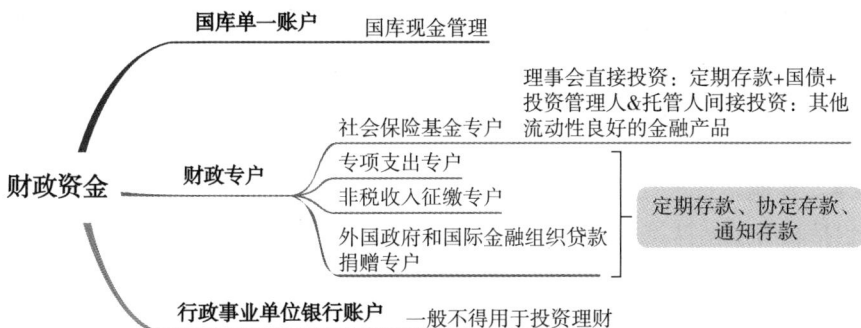

图 1-2　财政资金分类

资料来源：中国财政部官网。

（二）中国金融体系中的金融机构

1. 存款类金融机构

（1）银行：以盈利为目的，主要有吸收公众存款、发放贷款、办理结算等业务，是央行执行货币政策的重要渠道。

（2）非银行：其中，信用社主要指由具有共同利益的主体组织起来的、具有互助性质的合作金融组织。信用社的资金来源主要是成员交纳的股金和会员与非会员的存款。财务公司主要指企业集团财务公司，为企业集团成员单位提供财务管理服务，目的在于集中管理集团资金、提高使用效率。财务公司的资金来源于成员单位的存款、对成员单位办理贷款及融资租赁。

2. 非存款类金融机构

（1）投资性金融机构。

证券公司：主要在证券市场上从事承销、经纪、交易等业务，在一级市场上为赤字方融资，在二级市场上充当证券买卖的经纪人和交易商。

基金公司：资金主要来源于有投资需求的个人和企业，其将资金盈余方的钱集中起来，在证券市场上进行投资。

信托投资公司：是一种以受托人的身份代人理财的金融机构。业务范围主要限于信托、投资和其他代理业务，经中国人民银行批准后可以兼营租赁、证券业务和发行一年以内的专项信托受益债券，用于进行有特定对象的贷款和投资。

（2）契约性金融机构。

主要为保险公司和养老保险基金，其资金来源于个人和企业单位缴纳的保费，在扣除相应的理赔费用之后将其余资金投资于金融市场中。

（3）政策性金融机构。

包括中国进出口银行、中国农业发展银行、国家开发银行。政策性金融机构不以营利为目的，而是专门为贯彻、配合政府社会经济政策或意图，在特定的业务领域内，直接或间接地从事政策性融资活动，充当政府发展经济、促进社会进步、进行宏观经济管理工具的金融机构。

（4）其他。

包括交易及结算类金融机构（交易所、登记结算机构、银行卡组织、资金清算中心等）、货币经纪公司、金融租赁公司等。

（三）中国金融体系中的金融监管及宏观调控部门

1. 中国人民银行

中国人民银行是中国的央行，主要通过货币政策、信贷政策、宏观审慎政策等途径与金融市场以及金融机构产生联系。

2. 中华人民共和国财政部

财政部是负责中国政府资金的重要国务院组成部门，主要职能是配合国务院制订的国家发展计划来管理政府资金收支。政府资金的主要收入来源为税收收入、国企收入以及政务费用，重要的补充收入来源为国债与地方债。财政部主要通过政府支出、税收收入、支付转移、发行国债等途径与金融市场产生联系。

3. 银保监会和证监会

银保监会和证监会通过微观监管与银行、保险、证券期货行业产生联系。

4. 行业自律组织

证券业协会及基金业协会：接受证监会管理，并代为履行部分监管职责。如中国证券投资基金业协会除发布私募基金相关规章、考核基金从业人员资格外，还负责私募基金管理人的登记与注销、私募基金产品的备案与公示。

保险业协会：与证券业和基金业协会类似，接受中国银行保险监督管理委员会和中华人民共和国民政部的业务指导和监督管理。

三、美国金融体系的重要部门构成

美国金融体系结构如图 1-3 所示。

（一）美国金融体系中的金融机构

美国金融市场的直接参与部门以各类金融机构为主，可分为存款类金融机构和非存款类金融机构。

1. 存款类金融机构

按照职能分类，存款类金融机构主要可分为四类，其中商业银行是最重要的存款机构，储蓄银行、储贷协会和信贷联盟统称为储蓄机构（Thrifts）。

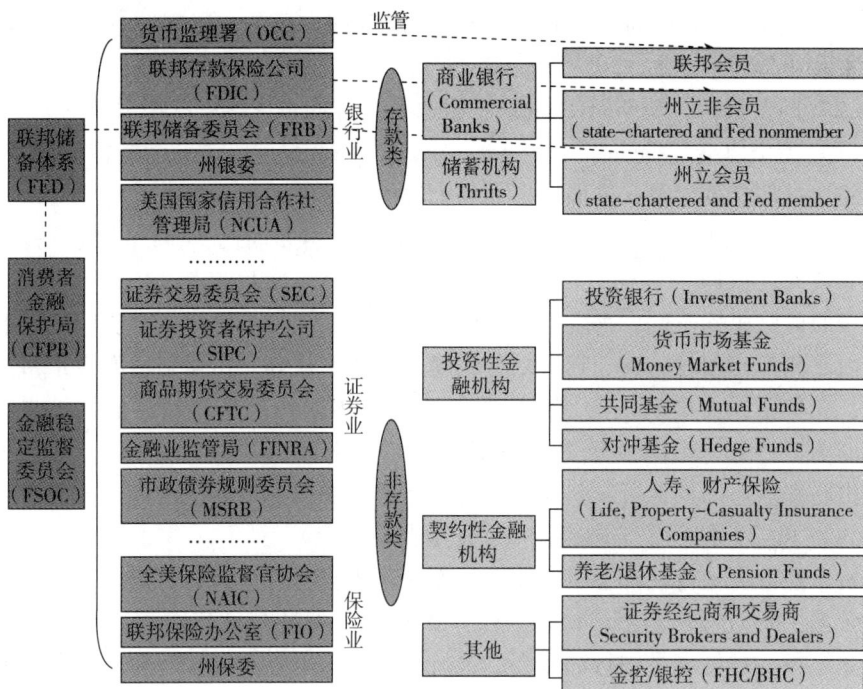

图 1-3　美国金融体系结构

在金融证券化和混业经营的背景下，美国存款类金融机构金融资产占比下降、市场份额降低，且少数大银行占据大比例的资产。随着单一银行制的废除和银行跨州经营获得许可，以银行控股公司为核心的集团控制成为其扩展业务、推行混业经营的重要手段，其结果是资源不断向大型机构集聚，市场集中度不断提升。具体数据如图 1-4 所示。

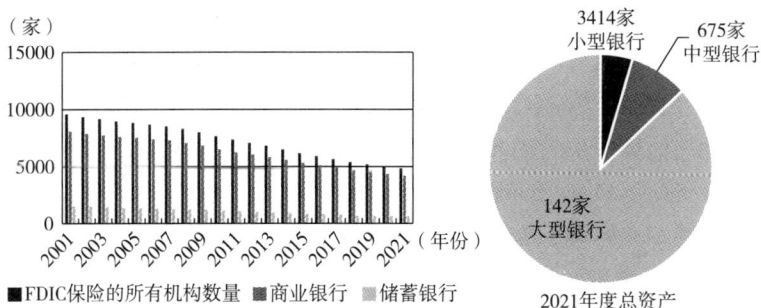

图 1-4　美国存款类机构（在 FDIC 投保的）数目变化与资产分布

注：总资产小于 10 亿美元的为小型银行，10 亿美元至 100 亿美元的为中型银行，100 亿美元以上的为大型银行。

资料来源：FDIC。

（1）商业银行（Commercial Banks）：以营利为目的，以吸收存款、发放贷款为主营业务。

（2）储蓄银行（Savings Banks）：吸收存款并向个人、家庭提供贷款。

（3）储贷协会（Savings and Loans Associations）：主要业务为销售储蓄贷款、提供住房抵押贷款以及其他面向个人和家庭的多种类别和形式的信贷。

（4）信贷联盟（Credit Unions）：汇集成员储蓄并向同一组织的成员提供贷款的非营利性机构。

按照监管机构不同，存款类金融机构可分为联邦会员、州立会员和州立非会员。由于联邦与州权分治、权责划分明确，以及三权分立相互制衡的稳定机制的存在，三种不同类型的机构是美国联邦制政治体制作用下自然形成的结果。例如，商业银行分为国民银行（National Banks）和州立银行（State Banks）。国民银行由联邦货币当局认可，州立银行由各州银行委员会签发经营许可，两者数量比例约为1：2，体现了美国银行双轨注册制的特点。

货币监理署监管联邦会员机构，联邦储备委员会监管州会员机构，联邦存款保险公司主要监管州非会员机构。州立银行管理委员会（州银委）可以监督所有州立银行，包括会员银行和非会员银行。美国信用合作社管理局监管所有的信用合作社。

2. 非存款类金融机构

非存款类金融机构不直接参与货币创造过程，其资金来源更加丰富。非存款类金融机构主要包括以下几类：

（1）投资性金融机构。

货币市场基金（Money Market Funds）：从个人或机构汇集短期流动性资金并购买基金，资金主要投资于高质量的短期证券。

共同基金（Mutual Funds）：向公众销售产品，收益和回报来自专业管理的股票、债券和其他债券组成的资产池，如先锋集团（Vanguard Group）。

对冲基金（Hedge Funds）：销售的产品主要迎合有不同资产需求（包括商品、房地产及其他风险更高的非传统投资）的更广泛的投资者，受约束较少。

投资银行（Investment Banks）：向从金融市场筹资的公司或寻求兼并和证券交易的企业提供专业咨询，如高盛集团（Goldman Sachs）等。

（2）契约性金融机构。

保险公司：包括人寿保险以及财产、健康及其他保险公司（Life/Property/Health Insurance），主要向公众销售各种保险产品，以防范个人或财产损失的风险，并管理企业及个人退休基金。

退休基金/养老基金（Retirement Funds/Pension Funds）：退休基金的产生源

于美国多层次的养老保险"三支柱"体系，美国也是最早发展养老保险制度的国家之一。

（3）其他金融机构。

证券经纪商和交易商（Security Brokers and Dealers）：代表客户和自己的投资账户买卖证券，如富达（Fidelity Investments）等。

金融控股公司或集团（Financial Holding Companies）：提供包括信用卡公司、保险和财务公司以及证券经纪/交易公司的多元服务。

根据 2021 年美联储对全美金融账户的统计，持有金融资产规模最高的是养老基金，其次是私人存款机构，共同基金、保险公司比重紧随其后。具体如图 1-5 所示。

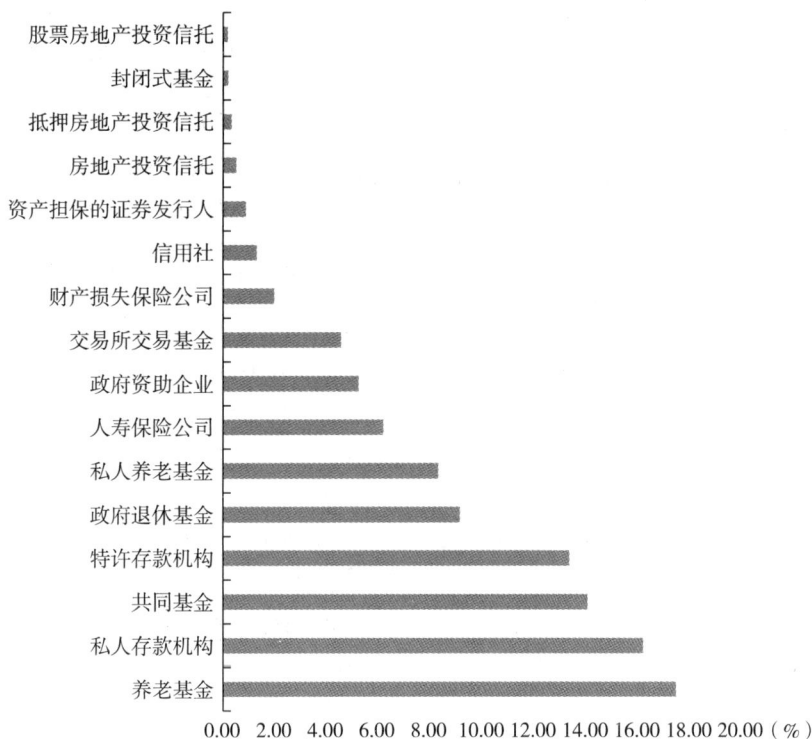

图 1-5　美国各类金融机构 2021 年持有金融资产分布

资料来源：美联储。

基于上述统计对市场份额较大的几类金融机构进行分析，可对美国金融市场直接参与者的发展特点总结如下：非存款类金融机构资产比重呈现出上升趋势，市场主导型金融体系正不断发展和成熟。其中，投资性金融机构尤其是共同基金市场份额上升明显。此外，契约性金融机构尤其是养老基金和退休基金也是美国最重要的投资产品之一。

（二）美国金融体系中的金融监管及宏观调控部门

美国主要的监管机构及宏观调控部门主要职能总结如表1-1所示。

表1-1　美国主要的监管机构及宏观调控部门主要职能

机构名称	主要职能
金融稳定监督委员会（FSOC）	金融稳定监督委员会由美国财政部长担任主席，以及10个投票成员和5个非投票成员组成，包括财政部官员、联邦储备委员会成员和保险专家。主要任务是确定金融机构对美国金融稳定的风险以及金融部门以外的稳定风险。FSOC负责认定系统重要性机构、工具和市场，识别威胁金融稳定的风险，向相关监管机构提出应对建议，协调监管措施，并在必要的时候批准美联储拆分严重威胁金融稳定的金融机构
联邦储备体系（FED）	为美国政府制定货币金融政策，发行货币，对商业银行监管、管理国债和执行宏观调控职能。主要监管职责包括： （1）承担中央银行职能，对美国支付体系的完整性和连续性进行监管； （2）对成员银行及银行控股公司进行现场检查与监管，对美国银行境外分支机构进行监管； （3）对外国商业银行进行现场检查，并对其在美业务范围进行审批； （4）对金融产品进行审定及对金融创新产品进行监管等。 从实际情况看，FED有权对整个银行体系进行监督，但很少直接参与银行检查，其监管内容主要涉及银行的营业许可、法规制定，重点监督检查银行的安全性、稳健性、合规性，衡量银行财务状况及评估银行管理层的管理质量
联邦金融机构检查委员会（FFIEC）	美国金融业的协调机关，协助其他监管机构遵守统一的监管原则及执行统一的标准，如负责美国联邦政府对美国的金融机构进行检查
财政部（DoT）	美国政府的组成部门，除了负责处理美国联邦的财政、税务、通货、债务等事务外，致力于促进经济繁荣和确保金融安全，并负责监督国有银行和储蓄机构；执行美国联邦金融活动以及税收法律，为总统提供经济、金融方面的咨询等
货币监理署（OCC）	隶属美国财政部，其主要监管职责包括： （1）颁发国民银行、外资银行分行的执照； （2）监督和定期稽核所有联邦注册的国民银行，包括进行现场检查，审批国民银行分支机构增设撤并事项、资本金调整事项及银行结构变更合并事项； （3）对违法违规行为或不稳健经营行为采取监管措施，撤换银行管理人员或董事，协商改进银行经营方式，颁布处罚令，采取民事经济处罚等

续表

机构名称	主要职能
联邦存款保险公司（FDIC）	负责对投保的银行进行监管，所有联邦注册的国民银行、联储成员、州注册银行都必须强制参加联邦存款保险公司的存款保险，其他银行可以自愿参加。FDIC 接收各类金融机构的存款保险金组成保险基金，在金融机构发生风险时动用保险基金对储户进行补偿。FDIC 主要监管职责包括： （1）对申请加入存款保险的银行进行审查、注册和监管，重点是对州注册非联储成员银行进行监管，包括允许投保银行设立分支行、兼并和经营信托业务和并购的申请，要求投保银行提交财务报告； （2）对破产银行进行接收和监管，对破产银行的资产负债进行清理； （3）对储蓄金融机构关闭及其转为商业银行进行审批等
美国国家信用合作社管理局（NCUA）	负责监管信用合作社，保护消费者
州银行和保险委员会	授权成立新的银行和保险公司，对在州注册的银行和保险公司颁发执照； 监督和定期稽核所有州立银行及其分支机构
证券交易委员会（SEC）	对证券市场进行监督和管理，禁止内幕交易，维护市场公平； 批准有银行或银行控股公司发行公债和股票，监督银行证券分支机构的活动
证券投资者保护公司（SIPC）	根据 1970 年《证券投资者保护法案》成立的非联邦、非营利性公司，除少数例外，其会员覆盖所有在美注册的经纪交易商。SIPC 监督会员公司破产全过程，给予会员部分合格客户限额以内的经济赔偿
金融业监管局（FINRA）	美国最大的独立非政府证券业自律监管机构，由全美证券交易商协会（NASD）与纽约证券交易所中有关会员监管、执行和仲裁的部门合并而成，它主要负责证券交易商在柜台交易市场的行为以及投资银行的运作，监管对象主要包括 5100 家经纪公司、17.3 万家分公司和 66.5 万名注册证券代表；其核心目标是加强投资者保护和市场诚信建设，通过高效监管，辅以技术服务以实现此目标
市政债券规则委员会（MSRB）	接受证监会监督的市政债券行业自律组织
商品期货交易委员会（CFTC）	对期货市场进行监督和管理
全美保险监督官协会（NAIC）	美国保险业监管职能的执行部门，为非营利性组织，由美国 50 个州、哥伦比亚特区以及 4 个美国属地的保险监管官员组成；其目的是协调各州对跨州保险公司的监管，尤其着重于对保险公司财务状况的监管
联邦保险办公室（FIO）	FIO 有权监督保险部门的各个方面，监督传统上服务欠缺的社区和消费者获得可负担的非健康保险产品的程度；在国际保险事务上，包括在国际保险监管者协会中，有权代表美国

续表

机构名称	主要职能
消费者金融保护局（CFPB）	奥巴马政府在 2008 年金融危机后成立的消费者保护机构，整合了原属美联储、联邦贸易委员会、联邦存款保险公司、全国信用合作社管理局以及美国住房和城市发展部（U. S. Department of Housing & Urban Development）的消费者保护职能；于 2011 年 7 月 21 日开始运营，负责监管资产 100 亿美元以上的美国金融机构，经费由 FED 提供；主要职责包括：实施金融消费者教育计划，受理投诉并调查和反馈，收集和公布数据，制定并执行监管规则等
联邦住房金融局（FHFA）	由联邦住房金融委员会（FHFB）、联邦住房企业监督办公室（OFHEO）和美国住房和城市发展部内政府资助企业（GSEs）相关团队合并而成的监管机构，并扩大了法律和监管权限，包括将政府资助企业纳入接管或保护；对房利美、房地美和 11 家联邦住房贷款银行（FHLBanks 或 FHLBank System）进行监管

美国的监管体制具有"双线多头"的特点，即存在联邦和州两套监管体系，多个监管机构同时对同一业务进行管理。金融危机之后美国提出功能监管思路，是指按照金融功能划分金融监管领域，即对相同的金融服务制定相同的监管标准，而非简单按照金融机构类型划分。

（三）美国金融业经营模式

美国的金融业经营模式在历史上经历了"混业—分业—过渡—高级混业"的演变，主要可分为四个阶段（见图 1-6）。

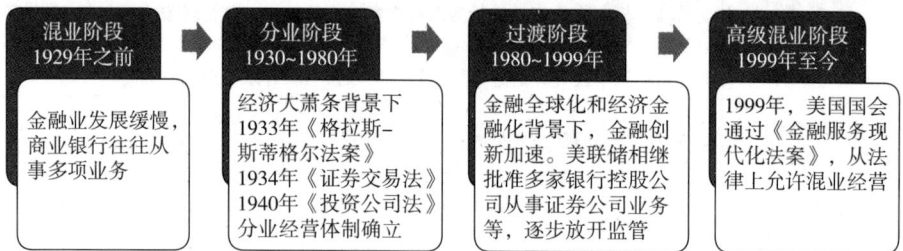

图 1-6　美国金融业经营模式发展过程

（1）混业阶段（1929 年之前）：1850～1929 年，受自由主义经济思想影响，美国中央政府对金融机构监控有限，直到大萧条来临之前，美国的商业银行不但要从事本身的借贷储蓄业务，还要经营信托、证券和保险等多项其他金融业务。

（2）分业阶段（1930～1980 年）：20 世纪 30 年代美国经济大萧条，导致美国 40% 的银行破产或者被合并，商业银行大量倒闭的直接原因是银行大量资金直接流向高风险的证券业。为了挽救大萧条下萎靡不振的金融业，1933年美国国会通过了《格拉斯-斯蒂格尔法案》，在法律上确立了商业银行与投资银行的分离；其后又在1934年和1940年先后推出《证券交易法》和《投资公司法》，规定了商业银行的主营业务只能为存贷款业务，不能从事证券投资等业务；与此同时，投资银行也只能从事本领域范围内的相关业务，即证券承销业务。美国通过法律在银行和证券业中设立了明确的分水岭，也标志着分业经营的正式开始。

（3）过渡阶段（1980～1999年）：1980年之后金融证券化大潮兴起，投行推出新的金融工具帮助企业以更低的成本进行直接融资，导致越来越多的企业倾向投行，而减少了向商业银行贷款的次数，个人家庭则将银行储蓄转变为证券投资，商业银行面临发展危机。

（4）高级混业阶段（1999年至今）：1999年11月，美国国会通过了《金融服务现代化法案》，标志着美国逾半个多世纪的金融分业经营模式的结束，混业经营再次恢复。《金融服务现代化法案》的法案中明确指出：允许证券公司和保险公司开展商业银行业务，也允许商业银行从事证券、地产、房地产等业务。法案也允许银行、证券公司和保险公司以金融控股公司的方式相互渗透，实现联合经营。该法案的通过，使原先的银行控股公司可以拥有包括商业银行之外的其他投资银行、金融公司、保险公司等经营不同业务的下属公司，这也使许多银行控股公司向美国联邦委员会递交申请，纷纷转变成金融控股公司。

美国国会正式通过《金融服务现代化法案》后，美国金融体系的演变进入一个高峰，大型金融机构在金融市场上迅速扩张，跨行业、跨区域、跨国界的并购活动愈演愈烈，且出现了提供全方位金融服务公司。此外，金融机构之间的业务竞争也有所加剧，包括降低佣金费用、开发新的金融产品、提供金融综合型服务等。

美国混业经营主要采取银行控股公司和金融控股公司形式。

1. 银行控股公司

在20世纪美国实行分业经营背景下，随着金融创新不断出现和信息科技快速发展，银行控股公司逐渐兴起。到1956年，全美共53家银行控股公司，其资产约占全美商业银行总资产的13%。为加强对银行控股公司的监管，美国于1956年和1970年先后通过了《银行控股公司法》和《银行控股公司修正法》。

银行控股公司是持有至少一家银行的股份（权益股）而获得特许经营的公司。根据控制银行的数量，可分为单一银行控股公司和多家银行控股公司。单一银行控股公司占绝大多数，即仅拥有一家银行股份的一部分，其他则是一家或多家非银行企业。

美国商业银行的发展大致经历了三个过程：一是受联邦和各州政治体制影

响，商业银行最初以单一银行制存在；二是随着商业银行不断发展和跨州经营得到法律许可，银行分支机构迅速扩张；三是 20 世纪末监管逐步放开和企业间兼并收购导致越来越多金融或银行控股公司成立。

2. 金融控股公司

根据巴塞尔银行监管委员会、国际证监会组织和国际保险监管者协会联合论坛于 2012 年发布的《金融集团监管原则》所给出的定义，金融控股公司是指在同一控制权下，至少从事银行业、证券业、保险业中的两类金融业务的集团公司。1998 年花旗银行和旅行者集团合并组建花旗集团，开创了金融业综合经营的先河。这种模式中，"混业"主要体现在集团层面，各子公司实质上并不算"混业"，从而在实现风险隔离的基础上在集团内部发挥协同效应。

《金融服务现代化法案》在法律上正式承认了金融控股公司模式。该法案规定符合资本良好、管理良好和《社区再投资法》评级良好三个方面条件的银行控股公司，可以向美国联邦储备理事会提出申请成为金融控股公司。金融控股公司结构及监管示意图见图 1-7。

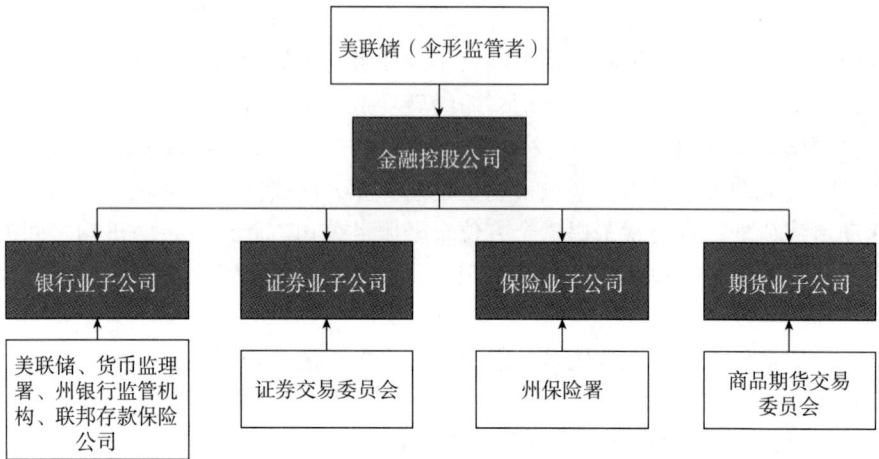

图 1-7 美国金融控股公司结构与监管

资料来源：根据美联储公开资料整理。

进入 21 世纪以来，美国金融控股公司数量显著增加。截至 2017 年底，美国共有金融控股公司 534 家（见图 1-8），其中美国国内机构 492 家，占比 92%；外资机构 42 家，占比 8%。截至 2019 年底，美国金融控股公司资产规模超过 4 万亿美元，占存款机构的 25%。可以看出，相对于银行控股公司来讲，金融控股公司这一金融业综合经营模式在美国已处于不断发展的兴旺时期。

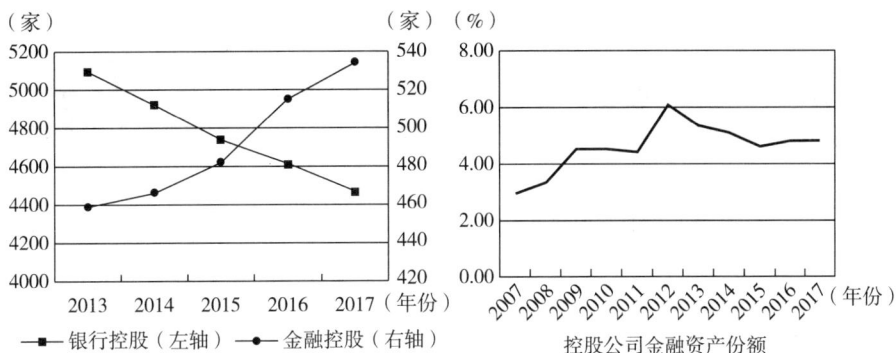

图 1-8　控股公司数量和控股公司金融资产份额变化

资料来源：Report to the Congress on Financial Holding Companies。

金融控股公司具有以下特点：

（1）规模效应和协同效应：金融控股公司通过产权纽带，控制着子公司的重大经营决策。子公司作为独立法人可以自主经营，并在一定程度上享有金融集团的信息、客户、资金等资源。在这种组织模式下，控股公司借助其出资人地位，对子公司的资源进行有效整合，充分发挥资源聚集效应，从而实现地区、业务、产品的互补。

（2）以客户为中心：混业经营的金融控股公司基于以"以客户为中心"的经营理念，通过提供多样化产品和服务来满足客户的不同需求，增加对客户的吸引力，提高市场份额。

（3）风险较高：由于集团内企业之间关联交易的存在，任何一个子公司的经营困难或危机都可能会引起连锁反应，给集团内其他企业带来严重风险，甚至造成系统性金融风险；经营业务广泛、股权关系复杂，监管难度高，且金融控股公司的规模一般较大、涉及面较广，一旦出现财务危机，对整个社会和经济的影响较大。

以全球知名的高盛集团（Goldman Sachs）为例，在 2008 年金融危机之前，高盛集团为金融控股公司，金融危机后为摆脱流动性困境，高盛集团向美国联邦储备委员会申请转为银行控股公司并获批准，从而使其能够设立商业银行分支机构吸收存款，接受美联储监管，享受美联储的救助权利，成为全美前十的银行控股公司之一。2020 年 1 月，高盛集团对其业务部门进行重新分类和命名，其主营业务如图 1-9 所示。根据 2021 年年报披露的信息，经调整后各业务营收数目和比例如表1-2所示。可以看出，高盛集团实行多元化经营，全球市场收入占比最高，整体业务收入分布较为均匀。

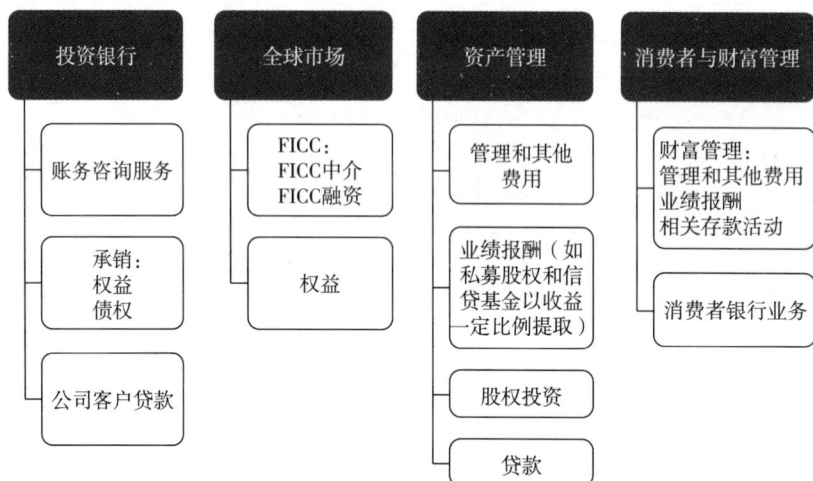

图1-9　高盛集团主营业务分类

表1-2　高盛集团近三年营收分布

	2019年（百万美元）	2020年（百万美元）	2021年（百万美元）	平均比例（%）
投资银行	7599	9423	14876	22.3
全球市场	14779	21157	22077	41.7
资产管理	8965	7984	14916	22.5
消费者与财富管理	5203	5996	7470	13.5

资料来源：高盛集团2021年年报。

2008年国际金融危机后，高盛集团存款业务规模逐年增加，其在总负债中的比重不断攀升。高盛集团2009~2019年年报显示，转型十年来，高盛集团的银行属性逐渐加强，存款负债占总负债的比重从2009年的5%提升至2019年的21%（见图1-10）。

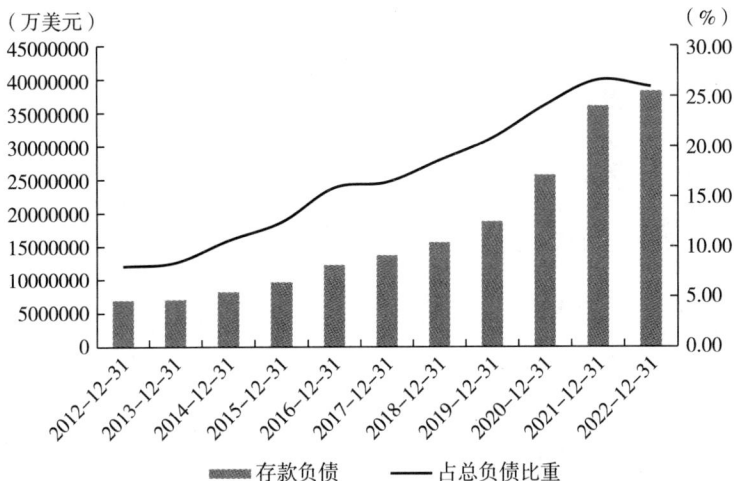

图1-10 高盛集团存款负债规模及占比

资料来源：根据高盛集团年报整理。

四、中美金融体系设置特点比较

(一) 中美金融中介机构特点比较

根据前文所述，中美金融中介机构的设置相似，可分为存款型金融机构、契约型金融机构、投资中介机构等，但就规模来看，中美两国金融中介机构的构成有所差异。

中国存款类金融机构的规模相对更加庞大，就商业银行总资产的规模来看，2019年中国商业银行总资产与GDP的比值高达234.48%，而美国商业银行总资产与GDP的比值仅有83.24%。

如图1-11所示，从2021年的数据来看，中国存款类金融机构的规模最大，占比达到了90%，而契约型金融机构（以保险业数据为代表）规模为7%，投资中介机构（以证券业为代表，包括证券公司、基金等）规模为3%，表明了银行业在中国金融体系中的绝对地位，体现了中国银行主导型的金融市场结构。

相比之下，美国存款机构规模仅占全部金融机构总规模的11%，而占比最大的是契约型储蓄机构，达到了62%。而在契约型储蓄机构中，又以养老基金的占比最高。投资中介机构（以共同基金数据为代表）占比位居第二，达27%。

中国金融中介机构总资产构成
（万亿元，%）

保险业，
24.89，7%　证券业，
　　　　　　12.3，3%

银行，344.76，90%

美国金融中介机构总资产构成
（万亿美元，%）

存款机构，
8.81，11%

共同基金，
22.21，27%

保险、养老基金，
50.55，62%

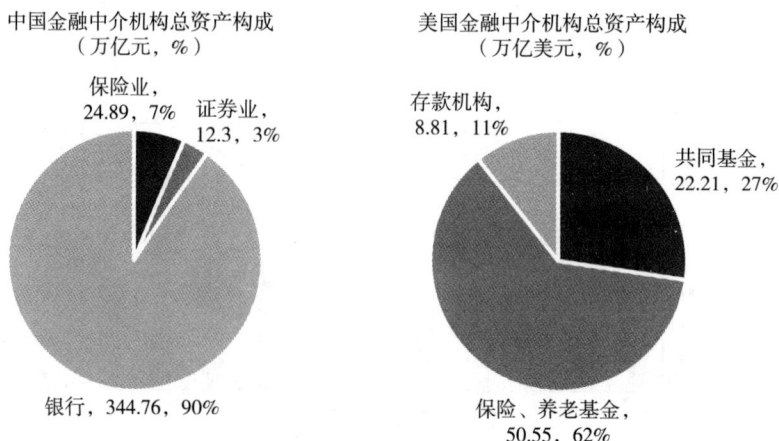

图 1-11　2021 年中美金融中介机构构成

资料来源：Wind 数据库。

中美两国金融中介机构规模结构的差别也源于中美两国居民投资观念的不同。调查显示，美国 92% 的居民购买基金是为了退休保障，因此对养老保障的巨大需求也导致了美国养老基金的高速发展。

（二）中美政策性金融机构特点比较

政策性金融机构是指由政府创立、参股、支持或担保的，在特定业务领域内直接或间接从事政策性金融业务，扶持经济发展的金融机构。中国的政策性金融机构主要是三家政策性银行，分别为国家开发银行、中国农业发展银行和中国进出口银行。而与中国政策性金融机构相对应的是美国的政府金融中介机构，包括政府国民抵押协会、房利美、房地美等，该类政府金融中介机构也具有政策导向性。

中国的政策性金融机构不以营利为目的，且属于政府。但美国的政府金融中介机构除少数属于政府外，多数都是与政府有着密切联系的私人企业，且以营利为目的，被称作政府资助企业（Government-Sponsored Enterprises，GSEs）。虽然政府表面上没有为这些机构提供担保，但实际上对其进行了隐性担保。这也导致了政府资助企业（GSEs）的道德风险问题，如在全球金融危机时政府给予房利美和房地美的紧急援助。

（三）中美金融市场部门比较

中美金融市场组成中，最大的差别就在于金融衍生品市场。目前，中国的金融衍生品涵盖了国债期货、股指期货和股指期权等，近两年品种已有所拓展，如新上市了中证 1000 股指期货、创业板 ETF、中证 1000 股指期权等，但整体的交易量和持仓量仍较小。而美国的金融衍生品市场则十分发达，仅金融期货期权交易所就有芝加哥商品交易所、芝加哥期货交易所、纽约期货交易所、中美洲商品交易所等，交易内容包括公司债券指数期货、机构投资指数期货、市政债券指数期权、美国政府中长期国债期货和期权等。以2022年6月为例，中美两国国债期货期权、期货持仓量见图1-12。

（手）

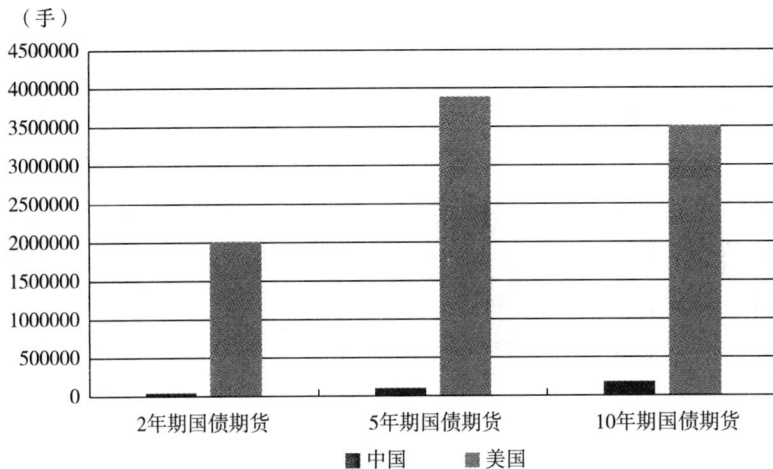

图1-12　2022年6月中美国债期货期权、期货持仓量

资料来源：Wind 数据库。

第二节　中美金融体系部门关联和互动比较

一、中美金融市场直接参与者之间的联系与互动

（一）中国金融市场直接参与者之间的联系与互动

1. 企业与金融机构

企业融资时，往往面临多种选择，比如债权融资、股权融资等。不同融资方式的选择与企业自身的特点和融资需求有关，不同的融资工具也有各自的限制条件，企业还需要考虑自身条件是否符合各种融资工具的监管要求。

关于非金融企业的融资方式，一般有两种基本的分类方法：根据资金盈余方和短缺方是否直接发生融资关系（资金盈余方是否直接承担投资风险），可以分为直接融资和间接融资；根据融资双方权利义务的不同，可以分为债权融资和股权融资。中国企业的主要融资方式如图 1-13 所示。当前中国的非金融企业融资以间接融资为主，直接融资占比较低。

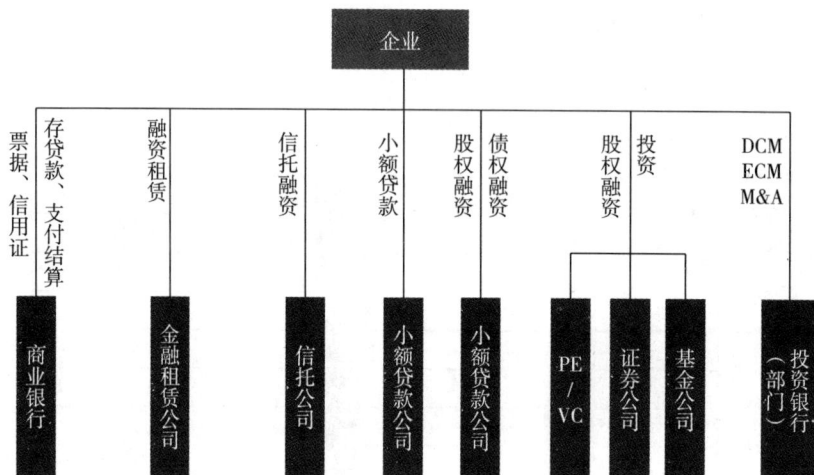

图 1-13　中国企业的主要融资方式

（1）中国非金融企业的间接融资渠道。

中国合法的贷款机构主要有以下四类：①银行，包括商业银行、政策性银行、城商行、农商行、邮政储蓄银行、村镇银行等；②非银行金融机构，包括贷款公司、信托公司、城市信用社、农村信用社、保险公司、财务公司、金融租赁公司等；③民间贷款机构，包括各地小额贷款公司、典当行等；④主题金融公司，如汽车金融公司、消费金融公司等。

银行贷款、委托贷款、信托融资、融资租赁是中国非金融企业常见的间接融资方式。由于中国是以银行为主导的金融市场体系，银行贷款是中国非金融企业最主要的融资方式之一。

银行贷款方面，根据贷款用途的不同，非金融企业的银行贷款可以分为流动资金贷款、固定资产贷款、并购贷款、房地产贷款、项目融资贷款等多种类型。银行贷款的优点是程序标准化、相较其他方式融资成本较低。而其缺点是银行一般要求企业提供担保或者抵押、质押，并且偏好国有企业和大型企业，造成中小企业融资难。对于企业来说，选择银行进行贷款最主要的是成本方面的考量，即贷款利率和抵押率、质押率。目前中国国有大型商业银行的公司类贷款以中长期贷款为主，银行贷款中占比最高的为抵押贷款。

委托贷款是指由政府部门、企事业单位及个人等委托人提供资金，由受托人根据委托人确定的贷款对象、用途、金额、期限、利率等代为发放、监督使用并协助收回的贷款。由于 2015 年以前监管不严，相关法律法规并不完善，大量银行理财资金通过委托贷款的方式投向房地产和地方融资平台等领域。2018 年银监会出台《商业银行委托贷款管理办法》填补了委托贷款监管的制度空白，委托贷款规模明显缩小。

信托融资是指委托人基于对受托人的信任，将其财产权委托给受托人，由受托人按委托人的意愿，为受益人的利益或者特定目的，进行管理或者处分的行为。信托融资主要包括信托贷款和股权信托两种方式，这里主要以信托贷款为例。如果资金投向委托人指定的贷款项目，风险由委托人承担，信托公司仅起到通道的作用，只收取通道费用。如果资金投向信托公司选定的贷款项目，则风险由信托公司承担。

融资租赁是指实质上转移与资产所有权有关的全部或绝大部分风险和报酬的租赁。具体内容是指出租人根据承租人对租赁物件的特定要求和对供货人的选择，出资向供货人购买租赁物件，并租给承租人使用，承租人则分期向出租人支付租金，在租赁期内租赁物件的所有权属于出租人所有，承租人拥有租赁物件的使用权。租期届满，租金支付完毕并且承租人根据融资租赁合同的规定履行完全部义务后，租赁物件所有权即转归承租人所有。对于企业来说，融资租赁在重资产行业中较为常见。

（2）中国非金融企业的直接融资渠道。

证券公司又被简称为券商，是中国资本市场的一支重要力量，不论是企业的股权融资还是债权融资，券商作为中介机构在其中都发挥了重要作用。

债券融资方面，中国非金融企业的债券融资工具种类众多，包括企业债、中期票据、短期融资券、超短期融资券、公司债、定向债务融资工具（Private Placement Note，PPN）、企业资产支持证券（Asset-Backed Security，ABS），以及可转债、永续债等股债混合型融资工具。

根据监管机构的不同，可以将债券融资工具分为以下三类：国家发展改革委监管（企业债、项目收益债）、证监会监管（公司债、企业资产证券化、可转债及可交换债）、银行间交易商协会监管〔中期票据、短期融资券、超短期融资券、定向债务融资工具、资产支持票据（Asset-Backed Notes，ABN）等〕（见图 1-14）。

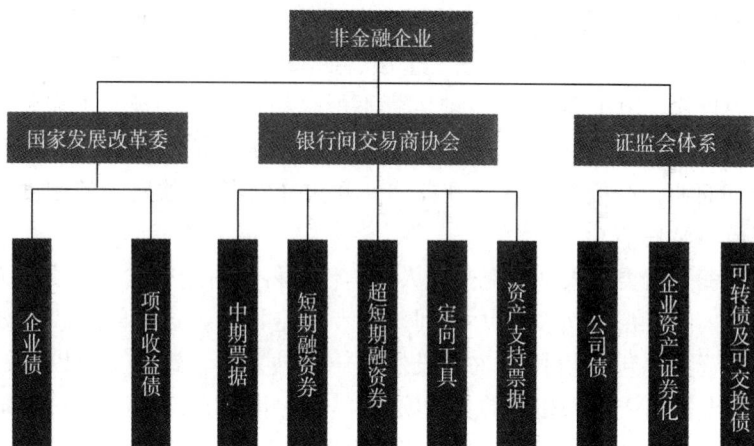

图 1-14 中国债券融资工具监管体系

中国境内非金融企业发行债券主要有三个途径：一是银行间债券市场，由银行间交易商协会主导；二是公司债，由证监会主导；三是企业债，由国家发展改革委主导。其中银行间债券市场的承销商包括银行和具有银行间债券承销资质的券商，公司债和企业债的承销商为券商。此外，银行以及非银行金融机构还是非金融债券的投资者。非金融企业债券市场的发展虽然挤压了银行的信贷业务，但与银行部门的发展存在较强的互补性。银行也可以不直接吸收存款、发放贷款，而是通过银信合作、银证合作等通道业务间接地给企业融资。

以银信合作为例，银信合作业务是指银行、信托公司在中国境内开展的所有合作业务。在资产管理行业中，"银信合作业务"即"银信理财合作业务"，是指银行通过信托理财产品的方式曲线为企业提供贷款。银行采取"银信合作"模式是因为银行本身具有极大的资金量和丰富的客户资源，但业务范围、操作方式等受到限制，运用渠道较窄；而信托业具有极为广阔的经营空间，但信托资金募集受到一定限制，如不能通过公共媒体宣传、委托合同不超过 200 份（资金规模 300 万元以上的不限数量）、单笔委托资金不低于 100 万元等，现阶段信托公司高端客户资源匮乏。"银信合作"让银行和信托均可发挥自身优势，从而达到银行、信托、客户三者共赢的局面。可见，中国的债券市场并非完全如教科书上所说的"直接融资"场所，它依然是银行的"间接融资"渠道。

这种嵌套了多层通道的形式最终增加了实体企业的融资成本。由于传统存贷款业务存在利率、准备金、资本充足率等诸多管制，金融机构都有通过同业、市场交易等方式进行监管套利的金融创新，但当所有机构都这么做时，金融交易链条拉长，给金融市场带来了很大的风险，整个体系的融资成本上升。因此，在2018年4月，资管新规推出，金融机构不得为其他金融机构的资产管理产品提供规避投资范围、杠杆约束等监管要求的通道服务。股权融资方面，中国主要的股权融资方式有上市融资、私募股权投资、风险投资等。在这一过程中，金融机构作为金融中间人的角色协助企业进行融资。

上市融资是指企业所有者通过出售部分股权换取企业当期所需的发展资金。企业上市是一项纷繁浩大的系统工程，也是一项专业性极强的工作，按国际惯例，企业在上市过程中都需聘请专业的咨询机构帮忙运作。企业在确定首次公开发行（Initial Public Offering，IPO）计划后，会聘请券商投行部门开展企业投资人引进、改制、辅导、申报审核、保荐承销、发行上市等工作。

私募股权投资（Private Equity，PE）是指融资人通过协商、招标等非社会公开方式，向特定投资人出售股权进行的融资。私募股权投资需要以基金方式作为资金的载体，通常由基金管理公司设立不同的基金募集资金后，交由不同的管理人进行投资运作。基金经理人和管理人是基金管理公司的主要组成部分，他们通常是有丰富投资经验的专业人士，擅长于某些特定的行业以及处于特定发展阶段的企业。在经过调查和研究后，专业投资人凭借敏锐的眼光将基金投资于若干企业的股权，以求日后退出并取得资本利得。随着私募股权投资基金的发展和成熟，各类中介服务机构也随之成长和壮大起来。

风险投资（Venture Capital，VC）的投资对象多为高风险的高科技创新企业，因此对风险项目的选择和决策需要格外严谨，一般最后签约的项目只占全部申请项目的1%左右。

金融机构对实体企业的服务，除了帮助实体企业进行融资外，还有一种新的产融结合的模式，即产业与金融业在经济运行中为了共同的发展目标和整体效益，通过参股、持股、控股和人事参与等方式而进行的内在结合或融合。中国企业的产融结合在历史上因受制于政策发展缓慢，产融结合程度明显落后于国际先进企业。由于中国银行业改革滞后、产业资本先成熟，决定了中国产融结合的发动者不是金融资本，而是产业资本，且中国政策规定银行业不能投资实业，所以目前中国大型集团企业产融结合的发展方式多为产业集团向金融业投资，即产业投资金融，把部分资本由产业转到金融机构，一方面解决自身发展产业中的融资需要，另一方面也为自身在产业中积累的大量资金寻找出路。

2. 银行与其他金融机构

（1）竞争关系。随着混业经营趋势的不断发展，银行与非银行金融机构在业务范围上有了更多的交叉，从而在业务、收益上存在多角度的竞争关系。2010年以来的趋势表明，中国非银行金融机构的资产占比在不断上升，也反映了非银行金融机构对银行业务的挤压（见图1-15）。银行和非银行金融机构的竞争主要表现在传统业务竞争和新兴业务竞争两个方面。

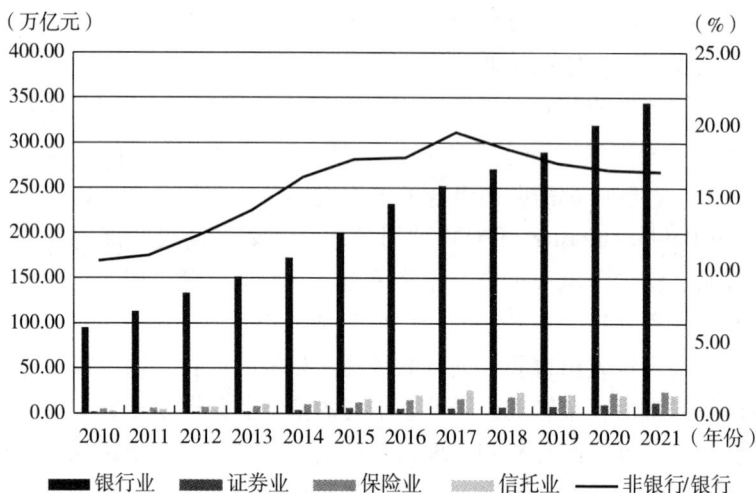

图 1-15　中国银行与非银行的资产状况

传统业务竞争方面，由于一些非银行金融机构（如信用社、财务公司、信托公司）也开始经营贷款业务，从而对银行贷款业务产生一定的竞争。另外，直接融资的发展也是对间接融资的挑战，近年来金融脱媒趋势渐显，证券化融资对银行传统业务形成了冲击。从银行存款方面看，非银行金融机构（如证券公司、基金公司、信托公司、保险公司）多样化的金融产品和投资机会分流了本应进入银行的社会存款，使其转而流向了金融信托、理财产品（如个人大额委托信托）以及各种分红险、投连险、万能险等投资型保险产品。

新兴业务竞争方面，银行中间业务与一些非银行金融机构业务有很多重叠，如咨询顾问业务、保理、担保、票据贴现等。另外，为吸引客户扩大市场，银行与非银行金融机构常在金融产品上进行复制模仿、重复开发，同质化现象也严重激化了竞争矛盾。

为应对非银行金融机构对银行业务的挤压，商业银行在竞争压力下开始追求转型，这主要以商业银行理财为代表。面对金融脱媒和利率市场化的压力，商业银行需要开拓新的业务模式，依靠投资银行、资产管理、财富管理等市场化业务，从"放贷赚钱"转向"财富管理赚钱"，从传统银行变身为数据分析者、集成服务商、撮合交易者和财富管理者，并进一步成为资本市场和直接融资体系的重要参与者。

（2）互补关系。在银行和非银行金融机构存在激烈的业务竞争时，它们之间也存在着一定的互补关系，主要体现在信贷方面和代理清算方面。

银行作为传统的、提供信贷服务的金融机构，为了保证现金流的稳定性，在对借款方的选择上，银行会优中择优，降低违约风险，但贷款利率也进行了一定的妥协，从而使利息差收益有限。在这一背景下，非银行信贷机构就有机会进入到整个信贷的金融体系中。

非银持牌贷款机构主要包括消费金融公司、网络小贷、地方小贷等，银行作为资金提供方，提供部分资金给非银持牌贷款机构，相当于变相将贷款提供给资质相对较差的借款人。这样一方面满足了资质较差的借款人的需求，另一方面由专业的非银持牌贷款机构负责评估借款人的风险，银行的资金也能获得更高的利息。

对于互联网金融公司这类不具备放贷资质的金融机构，其在信贷金融体系中充当平台渠道，利用其平台流量优势，通过平台内部反馈，将资质相对较好的借款人推荐给银行。金融科技公司利用自己的数据积累和科技优势，为银行这类资金方提供风控咨询服务，辅助银行、非银贷款机构进行借款人信息交叉验证，提供高效且精准的风控模型，不断提升银行和非银贷款机构的风险识别能力，以不断探索、挖掘下沉客户群的借款需求。

此外，银行所具有的特殊的清算性质使金融机构在进行资金融通的过程中，无法绕开银行系统。虽然非银行金融机构的产生一定程度上挤压了商业银行的业务，但在银行代理证券清算的体制下，流向资本市场的资金又流回银行，银行同业存款增加，实际是储蓄存款和同业存款的转换，这一过程同时包含着银行与非银行金融机构的竞争与合作。

（二）美国金融体系直接参与者之间的联系与互动

美国常见的资金赤字单位有家庭和企业，家庭出现资金赤字可能是由于出现了大额的消费需求，如买车、买房等。还有一个资金赤字单位由政府扮演，历史上美国财政部实现财政盈余的年份并不多，大多处于赤字状态，由此引发了美国国债的大量发行。除了通过国债向社会公众借钱外，美国财政部也会向其他政府机构融资，比如由美国社会保障署和财政部共同管理的美国强制性社会保障养老信托基金（见图 1-16）。该基金属于美国养老金体系三大支柱中的社会保障基金，由于每年有稳定的资金流入，其投资活动由财政部管理，风格极为保守，并且按照规定，该基金只能将支付福利后的所有余额投资到由美国政府债券以及为社会保障基金特别发行的非上市国债，由此也形成了美国财政部一个资金来源。

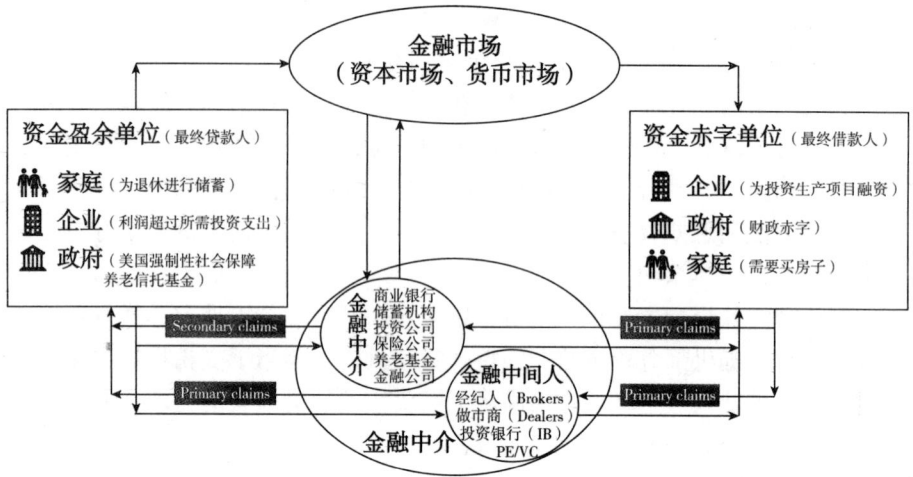

图 1-16　金融市场直接参与者之间的互动

资金流动的第一个路径是直接由资金盈余单位通过金融市场流到资金赤字单位（见图 1-17），但该种模式并不多见，典型的例子是一些公司发起的针对已有投资者的股息再投资计划（Dividend Reinvestment Program）和针对所有投资者的直接股权购买计划（Direct Stock Purchase Plan），允许投资者从公司的股票过户代理人（Transfer Agent）那里直接购买公司的股票而无须经过股票经纪人。

图 1-17　资金流动路径一

具体来说，股息再投资计划是指公司将普通股股东分得的股息用于购买额外的公司普通股股票的一种安排，投资者不会直接以现金形式获得股息，取而代之的是，投资者的股利直接重新投资在相关权益中。直接股权购买计划指的是直接向公司购买股票而不经过股票经纪人，这同样需要公司支持直接股权购买计划。中央证券登记有限公司（Computershare）网站显示，其作为代理人的美国上市公司中提供直接股权购买计划的非常多，包括亚马逊、IBM、花旗银行、微软等知名企业，另外，也有少量公司提供购买不需要任何费用的股权直接投资计划。对于投资者来说，这两个计划的好处在于：

（1）减少了通过经纪人购买普通股股票的佣金费用，有些公司的直接股权投资计划或股息再投资计划的购买费用由公司承担，对投资者来说是免费用的；有些公司的计划可能会收取一定的费用，但也远远低于经纪人佣金。

（2）降低了最低投资限制，允许购买几分之几的碎股，便于个人投资者进行长期的定期投资，享受平均成本法（Dollar-Cost Averaging）的优势，从 Computershare 的项目列表中可以看到，直接股权投资计划的最低投资金额可以低至25 美元起。

（3）可以实现固定时间自动投资，为长期投资者提供了很大便利，如 Computershare 管理的自动股权投资计划，初始购买时会提供购买频率选项。

而对于公司来说，使用以上两个计划除了可以吸引大量的长期投资者，充分吸纳社会上的小额闲散资金外，还有一些立竿见影的优势，如使用股息再投资计划可以减少支付股息的手续费；公司可以节约募集资本的费用。

资金流动的第二个路径是通过金融中介机构进行，与前一种方式相比，由于存在中介机构沟通买卖双方，减少了信息获取成本和交易成本、分散风险等，因此该种资金流动模式更加常见（见图 1-18）。根据是否直接承担风险，金融中介可以分为狭义的金融中介和金融中间人。常见的金融中间人主要有经纪商、做市商、投资银行和私募股权、风险投资等。通过金融中间人进行资金流通的主要活动包括赤字单位首次公开募股、发行债券以及私募股权和风险投资基金。但是由于金融中间人并不承担资金流转的风险，只是撮合交易，投资者（资金盈余方）需要自己承担风险。

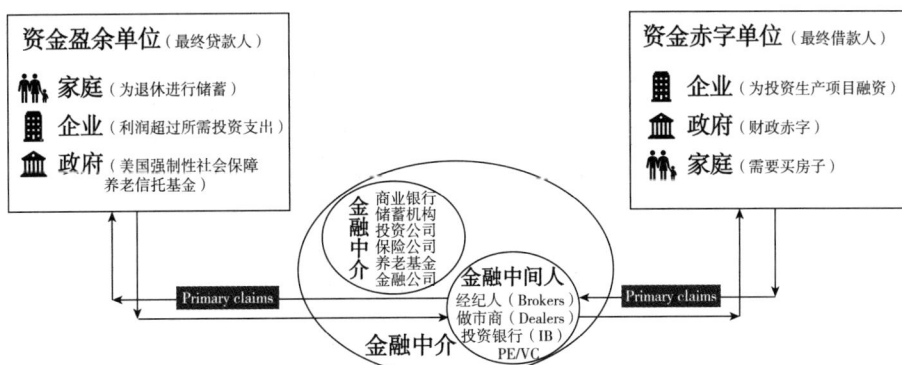

图 1-18　资金流动路径二

通过金融中介实现资金流动第三个路径是通过狭义金融中介机构，例如商业银行、储蓄机构等从资金盈余单位吸纳存款，发放贷款给资金赤字单位（见图1-19）。该模式体现了金融中介机构的资产转换功能，即购买资金赤字单位的基础证券，卖出二级证券给资金盈余单位，降低了信息不对称性和监管成本，降低了流动性风险和价格风险。

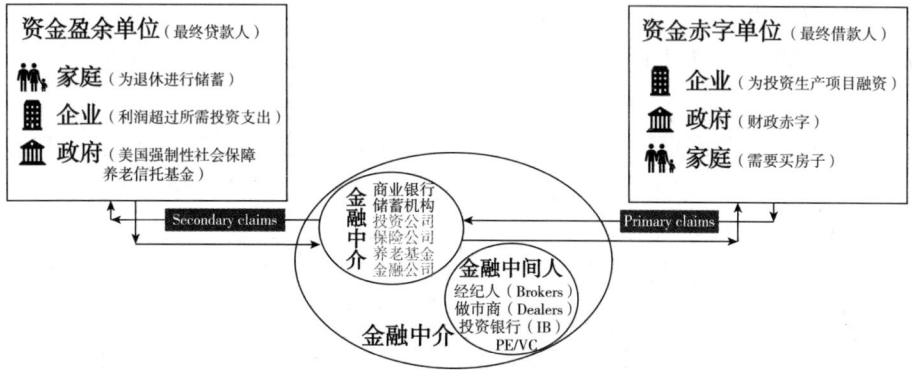

图1-19　资金流动路径三

同时，通过金融中介和金融市场实现资金的流动也是越来越重要的一种路径（见图1-20），资金从盈余单位先进入金融中介，之后由金融中介通过金融市场投入到资金赤字单位，该种模式的主要案例包括以下三种：

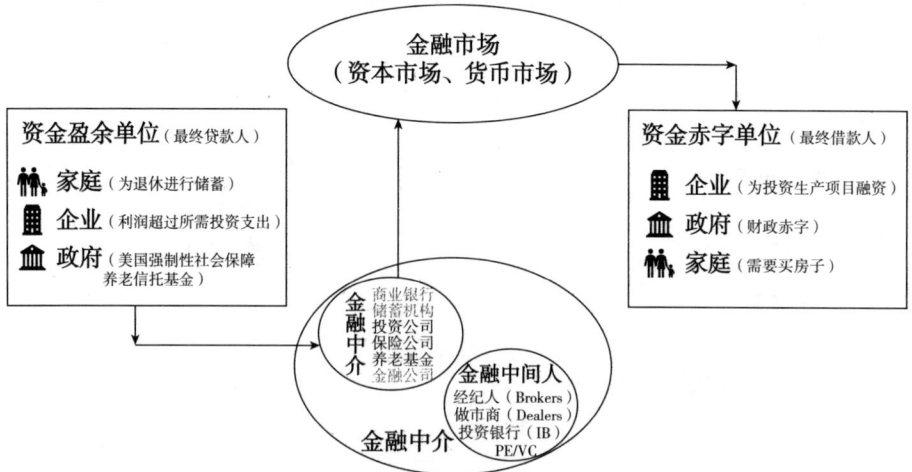

图1-20　资金流动路径四

（1）资金盈余单位购买保险，保险公司留足准备金后将其他保费投入到金融市场，购买股票、债券等，将资金转移到资金赤字单位。

（2）个人和企业以及社会共同缴纳的养老基金参与金融市场投资，美国养老金是金融市场重要的长期稳定资金来源之一。

（3）高净值家庭将自己的财富交给专业的资产管理与财富管理机构进行合理的大类资产配置和投资规划，并最终将这些资金投向资金赤字单位，同时实现资金盈余单位的财富保值增值；此外，有资金盈余的企业将自己的资产交给专业金融机构的资产管理部门进行投资。

从波士顿咨询公司（BCG）发布的数据来看，该种模式是美国市场上资金流动的一种重要渠道，2019 年北美通过该渠道的资产规模约为 42 万亿美元，占地区名义 GDP 的 181.3%，远高于世界其他国家和地区（见表 1-3）；美国的公募基金规模 2019 年底达到了 28 万亿美元，占名义 GDP 的 132%，也是全球最高的。而在按管理资产规模排名全球前 20 的资产管理或财富管理机构中，有 13 个处于美国市场，足见该种资金流动渠道在美国市场的重要性（见表 1-4）。

二、中美金融监管体系比较

（一）中国金融监管体系

近年来，由于互联网金融等新兴金融产业的出现，分业监管产生了监管空白与沟通成本，监管不协调、监管缺失严重等问题不断暴露。因此，在 2017 年，中国设立了国务院金融稳定发展委员会，其主要目的是为加强监管协调，补齐监管短板，有效防控系统性金融风险。同时，在 2018 年 4 月，银监会与保监会合并为银保监会，和央行以及证监会一起，形成了目前中国"一行两会"的监管格局。其中，央行主要负责货币政策的制定与执行、金融市场的宏观审慎与调控，证监会负责监督管理全国证券期货市场，银保监会负责银行业与保险业的监管。同时，拟订银行保险业重要法规草案和审慎监管基本制度的职责划归中国人民银行，凸显了央行的监管地位。

将银保监会合并，一方面，由于银行业、保险业在资本充足率、偿付能力以及自身风险匹配能力方面有类似性，且其均属于"储蓄机构"，在金融混业经营趋势日渐明显的情况下，两类机构的监管合并是顺应趋势。另一方面，银保监会合并，将证监会单列也反映了中国直接金融市场的发展趋势。

表 1-3　全球各地区的财富管理和资产管理规模

万亿美元	名义 GDP（万亿美元）					资管行业规模（万亿美元）					资管行业规模/名义 GDP				
	中国	北美	欧洲	日本和澳大利亚	全球	中国	北美	欧洲	日本和澳大利亚	全球	中国	北美	欧洲	日本和澳大利亚	全球
2002	1.47	11.69	10.72	4.51	34.71		16.60	9.9	3.5	27.3		141.9%	92.4%	77.6%	78.7%
2003	1.66	12.35	13.04	4.91	38.94		23.00	11.0		37		186.2%	84.4%		95.0%
2004	1.96	13.24	15.16	5.43	43.87					49.1					111.9%
2005	2.29	14.21	16.07	5.45	47.52		23.51	17.4		47.2		165.5%	108.3%		99.3%
2006	2.75	15.13	17.32	5.28	51.50		27.04	19.3		53.4		178.7%	111.4%		103.7%
2007	3.55	15.92	20.13	5.37	58.03		24.00	13.7	4.3	47.3		150.8%	68.1%	80.1%	81.5%
2008	4.59	16.26	21.96	6.09	63.68		18.70	11.6	3.7	38.5		115.0%	52.8%	60.7%	60.5%
2009	5.10	15.82	19.37	6.16	60.40		25.50	15.6	5.2	54.3		161.2%	80.5%	84.4%	89.9%
2010	6.09	16.61	19.80	6.85	66.11		27.60	17.5	5.9	58.2		166.2%	88.4%	86.2%	88.0%
2011	7.55	17.33	21.89	7.55	73.45		27.70	16.2	5.9	57		159.8%	74.0%	78.1%	77.6%
2012	8.53	18.03	21.05	7.75	75.15		29.40	18.0	5.2	60.9		163.1%	85.5%	67.1%	81.0%
2013	9.57	18.63	21.95	6.73	77.30		34.00	19.3	6.2	68.7		182.5%	87.9%	92.1%	88.9%
2014	10.48	19.33	22.29	6.32	79.45	4.55	36.40	18.9	5.2	70.5	43.4%	188.4%	84.8%	82.3%	88.7%
2015	11.06	19.78	19.23	5.74	75.20	7.39	31.20	17.2	5.8	64.6	66.8%	157.8%	89.4%	101.0%	85.9%
2016	11.23	20.24	19.20	6.13	76.34	9.37	33.00	20.8	5.7	71	83.5%	163.1%	108.3%	93.0%	93.0%
2017	12.31	21.14	20.30	6.20	81.23	10.47	37.20	21.2	6.2	77.3	85.0%	176.0%	104.4%	100.0%	95.2%
2018	13.89	22.30	21.69	6.39	86.41	11.13	35.40	20.2	5.9	76.9	80.1%	158.8%	93.1%	92.4%	89.0%
2019	14.34	23.16	21.28	6.47	87.75	11.97	42.00	22.8	6.6	88.7	83.5%	181.3%	107.1%	101.9%	101.1%

资料来源：BCG，世界银行。

表1-4 2018年全球Top20资产管理/财富管理机构的管理资产规模

排名	机构	所处市场	AUM（百万美元）
1	贝莱德（BlackRock）	美国	5975818
2	先锋领航集团（Vanguard Group）	美国	4866611
3	道富全球（State Street Global）	美国	2511297
4	富达投资（Fidelity Investments）	美国	2424697
5	安联集团（Allianz Group）	德国	2242972
6	摩根大通（J. P. Morgan Chase）	美国	1987000
7	纽约梅隆银行（Bank of New York Mellon）	美国	1722000
8	东方汇理（Amundi）	法国	1714466
9	资本集团（Capital Group）	美国	1677381
10	安盛集团（AXA）	法国	1628579
11	高盛集团（Goldman Sachs）	美国	1542000
12	保德信金融（Prudential Financial）	美国	1377269
13	德意志银行（Deutsche Bank）	德国	1301633
14	英国法通保险公司（Legal & General Group）	英国	1288660
15	瑞银集团（UBS）	瑞士	1222839
16	法国巴黎银行（BNP PARIBAS）	法国	1175816
17	北方信托（Northern Trust）	美国	1069400
18	威灵顿资产管理（Wellington Management）	美国	1003389
19	富国银行（Wells Fargo）	美国	964700
20	普信集团（T. Rowe Price）	美国	962300
	2018年Top 500合计AUM（百万美元）		91500000

资料来源：Willis Towers Watson，"The world's 500 largest asset managers"。

1. 国务院金融稳定发展委员会（以下简称金稳会）

（1）人员结构。金稳会的核心成员包括国务院总理、央行、证监会、银保监会、发改委、财政部的主要官员，能对央行、证监会、银保监会、外汇局、发改委、财政部等金融、财政部门间的关系进行有效协调。

（2）职能。金稳会于2017年设立，其主要职能包括：决策部署金融工作；审议金融业改革发展重大规划；统筹协调金融业的改革发展、监管、货币政策、相关财政政策和产业政策；研究、防范、应对国际金融和研究系统性金融风险，维护金融稳定；对地方政府和金融部门进行监督指导。

金稳会是单独设立的副国级行政机构，与2013年设立的"金融监管协调部际联席会议"不同,金稳会能做出具有行政约束力的决定,其统筹协调作用更有力。

金稳会的职责不仅是简单地协调"一行两会",发展与稳定是其核心职责目标所在。根据央行前行长周小川的讲话,金稳会未来的监管方向与系统性金融风险密切相关,主要集中于影子银行、资产管理行业、互联网金融、金融控股公司这四个方面的监管。从实际的运行情况看,金稳会有利于各部门之间的协调沟通,相关政策出台速度明显加快(见表1-5)。2018年以来,各类监管政策密集落地,其中着重关注与"混业经营、分业监管"带来的系统性风险有关的资产管理行业和金融控股公司。

表1-5 规范资管行业和金控公司的相关法规整理

发布时间	所属领域	政策名称	政策主要内容
2018-4-27	资产管理	《关于规范金融机构资产管理业务的指导意见》	打破刚性兑付、消除多层嵌套、去通道、禁止资金池业务、限制期限错配
2018-7-20		《关于进一步明确规范金融机构资产管理业务指导意见有关事项的通知》	
2018-9-26		《商业银行理财业务监督管理办法》	
2018-10-17		《证券期货经营机构私募资产管理业务管理办法》	
2018-10-22		《证券期货经营机构私募资产管理计划运作管理规定》	
2020-3-26		《保险资产管理产品管理暂行办法》	
2020-9-11	金融控股公司	《金融控股公司监督管理试行办法》	中国人民银行依法对金融控股公司实施监管,审查批准金融控股公司的设立、变更、终止以及业务范围;国务院金融管理部门依法按照金融监管职责分工对金融控股公司所控股金融机构实施监管;财政部负责制定金融控股公司财务制度并组织实施。提出建立金融控股公司监管跨部门联合机制
2020-9-13		《关于实施金融控股公司准入管理的决定》	

资料来源:中国人民银行、证监会、银保监会。

2. 中国人民银行

在新的"一行两会"框架下,中国人民银行的"货币政策和宏观审慎政策双支柱调控框架"更加清晰,更多地担负起宏观审慎管理、金融控股公司和系统重要性机构、金融基础设施建设、基础法律法规体系及全口径统计分析等工作。

央行的货币政策主要针对宏观经济和总需求管理，侧重于经济增长和物价水平的稳定。宏观审慎政策则直接和集中作用于金融体系本身，抑制杠杆过度扩张和顺周期行为，以及金融机构间的关联风险，侧重于维护金融稳定、防范金融危机。此处主要论述央行的宏观审慎监管功能，货币政策相关功能请见后文。

宏观审慎监管框架分为监测框架和监管工具两个部分，前者侧重于对系统性风险的识别和监测，后者侧重于研发干预系统性风险的政策工具。在监测和评估系统性金融风险方面，央行定期组织金融机构压力测试、机构评级。监管工具方面，央行的宏观审慎管理工具可以分为时间维度管理工具和跨部门维度管理工具。时间维度管理工具也称为逆周期调节工具，主要进行风险的逆周期调节，应对金融体系和经济运行内在的顺周期性；跨部门维度的宏观审慎管理工具，也称为抗风险工具，主要进行不同金融机构关联风险的整治，应对金融市场在特定时间段或突发事件所产生的集中共同风险暴露，防范和化解系统性金融风险（见表1-6）。

表1-6　央行宏观审慎工具总结

分类	工具	政策目标
时间维度监管工具	贷款价值比率	房地产价格、房地产相关资产业务
	债务收入比率	抑制抵押贷款顺周期性、限制购房者借款能力、保证银行资产质量
	逆周期资本缓冲	抑制银行资产负债表扩张、控制整体信贷规模、提高损失吸收能力
	动态拨备	提高损失吸收能力、抑制或抵消贷款损失准备金的顺周期性
	限制利润分配	提高银行资本充足率、信贷规模的逆周期调节
	外币贷款上限	减少外币贷款受汇率波动的共同风险敞口
	信贷增长上限	制约特定行业的资产价格膨胀、限制信贷增长风险敞口及其顺周期性
	差别存款准备金	信贷增长、资产价格、风险预警
部门维度监管工具	风险隔离	降低高风险业务、创新业务和中间业务对传统业务的风险传染性
	早期预警	系统性风险指标的提前监测
	系统重要性金融机构监管	减少系统重要性金融机构破产、倒闭或经营波动对金融体系的冲击

资料来源：中国人民银行。

3. 证监会

证监会统一监督管理全国证券期货市场，维护证券期货市场秩序，保障其合法运行。证监会的主要职责包括：法律法规的拟定和修改；领导各级监管机构、管理证券公司领导班子；监管股票、可转债等证券的发行、上市、交易、托管和结算；监管公司和股东的证券市场行为；监管证券和期货业各种金融中介机构；跨境证券期货业务；信息统计；等等。证监会的组织架构如图1-21所示。

主席

副主席4人，驻证监会纪检监察组组长1人

→ 驻证监会纪检监察组

| 直属事业单位 | 内部职能部门 | 派出机构 |

| 股票发行审核委员会 | 行政处罚委员会 | 稽查总队 研究中心 信息中心 行政中心 | 办公厅（党委办公室） 发行监管部 非上市公众公司监管部 市场监管一部 市场监管二部 证券基金机构监管部 上市公司监管部 期货监管部 稽查局（首席稽查办公室） 法律部（首席律师办公室） 行政处罚委员会办公室 会计部（首席会计师办公室） 国际合作部 （港澳台事务办公室） 投资者保护局 公司债券监管部 科技监管局 人事教育部（党委组织部） 内审部 党委宣传部（党委群工部） 机关党委 | 北京证监局 天津证监局 河北证监局 山西证监局 内蒙古证监局 辽宁证监局 吉林证监局 黑龙江证监局 上海证监局 江苏证监局 浙江证监局 安徽证监局 福建证监局 江西证监局 山东证监局 河南证监局 湖北证监局 湖南证监局 广东证监局 广西证监局 海南证监局 重庆证监局 四川证监局 贵州证监局 云南证监局 西藏证监局 陕西证监局 甘肃证监局 青海证监局 宁夏证监局 新疆证监局 深圳证监局 大连证监局 宁波证监局 厦门证监局 青岛证监局 上海证券监管专员办事处 深圳证券监管专员办事处 |

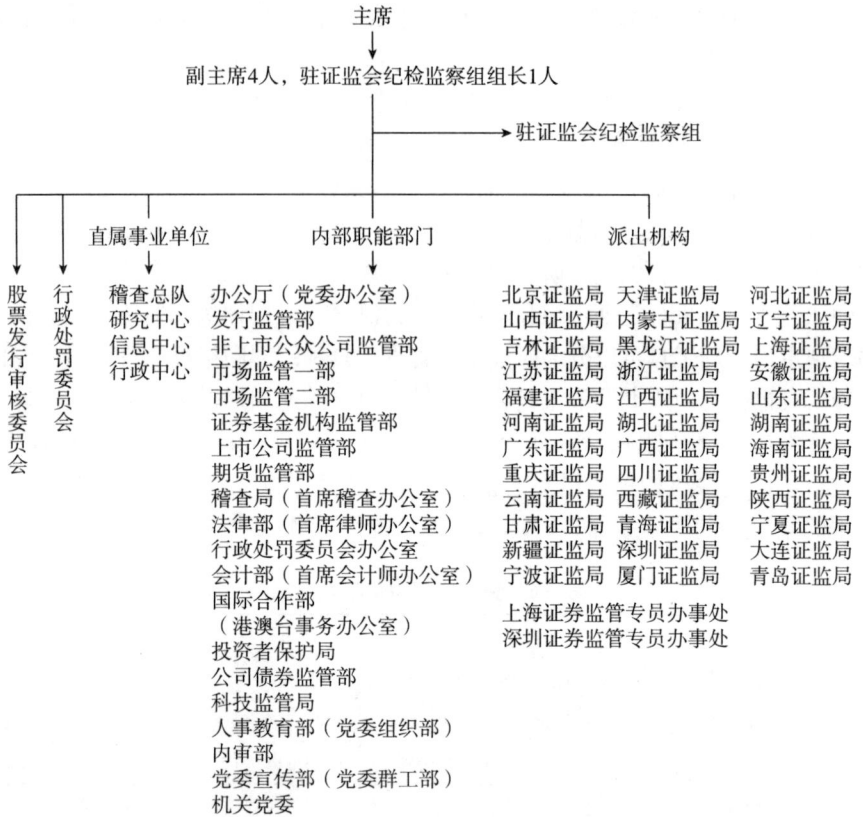

图 1-21　证监会的组织架构

资料来源：证监会官网。

4. 银保监会

（1）银保监会的成立。2018 年 3 月，根据《国务院机构改革方案》，银监会和保监会合并为银保监会。同时，将其拟订行业重要法律法规草案和审慎监管基本制度的职责划入中国人民银行。其意义主要有以下两点。

一是合并。为了顺应金融业综合经营的趋势，近些年金融监管由机构监管为主转向机构监管、功能监管并重。银监会和保监会的合并正是该理念的重要体现。合并银监会和保监会的主要原因可以总结为两点：第一，中国银行业与保险业深度合作、融合发展的特征明显。从产品功能方面看，保险公司开发出的"储蓄寿险"产品，除了可以保障死亡风险，还能实现类似储蓄的功能。从行业合作角度看，目前银保渠道已经成为保险销售的重要渠道之一，两个行业间合作关系密切。第二，合并银保监会有利于整合监管资源、发挥专业化优势，银行与保险在监管理念、规则、工具上都具有一定的相似性。例如，保险业的"中国第二代偿付能力监管制度体系"以风险为导向，制定不同风险业务的资本金要求。这与银行监管中对银行资本充足率的监管要求类似。因此，统一监管有利于顺应金融业综合经营的趋势，集中整合监管资源、提高监管的质量和效率。

二是职责划出。对银保监会来说，监管规则外生减小了监管执行部门的自由裁量权，增强监管政策的透明度，有利于监管者专注监管，提高监管专业性和有效性。

（2）银保监会的职能。在"一委一行两会"的监管体系下，银保监会的主要职能是对银行业和保险业机构及人员进行监管，具体来说包括：行业准入管理、从业人员行为规范、公司治理、资本充足状况、偿付能力、经营行为和信息披露等管理，风险评估、数据收集、消费者权益保护等。银保监会共有 27 个内设机构，其中与其监管职能有关的机构如图 1-22 所示。

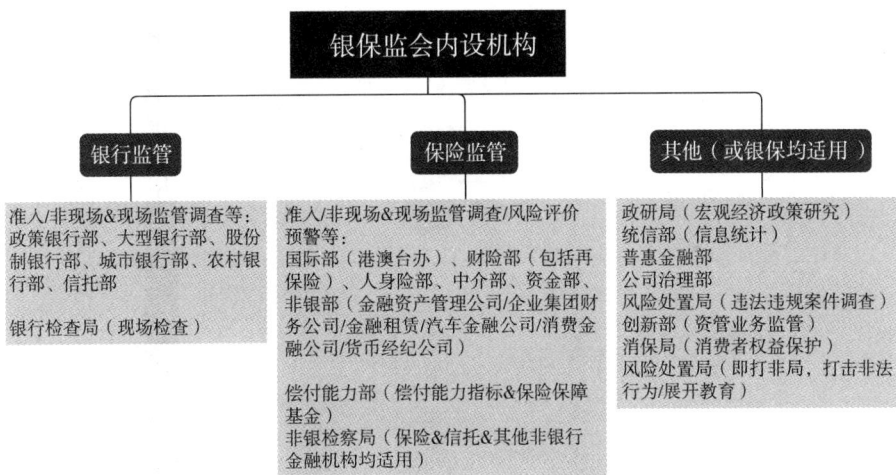

图 1-22 银保监会的职能部门

资料来源：银保监会。

（二）美国金融监管体系

美国的金融监管体系有着悠久的历史，期间也经过了多次的变革，在实践中不断改革。如图 1-23 所示，整理美国的监管历史可以发现，美国金融监管机构的出现与整个金融行业的发展历程是相辅相成的，对传统金融行业的银行监管机构出现较早，对现代金融业的证券和保险的监管机构成立较晚，这也是美国监管机构在经济金融实践中不断完善和改革的体现。

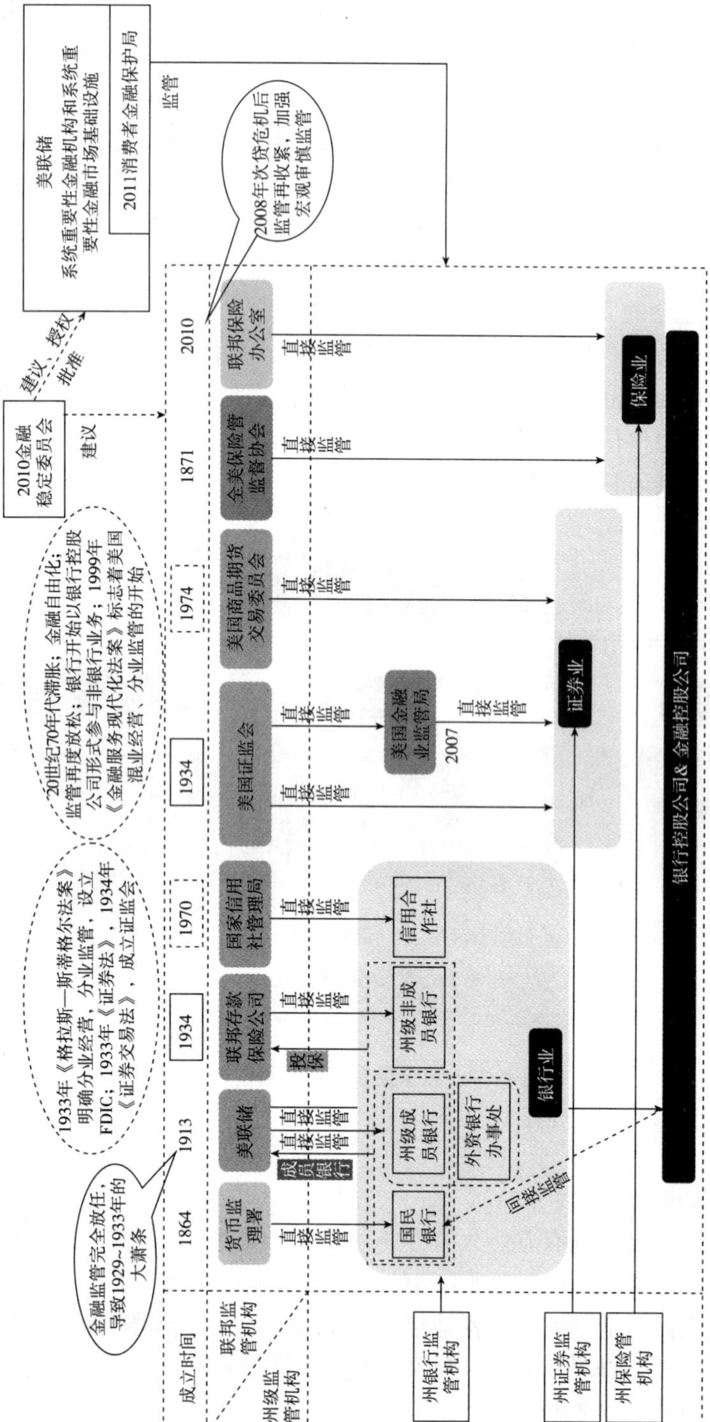

图 1-23　美国的金融监管体系及其历史变革

目前，美国实行联邦和州两重监管制度，并且辅之以行业自治机构。银行业方面，主要的监管机构是隶属财政部的货币监理署、美联储、联邦存款保险公司以及国家信用合作社管理局，这些机构各自侧重于不同的银行业机构。货币监理署是最早建立的银行业监管机构，主要负责监管国民银行。1913年美联储体系建立起来以后，所有国民银行都必须成为美联储的成员银行，州级银行可以自愿选择，但为了避免过度重复监管，美联储只是直接监管其成员银行中的州级银行。其后，1934年联邦存款保险公司成立，所有美联储的成员银行都必须加入承保，州级的非美联储成员银行可以自由选择。但是从数据来看，美国几乎所有的银行都加入了联邦存款保险，联邦存款保险公司负责直接监管州级非美联储银行。成立相对较晚的国家信用合作社管理局主要针对信用合作社进行存款保险和监管等。美国证券业由1934年成立的美国证券行业最高监管机构美国证监会以及行业自律组织美国金融业监管局共同监管，同时美国金融业监管局也受到证监会的监管。需要注意的是，虽然其并非政府机构，但是有权对触犯法律法规的企业和个人处以罚款，暂停执照或从行业中吊销。美国保险业主要由隶属财政部的联邦保险办公室以及行业自治机构全美保险官协会负责监管。

从历史来看，不同的经济金融发展阶段，美国的金融监管体系也呈现出了相应的特征。20世纪30年代以前，美国金融监管崇尚完全的自由放任状态，中央银行和行业监管缺位，使银行资金大量投入高风险领域，并最终导致了1929~1933年的经济大萧条。此后，美国政府吸取教训，开始严格监管，限制银行从事证券业务，1933年的《格拉斯-斯蒂格尔法案》开启了美国分业经营的时代，同期，联邦存款保险公司、证监会等监管机构也相继成立，分别对银行业和证券业进行更严格的监管。

20世纪70年代，美国经济出现"滞胀"，强调竞争和效率的新自由主义经济学逐渐兴起，金融自由化浪潮开始，金融监管也有所放松，于是银行纷纷通过银行控股公司形式参与非银行业务。进入20世纪90年代，由于经济繁荣和信息技术浪潮，金融创新层出不穷，非银行金融机构快速发展并蚕食存贷业务。1999年，克林顿总统签署了美国《金融服务现代化法案》标志着美国混业经营、分业监管的开始。

21世纪初，在美国货币政策宽松、房地产市场欣欣向荣、监管自由放任的多种因素推波助澜下，金融机构大肆加杠杆，创造出极度复杂的层层嵌套的金融衍生产品，最终导致了系统性金融风险的爆发。2008年美国金融危机对美国甚至全球都是灾难性的冲击，也反映了美国混业经营、分业监管模式的弊端。随后，美国相继颁布了《金融监管改革方案》和《多德-弗兰克华尔街改革和消费者保护法案》，实施"沃尔克法则"，加强宏观审慎和微观审慎，调整监管体系，强调消费者权益保护，赋予美联储更大的监管职能，同时建立金融稳定监督委员会，识别和防范系统性风险；授权美联储将银行控股公司之外的对冲基金、保险公司等纳入监管范围，限制高风险投资、维持较高资本充足率。由此形成了美国当前的整体金融监管模式和框架。

（三）中美金融监管体系发展对比

对比中美两国金融监管体系发展可见，中国近年来监管体系的发展与美国有许多相似之处。

（1）设立"金稳会"。美国在金融危机后，于2010设立了"金稳会"（金融稳定监督委员会），主要功能为弥补监管空白，识别和防范系统性风险。而中国国务院也于2017年设置了"金稳会"（国务院金融稳定发展委员会），加强监管协调，目的也是为了补齐监管短板，有效防控系统性金融风险。

（2）加强央行宏观监管地位。美国在《多德-弗兰克华尔街改革和消费者保护法案》中明确美联储为系统重要性金融机构的监管主体，提高审慎监管标准。而中国在银保监会合并后，将拟订银行保险业重要法规草案和审慎监管基本制度的职责划归央行，并进一步明确了央行负责宏观审慎管理的职能，凸显了央行宏观监管的地位。

（3）由机构型监管向功能型监管发展。美国的金融监管体系中，机构型监管与功能型监管并存，功能性监管主要体现在对金融控股公司的监管上。中国的金融监管体系主要属于机构型监管，但目前也在向功能型监管发展。2020年9月央行发布的《金融控股公司监督管理试行办法》明确指出，央行对金融控股公司实施监管，金融管理部门依法按照金融监管职责分工对金融控股公司所控股金融机构实施监管，与美国对金融控股公司的功能型监管十分类似。

本质上，中美两国金融监管体系发展相似性的背后，是金融市场发展的相似性。近年来，中国金融市场体系的发展路径逐渐向美国靠拢，主要体现在混业经营的发展以及直接金融市场的发展这两个方面。原有的监管体系无法跟上金融市场的最新发展，因此为了适应金融体系发展的需求，金融监管体系与模式也需要随之进行改变。

第三节　中美金融市场发展与社会资产结构比较

一、中美间接金融市场比较

间接金融市场主要是指以商业银行作为信用中介进行融资所形成的市场。中

美两国的银行业由于两国金融市场的发展阶段不同,因而呈现出不同的特征:
①从资产规模来看,中国银行业总资产发展迅速,目前已远远超过美国银行业规
模;②从融资规模方面来看,中国银行业信贷规模增长迅速,而美国银行业增长
较为缓慢;③从资本充足率来看,美国银行业资本/资产比率较高且较为稳定,
而中国银行业的资本/资产比率近年来快速攀升,目前已接近美国同业水平;
④从贷款去向来看,中美两国的信贷最主要去向均是房地产抵押贷款,而美国的
工商业融资占比则高于中国。

中国商业银行目前处于稳定发展阶段,2014~2021年,中国商业银行资产规
模由130.8万亿元增长至281.7万亿元,行业市场规模稳定扩张,年复合增长率
为10.96%(见图1-24)。而截至2021年底,美国全部商业银行总资产规模约为
22.6万亿美元,约合144万亿元人民币。

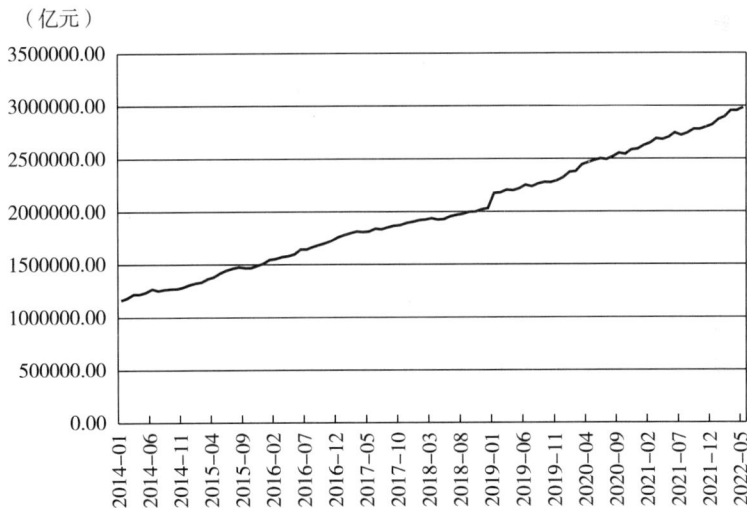

图1-24 中国境内商业银行总资产

资料来源:Wind 数据库。

中国银行规模普遍大于美国银行,这个现象主要源于美国历史上的"单一银
行制"。早期,美国各州之间比较独立且发展不均衡,同时因反对金融权力的集
中和银行吞并,各州都不允许银行开设分支机构,后来这个政策才逐渐放松,直
到1994年美国国会允许各行跨州设分支机构,单一银行制才宣告结束。从图1-25
和图1-26可以发现,1994年政策放松以后,单一银行数量快速减少,银行开设
分支机构的速度明显加快。

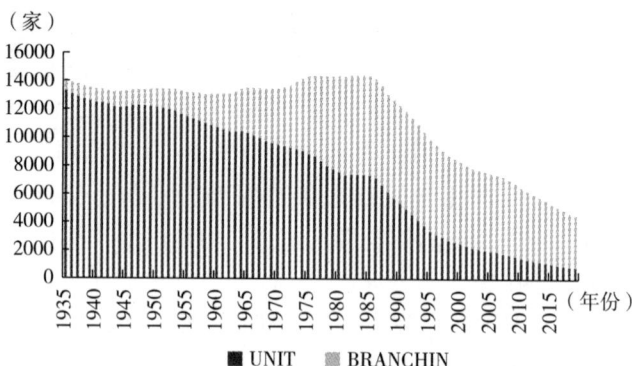

图1-25 美国单一银行和分支银行数量对比

资料来源：FDIC。

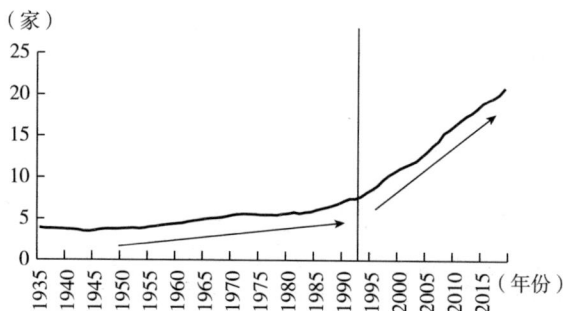

图1-26 美国分支银行平均机构数量

资料来源：FDIC。

从总量上来看，美国银行业的信贷总量要小于中国银行业的信贷总量，这主要是由两国金融系统结构的差异造成的。具体来看，中国银行业信贷量不断爬升，并在2000年后经历了21世纪初和2008年两个快速增长时期（见图1-27）。21世纪初，国内信贷快速增长主要是由于政策支持下银行业资产质量大幅优化；2008年全球金融危机后，国内信贷总量增速上升主要是由于2008年后中国宽松的货币政策、低利率使市场中产生了巨量的融资需求；并且在金融危机中，中国国内银行业受到全球冲击和损失较小，保留了强大的贷款能力。

此外，商业银行作为间接金融的代表性机构，提供了中国金融市场大部分的信用支持。在中国经济快速增长，而直接金融市场未能同步发展的情况下，商业银行仍将继续充当中国金融市场上最重要的信用提供者。而美国作为全世界最大的经济体，同时也拥有全球最为发达的金融市场，其直接金融市场发展较为完善，因此商业银行在美国金融市场中信用提供的占比较小。总体来看，美国银行业信贷增速较为平缓，尤其是在 2008 年金融危机期间，美国商业银行信贷规模甚至出现了萎缩，其主要原因是由于美国商业银行资产端特别是房屋抵押贷款和抵押支持证券（Mortgage-Backed Security，MBS）大量违约，银行资产负债表急剧恶化。即使有美联储提供了大量的流动性资金，商业银行依然不愿意或者无法发放贷款，因此，虽然当时美国商业银行的资产负债表规模仍在扩大，但是实际提供的信贷量却在不断萎缩。

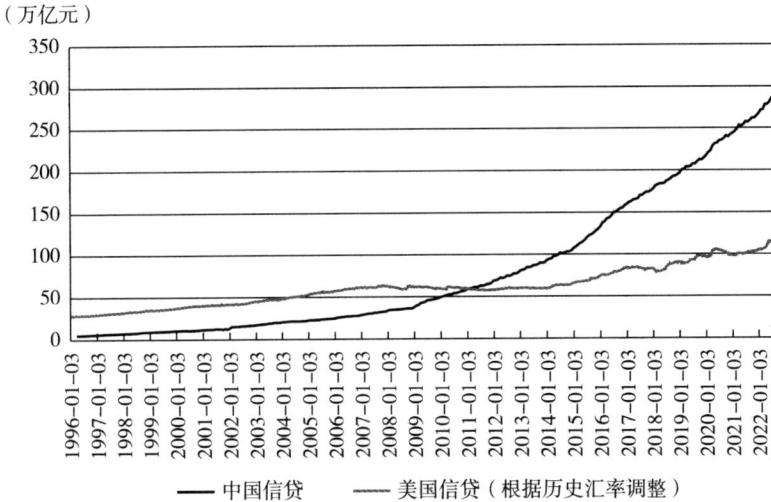

图 1-27　1996~2022 年中美银行业信贷量对比

资料来源：Wind 数据库。

从银行的资本与资产比率（资本充足率）可以看出，美国的银行业资本充足率较为充足，但是中国银行业的资本充足率也在快速上升（见图 1-28）。

从信贷投放结构来看，中美两国的不动产抵押贷款都是银行信贷中占比最高的部分。

如图 1-29 所示，美国的不动产抵押贷款/银行信贷在 2009 年开始出现下调，居民大面积的贷款违约导致银行业出现大量坏账，而房地美和房利美两家最大的住房抵押贷款机构也宣告被美国政府接管。

相对而言，中国的房地产贷款比例增长较为稳定，且在 2015 年由于央行实行货币宽松政策，大量资金流入房地产行业，房价的跃升也进一步推动了居民抵押贷款的压力和意愿（见图 1-30）。

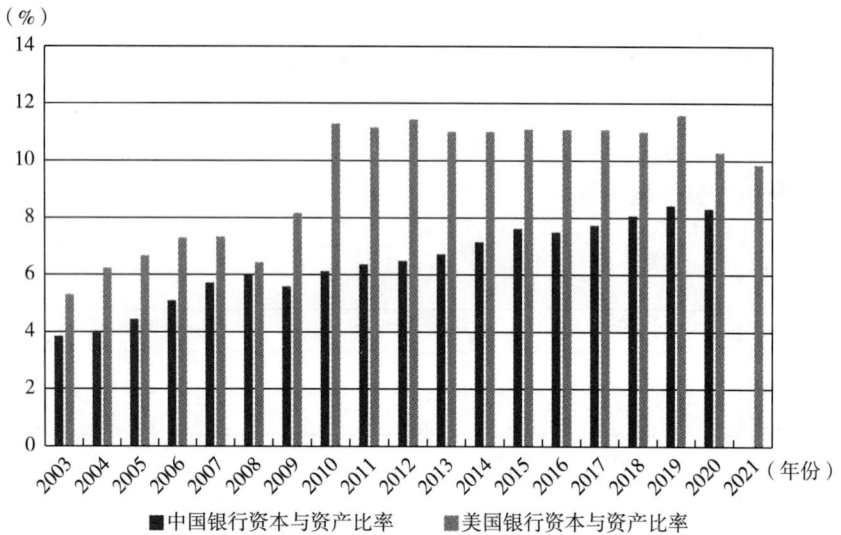

图 1-28　中美银行业资本资产比率

资料来源：Wind 数据库。

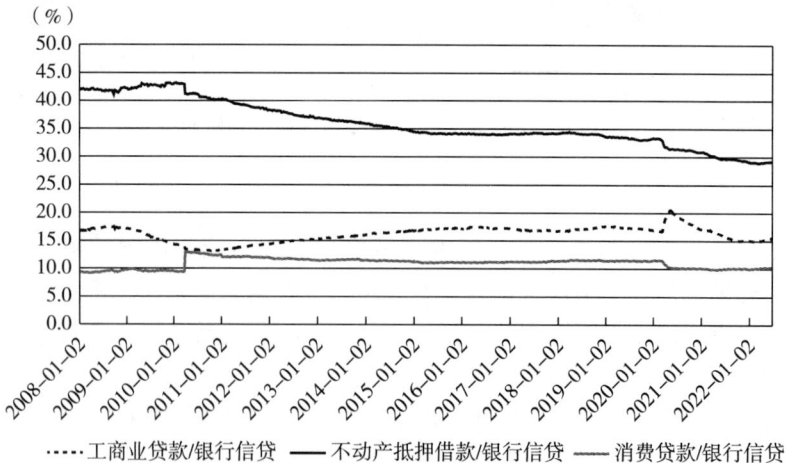

图 1-29　美国银行信贷投向

资料来源：Wind 数据库。

（％）

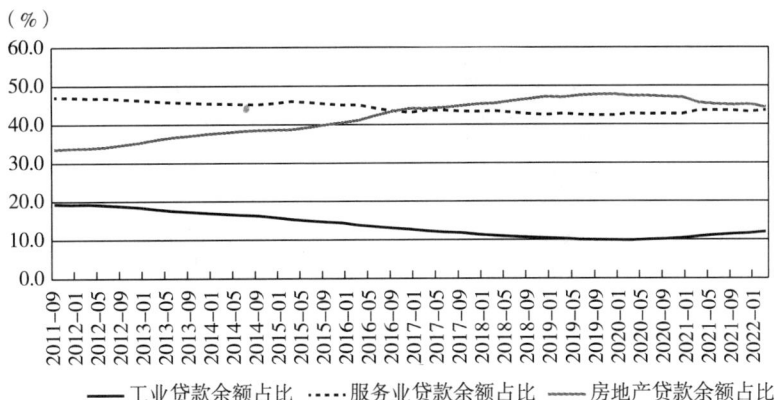

图 1-30 中国银行信贷投向占比

资料来源：Wind 数据库。

二、中美直接金融市场比较

（一）中美债券市场对比

从规模看，无论是中国还是美国，债券市场占据绝对优势，无论是新发行量还是存量，债券市场均占比更高。债券市场可以分为银行间市场和交易所市场。

2021 年中国股票市场发行金额占资本市场总发行金额的 1.9%，剩余 98.1% 的发行金额均源自债券市场。2021 年末中国资本市场结余金额中，债券市场占比 65.9%，约为股票市场的两倍。2021 年美国股票市场发行金额仅占资本市场总发行金额的 2.7%，剩余 97.3% 的发行金额均源自债券市场，存量市场中约 58.8% 的占比来自债券市场（见图 1-31）。

（％）

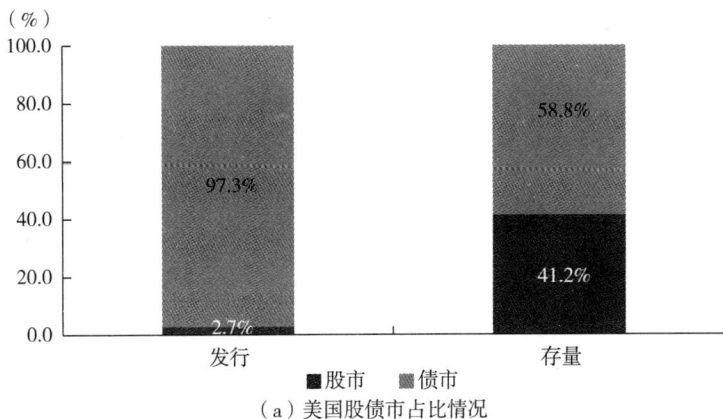

（a）美国股债市占比情况

图 1-31 中美股票和债券市场占比结构

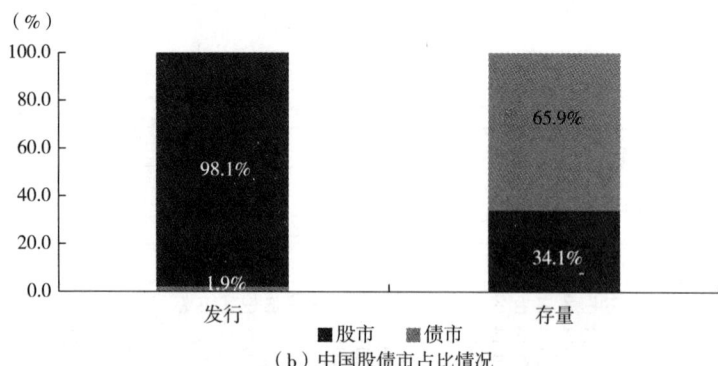

（b）中国股债市占比情况

图1-31 中美股票和债券市场占比结构（续）

2021年，中美两国资本市场结构大体相同。从发行量的角度看，均为债券市场占绝大多数，不同之处在于，美国股票市场发行占比（2.7%）略高于中国股票市场（1.9%）。从年终存量角度看，都是债券市场占比更高，其中中国债券市场占比（65.9%）高于美国债券市场（58.8%）。

中国债券市场发展迅速，截至2019年12月31日，中国债券市场存量余额达到96.96万亿元人民币，中国的债券存量主要分为利率债、信用债以及其他债券。利率债项下主要有国债、地方政府债、央行票据以及政策金融债；信用债项下主要有中期票据、定向工具、国际机构债、政府支持机构债、可转债、可交换债、公司债、企业债、短期融资券、资产支持证券以及金融债。其他债券项下主要是同业存单。

债券市场余额与GDP的比重能反映出一国债券市场的容量和整体的偿债能力。美国债券市场可流通余额/GDP的比值整体水平较高，多年来一直稳定在2以上；中国的数据2010年不到0.50，2019年提高到了0.98（见图1-32）。这表明，中国债券市场目前还处于发展阶段，存量规模仍有进一步扩大的潜力。

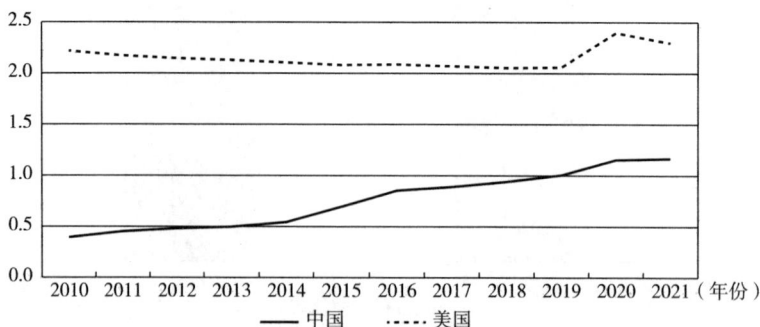

图1-32 中美债券余额/GDP比值比较

资料来源：Wind数据库。

如图 1-33 所示，通过分析中美两国债券结构组成可以发现，目前中国占主导地位的是以国债为核心的利率债；信用债占比次之，其中包含公司债和企业债，但相比于美国 21% 的公司债占比仍然较小。而美国以企业为发行主体的债券产品已经占据了举足轻重的地位，在美国债券市场中，包括公司债券、资产证券化产品在内的企业直接债务融资工具占据了债券市场整体规模的 45% 以上。

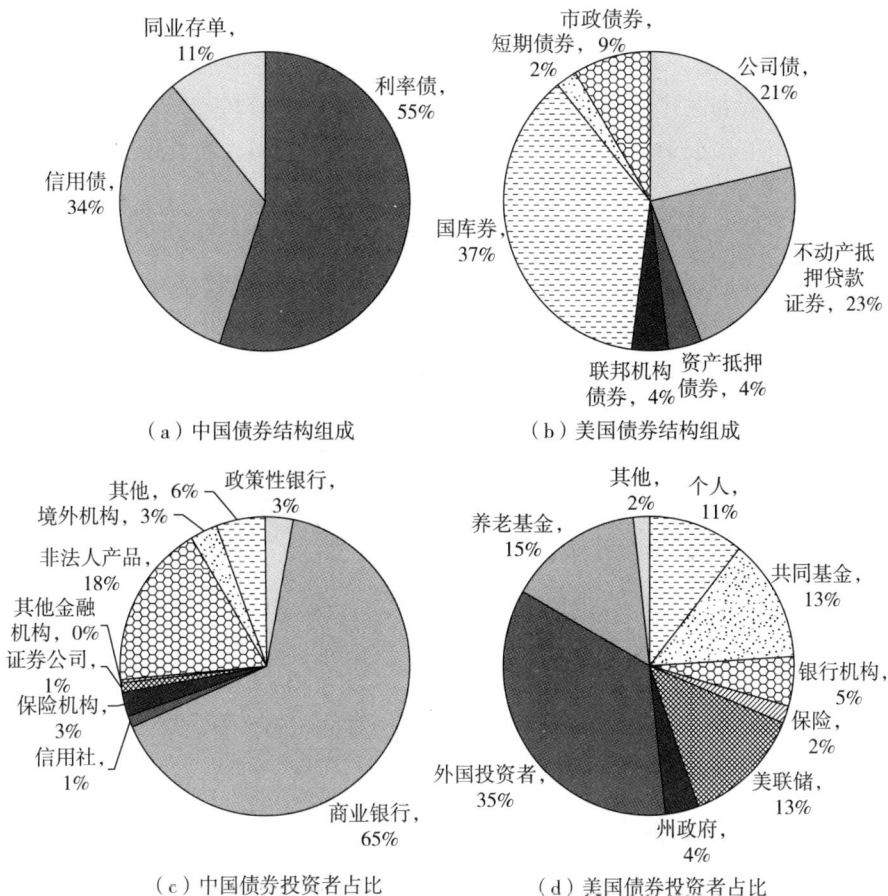

（a）中国债券结构组成　　　　（b）美国债券结构组成

（c）中国债券投资者占比　　　　（d）美国债券投资者占比

图 1-33　中美债券结构组成和投资者结构比较

资料来源：中债登、美国财政部。

从债券市场投资者的构成结构来分析，商业银行在中国金融市场中规模最大，而在美国金融市场中，银行机构并不具有主导地位。截至 2019 年底，国外及国际机构持有美国债券的比例最大，占美国债券余额的 35%，美国养老基金、美联储货币当局和共同基金分别居第二、第三、第四位。相比于中国市场，美国债券市场呈现出外资大量流入的特点。由于美国国债在全球市场上需求旺盛，所以呈现出中国商业银行占据债券市场主导，而美国债券市场上外国投资者占比高的特点。

（二）中美股票市场对比

如图 1-34 所示，2019 年初沪深 300 指数成分股中，总市值占比前三的行业分别为金融、工业和能源，其中金融行业市值占比达 44%，工业、能源行业分别为 10% 和 8%。标普 500 指数成分股中，总市值占比排名前三的行业分别为信息技术、可选消费和医疗保健，占比分别为 29%、14% 和 13%。从整体分布来看，沪深 300 总市值构成中金融行业遥遥领先，所占比重近半，而其他行业市值占比均在

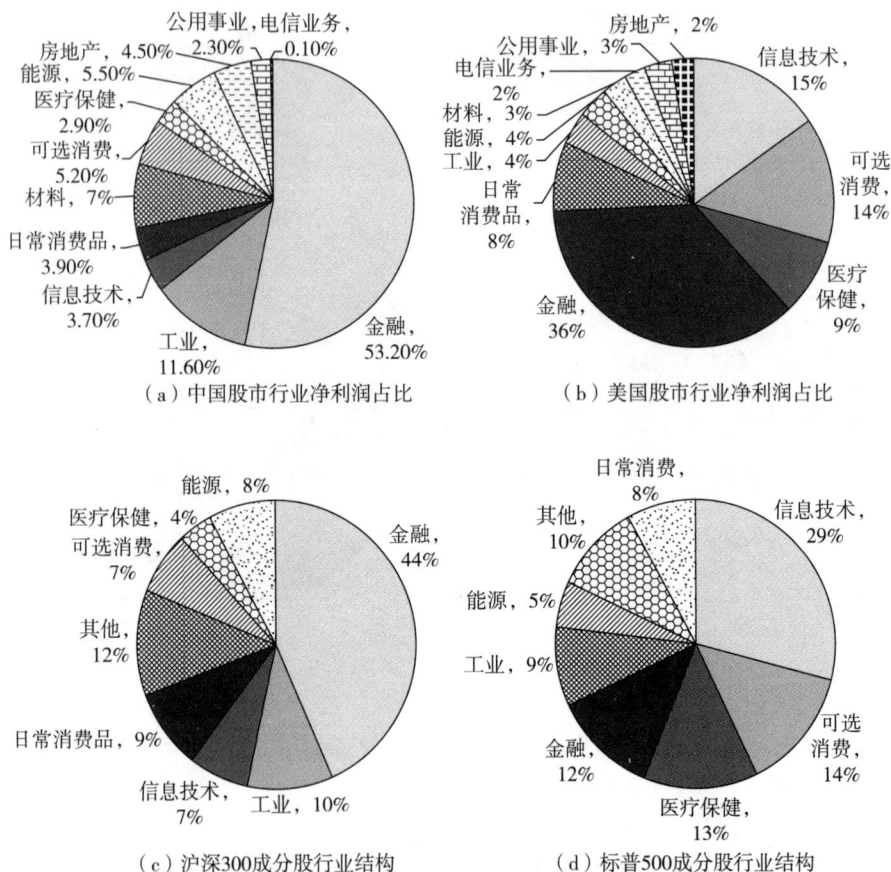

（a）中国股市行业净利润占比

（b）美国股市行业净利润占比

（c）沪深300成分股行业结构

（d）标普500成分股行业结构

图 1-34　中美股市行业市值结构和净利润结构比较

资料来源：笔者整理。

10%以下，规模相对较小；标普 500 行业构成相对而言较为均匀，除信息技术行业占比稍大以外，可选消费、医疗保健、金融等行业市值相当，整体分布相对均匀。另外，从高市值行业的特点来看，相比于沪深 300 成分股金融行业一家独大的格局，标普 500 行业结构中高市值行业大多为信息技术、生物医药、互联网商务等新兴产业的高科技、创新型公司，其产业结构更为完善。此外，从盈利情况来看，中国上市公司约 42.6% 的利润都集中在银行业，美国银行业仅为 6.6%，在中国股票市场上，金融行业呈现出一家独大的局面。

如图 1-35 所示，从股票市场中参与者持有比例看，美国股票市场中持股占比最高为家庭与非营利性组织，占比为 39%；其次是基金，包括共同基金、封闭式基金与 ETF 基金等，占比约为 30%；外国机构及退休基金占比均超过 10%。相比而言，中国股票市场的参与者结构中（以上交所数据为例），包括一般法人、自然人投资者、专业机构及沪股通。一般法人的持股占比为 62%，位居榜首；其次为自然人投资者，约占 22%；专业机构投资者占持股比例为 16%，其中投资基金占比为 3.26%。

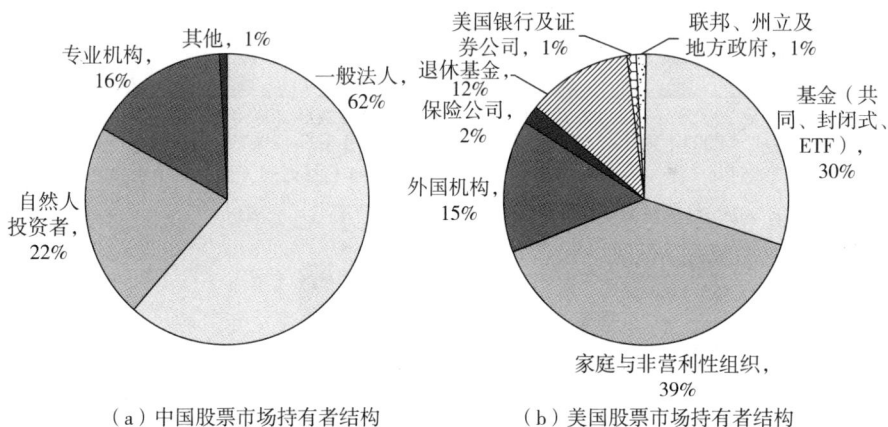

（a）中国股票市场持有者结构　　　　（b）美国股票市场持有者结构

图 1-35　中美股票市场持有者结构比较

资料来源：笔者整理。

中国股票市场的一个突出特点是个人投资者成交占比较高，使 A 股定价更多被个人投资者主导，这导致了三方面问题：一是个人投资者的成交有着较强的追涨杀跌特点，羊群效应较强，容易放大波动，导致市场价格大起大落；二是相比专业投资者，个人投资者对公司财务和经营状况缺乏深入了解，过分关注政策走向和打探消息，容易高估股票价格；三是由于机构投资者需要接受个人投资者主导的市场价格并长期与之博弈，一些机构在交易中也逐渐呈现出"散户化"的倾向。

美国股票市场的一个显著特征是"牛长熊短"。通常而言，我们将牛市定义为标普500指数上涨至少20%，熊市为标普500指数至少下跌20%。自1929年开始，美国股市一共经历了17次牛市和17次熊市。美国牛市持续时间平均约为47个月，熊市平均持续18个月，牛市持续时间是熊市的2.6倍，呈现明显的"牛长熊短"特征。此外，牛市时，标普500的平均涨幅为122.5%；熊市时，标普500的平均跌幅为31.5%，呈现出涨多跌少的特征。

美国股市最近的三次大牛市分别为1990年4月至2000年4月、2002年10月至2007年10月和2009年3月至2018年9月，持续时间分别为115.6个月、60.9个月和115.7个月，涨幅分别为375.80%、80.20%和288.40%，从持续的时间和上涨的幅度来讲都大大超过平均水平（见图1-36）。

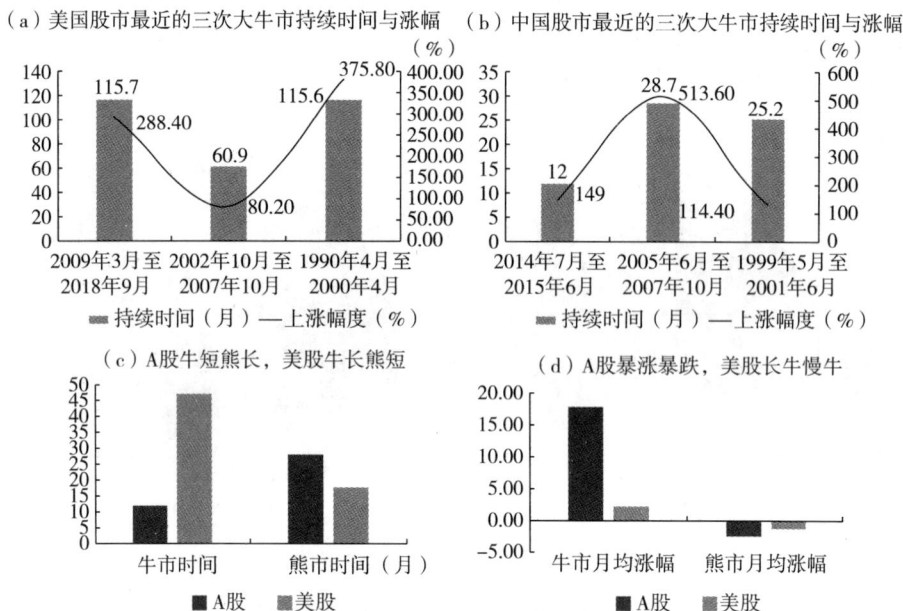

图1-36 中美股票市场特征比较

资料来源：Wind数据库。

相比之下，中国A股市场的典型特征与美国市场相反，呈现"牛短熊长"的特点。以上证综指来看，自1990年12月开市至今，A股一共经历了9次牛市（剔除1990年12月至1992年5月持续17.5个月，涨幅1387.8%的首次牛市）和9次熊市。A股牛市平均持续12.1个月，熊市平均持续27.8个月，熊市持续时间是牛市的2.3倍，呈现出典型的"牛短熊长"特征。牛市时，上证综指的平均涨幅为217.2%；熊市时，上证综指平均跌幅为56.4%，跌幅和涨幅均显著超过美国，呈典型的暴涨暴跌。牛市期间，A股的月平均涨速远远超过美国。在剔除1990~1992年的A股首次牛市后，上证指数牛市期间的月平均涨幅达到17.9%，而标普500指数只有2.6%。

三、中美家庭资产配置比较

(一) 中国家庭资产配置情况

2004~2019年，中国居民资产配置结构发生了明显的趋势性改变（见图1-37）。结构方面，虽然近些年来房地产占比总体处于下跌趋势，但房地产在中国居民资产配置中的比例始终占据半数以上。受传统储蓄观念影响，中国居民资产配置中占比第二大的是存款，而保险、基金、信托、股票等占比相对较少。从时间趋势上看，居民在股票市场的直接投资波动上升，保险、基金、信托等产品占比则呈现出明显的上升趋势，并且理财产品在居民资产配置中的占比逐渐超越了股票。

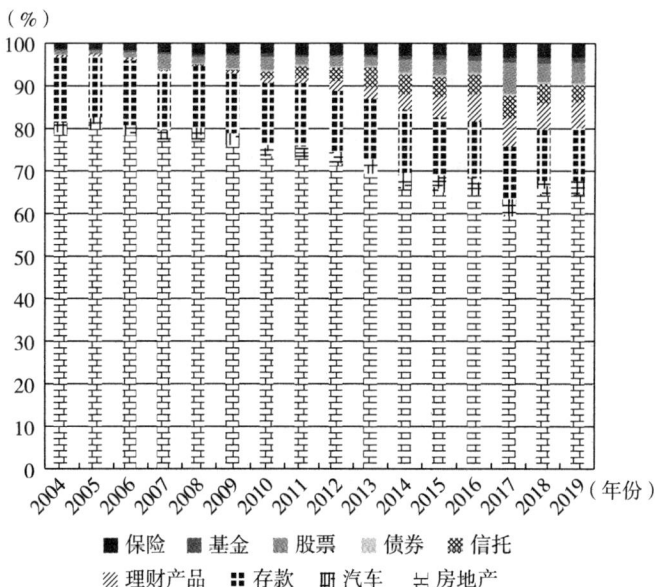

图1-37　2004~2019年中国居民资产配置结构

在基金、信托、理财等产品丰富供应之前，居民在证券市场的投资主要是直接进行股票投资，这一过程中券商只是简单充当金融中间人的职能，负责开户，提供交易平台服务，收取佣金。随着资管业务的丰富，金融机构开始提供更丰富的服务，包括为客户提供投资建议、代为管理客户的投资组合等。以基金公司为例，基金管理人通过将众多投资者的资金集中起来，利用自己的专业技能以投资组合的方式进行科学的投资决策，以期使管理的基金资产不断增值，从而使基金持有人获得更高的收益。居民通过购买基金，一方面能够请专业投顾人员代为管理，另一方面可以分散风险，还能够参与到个人资金难以触及的具有较高资金要求的金融工具。

近年来，中国资本市场制度改革提速，多层次的资本市场基本建立，投资工具和产品日益丰富，为居民提供了更多的投资渠道，居民的多资产配置需求也推动金融机构理财业务的不断丰富和发展，促进了资产管理及财富管理市场加速扩容（见图 1-38）。银行、券商、信托、保险、基金管理公司及其子公司等都具备对资产进行配置管理的能力，各金融机构纷纷开展资产管理业务，形成了中国资产管理市场"大资管"的局面。

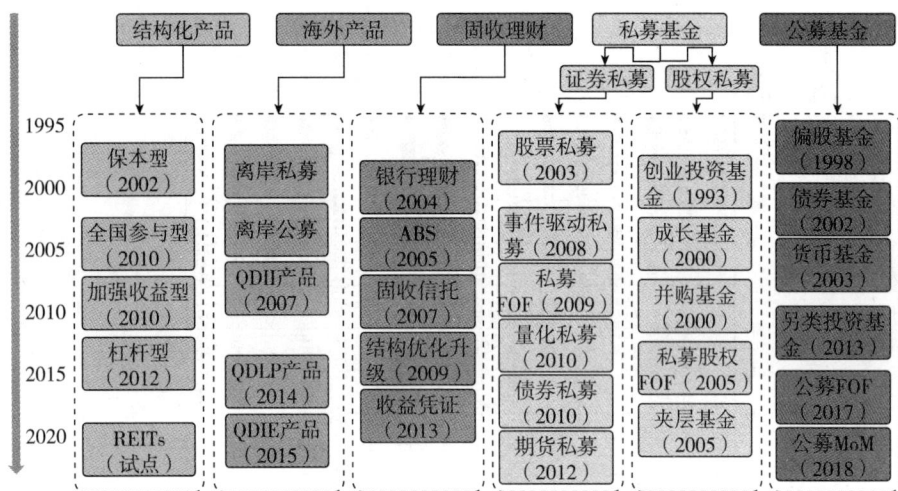

图 1-38　中国财富管理主要产品

居民多元化资产配置需求的增加在推动金融机构业务丰富和发展的同时，也为资本市场拓宽了资金来源。居民资产配置从储蓄存款转向金融风险资产对于资本市场而言意味着增量资金的增加，并且同时为企业拓宽了直接融资渠道，提高投融资效率。加大股权融资，不仅有利于优化企业融资结构，发挥市场配置资源的作用，而且，更多的优质企业上市，也为居民提供了优良的投资标的，分享企业增长的红利，形成积极的正反馈过程。

（二）中美家庭资产配置比较

根据广发银行发布的《2018 中国城市家庭财富健康报告》，中国居民财富增

长速度较快，截至 2017 年，城市家庭户均总资产规模达到 150.3 万元，2011~
2017 年的年均复合增速为 7.6%。而中国家庭财富管理却普遍处于亚健康状态，
即投资理财需求未得到有效挖掘和匹配。由于大量企业及居民将资金配置于存款
及理财产品，资金期限较短，企业缺乏可以长期投资的资金来源，商业银行期限
错配加剧，资金期限与实体经济融资需求期限难以合理匹配。

（1）中国家庭房产资产对其他金融资产的挤出程度较高。中国住房资产占
家庭总资产的比例高达 77.7%，远高于美国的 34.6%，而金融资产占比仅为
11.8%，远低于美国的 42.6%，也远低于其他发达国家水平（见图 1-39）。

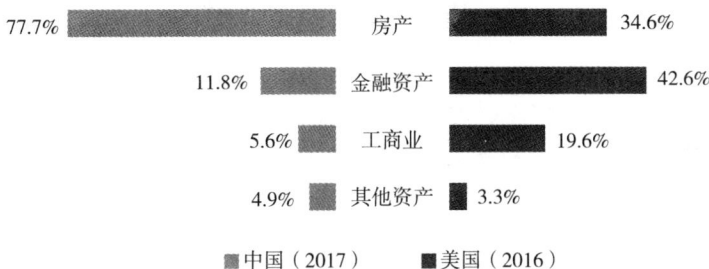

图 1-39 中美家庭总资产配置对比

资料来源：《2018 中国城市家庭财富健康报告》。

（2）中国家庭金融资产配置不均衡。在中国城市家庭仅有的 11.8% 的金融
资产配比中，存款在其中的占比高达 42.9%，而美国家庭金融资产中存款的比例
仅为 9.3% 左右（见图 1-40、图 1-41）。中国家庭资产配置主要集中在房产和存
款两项。

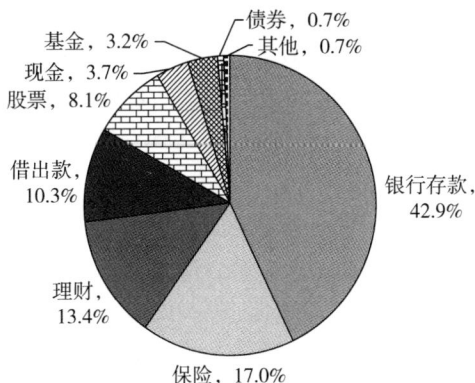

图 1-40 中国城市家庭金融资产配置结构

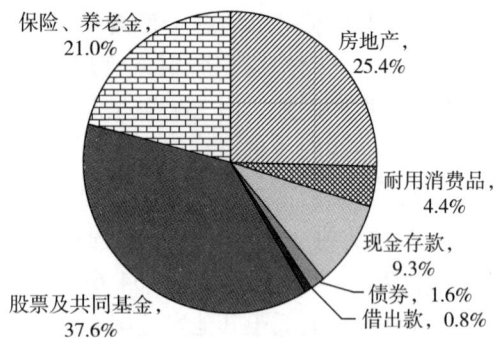

图 1-41　美国家庭资产配置情况

资料来源：美联储。

（3）美国家庭资产配置更加多元化。美国家庭资产配置中金融资产占比最高，其中占比最大的是股权类投资和养老金，显示出多元化和偏激进的配置特征。

与美国相比，由于金融产品供给相对不足，以及缺乏对金融知识和产品的了解，中国居民的家庭资产配置存在投资品种单一、系统性风险高、保障意识弱等特点。

四、中美金融体系整体特征

金融体系，宏观上指一国如何配置金融资源，微观上是资金供需双方的融通方式，通常用直接融资和间接融资比重进行衡量。微观融资结构反映到宏观层面，形成了以间接融资为主的银行主导型金融体系和以直接融资为主的资本市场主导型金融体系。

直接融资比重＝（债券融资＋股权融资）／（债券融资＋股权融资＋信贷融资）。常用计算方法包括宏观存量法、微观存量法。国际间的比较更多使用宏观存量法，采用世界银行公布的股市市值和银行贷款衡量各国金融体系结构，随着国际清算银行（Bank for International Settlements，BIS）公布债券存量，债券存量也被纳入宏观存量法统计口径。

根据研究统计，2017 年，在全球各经济体中，美国直接融资占比最高，达到79%，而中国直接融资占比仅37%。结合商业银行总资产占 GDP 比重（美国<100%，中国>200%）与上市公司总市值占 GDP 比重（美国>100%，中国为50%左右）的比较，我们可以认为美国金融体系属于典型的资本市场主导型的金融体系，而中国属于银行主导型的金融体系。

表1-7 金融体系度量指标和数据来源

方法	间接融资	直接融资	数据来源
宏观法	银行对私人非金融部门信贷	国内上市公司股票市值、非金融企业债券	信贷和股票数据来源于世界银行，债券数据来源于BIS
微观法	非金融企业贷款	非金融企业债券、股票	OECD数据库720Financial balance sheets-non consolidated-SNA 2008
增量法	社融"人民币贷款、外币贷款、委托贷款、信托贷款、未贴现的银行承兑汇票"	社融"企业债券、非金融企业境内股票融资"	中国央行

美国资本市场主导型金融体系的发展特点为：一是直接融资比重较高。美国奉行自由竞争，反对特许经营和垄断，"单一银行制"下不允许银行设立分支机构和跨州经营，仅依靠银行信贷难以满足城镇化工业化对长期资金的巨大需求，银行的相对弱势给了资本市场发展空间。二是金融脱媒趋势下，直接融资比重提升。20世纪70年代之前，美国对利率、银行跨区经营严格限制，金融脱媒严重，直接融资比重被动上升，维持在70%以上高位区间（见图1-42）。三是1990年后政府主动提升直接融资比重。经历20世纪七八十年代利率市场化和2008年金融危机，直接融资比重曾下降到70%左右，在政府刺激新经济发展和放松金融管制下，直接融资比重迅速恢复到高位。

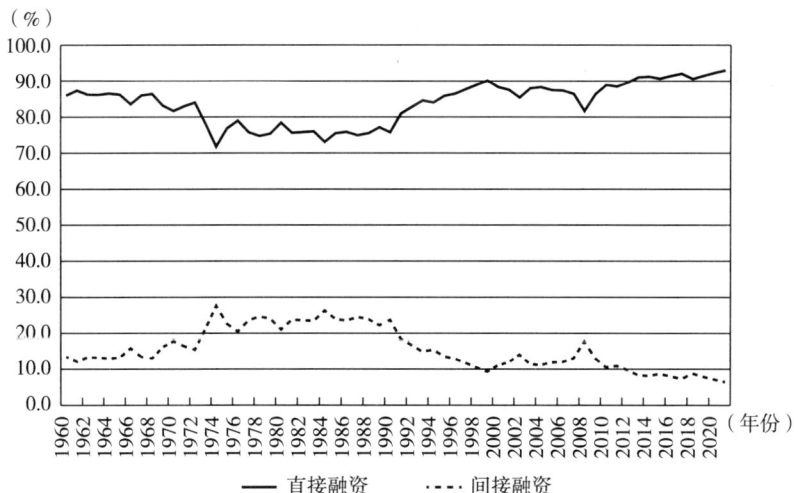

图1-42 美国直接和间接融资比重

中国现行金融体系为间接融资主导，银行信贷仍是主要的融资渠道，直接融资尚处于较低的发展水平。一是从相对地位看，间接融资仍占绝对主导。增量法下，中国直接融资比重在过去 20 年间不断上升，从 2005 年的不足 10%上升至 2021 年的超过 20%，提升速度较快。但截至 2021 年底，间接融资为 79.41%，仍占主导地位（见图 1-43）。二是从绝对量来看，两种融资体系均呈上升态势，2000~2021 年金融机构各项贷款余额占 GDP 比重从 99%升至 168%，沪深股市总市值占 GDP 比重从 48%升至 80%，年均增长分别为 3.3 个和 1.5 个百分点，因此可以预见中国在未来一段时间仍将以间接融资为主，直接融资尚不能替代间接融资体系。

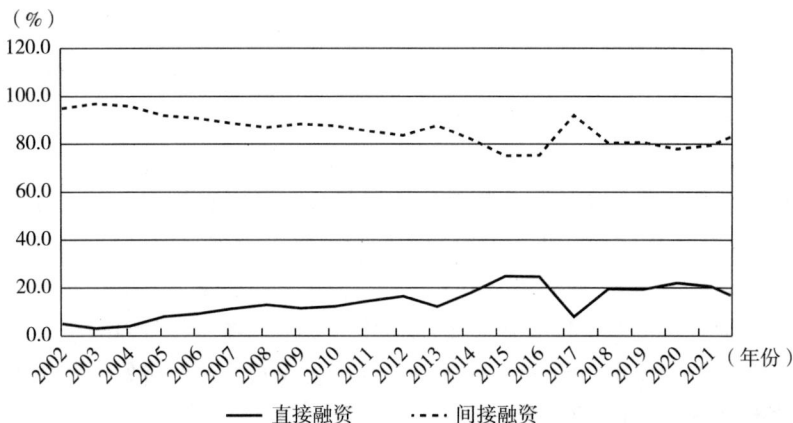

图 1-43 中国直接和间接融资比重（增量法）

资料来源：Wind 数据库。

五、中国金融体系的发展趋势

实体经济需求与金融体系之间有着密切的联系。中国经济的发展带来了居民收入增长和产业升级加速。随之而来的是家庭部门在财富管理上开始追求更高层次的风险收益，企业部门则形成了分散风险、降低融资成本的需求。两者共同决定股票、债券、衍生品市场的蓬勃发展，并推动和刺激了与之匹配的货币市场和金融服务提供商发展。随着全社会金融资产结构的变化，出现了金融功能的升级、风险结构的转变和金融业态的革新。

在金融资产供给层面，随着技术升级加速、产业周期缩短和市场竞争加剧，企业项目的初始投资额、生命周期、持续投入都存在差异。发达的资本市场可以有效分散风险、降低融资成本，有助于处于发展初期的新产业实现快速增长，进而转化为主导产业。也就是说，资本市场主导型金融体系具备更高的风险容忍度，更适合高研发投入、高技术创新的经济体，因此，更能满足当前和未来一段时间中国产业升级与经济转型的需要。

在金融资产需求层面，随着居民财富的增加，从家庭金融资产配置角度出发，家庭也将会持有更多的风险资产。一般认为，家庭具备绝对风险厌恶下降的风险偏好，即风险资产的持有规模会随财富增加而扩大，经济发展会通过促进家庭财富增长进而促进对资本市场风险资产的需求增长。

从风险管理的角度，在传统的中国金融体系中，银行居于主导地位，使存量金融资产缺乏流动性和市场效率。虽然银行体系与资本市场两者在风险管理上各有优势，银行能提供有效的跨期风险分担功能，资本市场则能够提供横向风险分担功能。因此完善中国金融市场，特别是资本市场机制将是优化金融体系风险管理功能的必经之路。

无论从金融资产未来供需两端的情况、还是监管顶层设计层面都表明，提高中国直接融资占比的发展方向是明确的。但从目前来看，中国直接融资尚不能替代间接融资体系，很长一段时间内，中国金融体系结构仍将以间接融资为主。

（1）以银行渠道为主的间接融资规模增速不减。国内绝大部分银行都属于国有企业，银行信用背后反映的是政府信用。由于资本市场存在投资风险，居民在投资上仍会倾向于选择具有刚兑属性的储蓄或银行理财产品。因此，中国的银行存款规模非常大。而在资产端，银行与国企、地方政府之间又形成了资产负债的闭环。另外，居民房地产抵押加杠杆绝大部分也通过银行来实现，从而形成了银行、房地产商与居民之间的循环。尽管中国证券市场发展很快，但相比 2007 年以后银行业的规模增速，就相形见绌了。

（2）资本市场的基础性制度还有待进一步完善。目前科创板和创业板已经开始试行全面注册制，主板全面注册制的改革也在进行之中，未来还需要继续推进金融市场改革，完善资本市场法规制度。正如监管部门反复强调的，要完善信息披露制度，严格执行退市制度，形成优胜劣汰，激发资本市场活力。

第四节　中美央行独立性比较

一、央行独立性概述

（一）中央银行需要独立性的原因

中央银行是一个国家最重要的宏观经济调控部门，在国家金融体系中居于统领地位。中央银行控制全国的货币供给，负责制定和实施国家的货币政策，担负确保经济长期稳定增长的使命，以及监督和管理金融业及金融市场的职责。中央银行具有发行的银行、银行的银行、政府的银行三大职能。

1. 发行的银行

国家赋予中央银行集中与垄断货币发行的特权，中央银行是国家唯一的货币发行机构。

2. 银行的银行

中央银行在整个金融体系中居于领导地位，并与商业银行和其他金融机构进行存、放、汇等业务上的往来。中央银行充当商业银行和其他金融机构的最后贷款人。中央银行通过这一职能对商业银行和其他金融机构的活动施加影响，以达到调控宏观经济的目的。

3. 政府的银行

中央银行代表国家贯彻执行货币和金融政策，代为管理政府财政收支以及为政府提供各种金融服务。

（二）中央银行独立性的含义和度量

中央银行的独立性是指中央银行履行自身职责时法律赋予或实际拥有的权力、决策与行动的自主程度，即中央银行的活动在多大程度上受政府的制约、中央银行是否可以自主地制定和执行货币政策等。中央银行的独立性是相对的，中央银行必须与政府密切配合，并受政府的监督和指导，而不是凌驾于政府之上，或者独立于政府体制之外自行其是。

中央银行的独立性有助于稳定币值、实现经济的快速健康发展（见图1-44）。中央银行在执行货币政策职能时，首先考虑的是市场经济的发展规律，而政府更关注如何实现经济的快速增长。央行和政府不同的政策目标，决定了中央银行与政府不同的宏观调控方式。政府部门往往以经济增长作为制定经济政策的主要目标，其后果是容易导致经济过热，造成通胀。为了化解经济过热问题，稳定

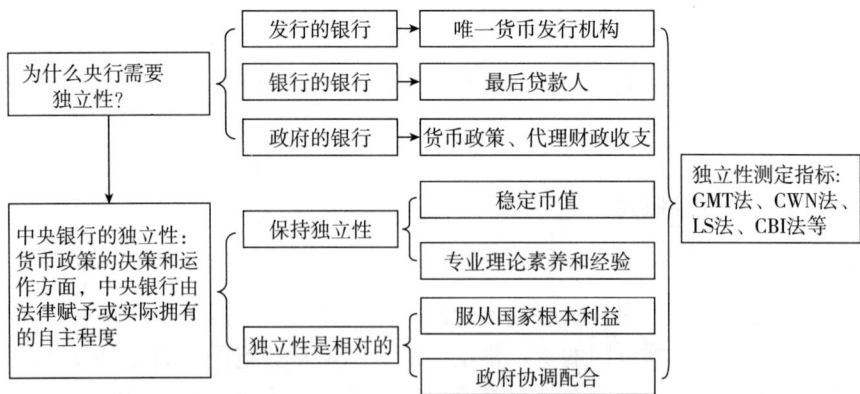

图1-44 央行独立性及独立性测定指标

国家经济快速发展，这就要求中央银行政策独立性要得到保障。中央银行保持必要的独立性，在某种程度上可以起到制衡政府的作用，以免政府不受约束的行为对经济的持续稳定发展造成严重的影响。所以，保证中央银行相对的独立性是非常有必要的。

如表 1-8 所示，以下指标刻画了中央银行的独立性：Masciandaro 和 Tabellini（1991）提出的 GMT 法，Cukierman、Webb 和 Neyapti（1992）提出的 CWN 法，Loungani 和 Sheets（1997）提出的 LS 法。

表 1-8 中央银行独立性指标

指标体系	内容	优点	缺点
GMT	中央银行理事会成员任命程序；中央银行理事会与政府的关系；中央银行的最终责任	侧重政治独立	只适合发达国家
CWN	行长的任命、罢免和任期；政府与中央银行目标冲突的解决程序、价格稳定的重要性等	指标更细致，涵盖立法独立性指标	指标考察内容烦琐；立法独立性占指标比重较大
LS	物价稳定为首要目标；中央银行是否有效控制货币政策工具；对政府融资是否有限制等14 项指标	包括目标、经济、政治独立性，更贴近转型国家实际	忽视立法独立性指标

（三）中央银行独立性的历史进程

中美央行发展历程见图 1-45。

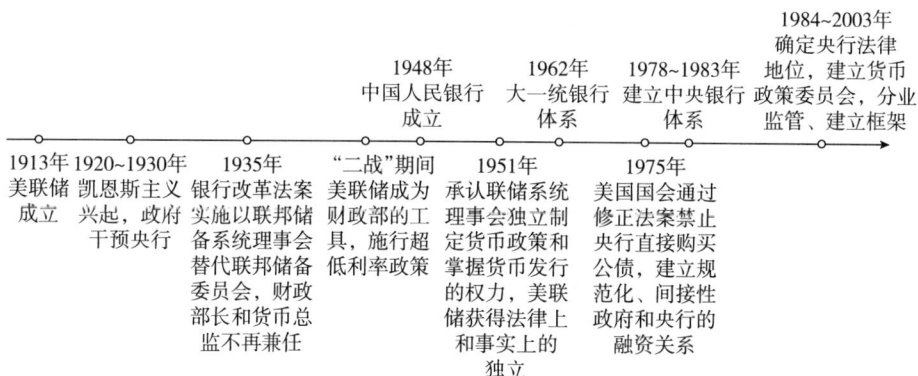

图 1-45 中美央行发展历程

1. 中国人民银行独立性的历史进程

中国人民银行 1948 年成立，在计划经济体制下，具有中央银行和商业银行两项职能，在改革开放前一直隶属于财政部，受中央政府的干预程度较高。

1978~1983 年，中国人民银行的双重职能开始逐步剥离，央行独立性得到提高。党的十一届三中全会以后，国家在银行领域进行了一系列重要的体制改革，主要包括两个方面：一方面，调整银行与财政部的关系，把中国人民银行总行从财政部分离出来，使之成为与财政部及其他中央部委相同级别的机构。另一方面，成立专门的商业银行，中国农业银行、中国银行、中国建设银行、中国工商银行四个专业银行相继恢复。商业银行的恢复和分立促进了中国银行系统的多样化，减少了中国人民银行的经营业务，使央行的独立性得到初步提高。

1984~1995 年，中国央行的制度得以巩固，其独立性得到了进一步提升。1986 年制定的银行管理条例以行政法规的形式明确了央行的法律地位，即中国人民银行是国务院领导下管理国家金融事务的国家机关，其在履行职能时独立于财政，独立于经济计划和主管部门，独立于当地政府。1993 年的中国人民银行改革方案提出转换人民银行职能，使中国人民银行成为真正的中央银行，职能得到进一步的深化，独立性也大大加强。1994 年中国人民银行正式建立货币供应量公告制度，标志着中国货币政策透明度在不断提高，央行独立性随之加强。

1995 年《中华人民共和国中国人民银行法》的颁布是进一步明确中国央行独立性的重要标志之一。尤其是其后随着中国证券监督管理委员会、中国保险业监督管理委员会和中国银行业监督管理委员会相继成立，中国人民银行逐步演变为以制定和执行货币政策为主的单一制的中央银行，独立性大大提高。1997 年，央行成立了权威的货币政策委员会作为决策机构，这奠定了货币政策科学决策和实施的基础。

2003 年修订的《中华人民共和国中国人民银行法》再次明确央行的职责为制定和执行货币政策、维护金融稳定和提供金融服务，完成向现代中央银行的转型；建立银监会、保监会、证监会承担分业监管责任；原有四大专业银行先后进行股份制改造上市，完成向商业银行的转换，中国现代金融体系框架基本建立。

2. 美联储体系独立性的历史进程

美国联邦储备体系，简称美联储，于 1913 年成立，负责履行美国中央银行的职责，致力于稳定美元的购买力和美国的金融体系。立法赋予了美联储提供弹性货币（最后贷款人）的职能，规定了各位理事长的法定任期，以及美联储主席、副主席和地区行长的任期，尽可能减少行政当局和议会操纵或左右货币政策的可能性，加强中央银行的独立性。

1929~1933 年美国经济大萧条使全社会开始反思传统的古典经济理论，凯恩斯主义学说应运而生。凯恩斯主义认为，政府应加强对国民经济的干预，受此影响，美国政府开始对美联储行政干预，美联储的独立性下降。早期的美联储活动范围和权力受到各种制约，独立性有限。

1935 年的银行改革法案实施后，新设的联邦储备系统理事会替代联邦储备委员会，财政部长和货币总监不再兼任美联储职务，减少了政治当局对美联储的影响，权力也逐渐从各地区联邦储备银行转移到联邦储备系统理事会。银行法的实施促进了联储理事会的权力集中，健全了决策机制，有利于建立健全独立的中央银行体系。

1975 年美国国会通过的修正法案完全禁止美联储直接购买政府公债，只能在公共市场上间接购买公债和其他债券，标志着美国建立起规范化、间接性的政府与中央银行之间的融资关系。

二、中美央行独立性比较

（一）中央银行组织上的独立性

1. 中国人民银行

中国人民银行隶属于国务院，是国家行政机构的重要组成部分，所做出的货币政策与金融决策必须和国家大政方针保持一致。因此，中国人民银行是国家负责对国民经济进行调控的政府机关，这使人民银行无法仅从经济运行规律出发，做出独立的政策决策。中国人民银行行长人选，根据国务院总理的提名，由全国人民代表大会决定，副行长由国务院总理任免。关于行长的任期和副行长的人数，则没有专门规定（见图 1-46）。

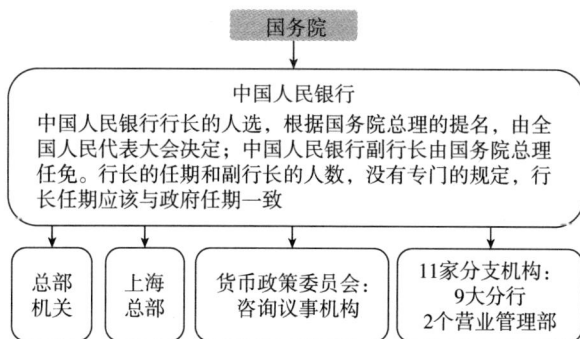

图 1-46　中国人民银行组织架构

2. 美联储

美联储独立于行政部门，仅接受国会的监督，从联邦储备系统理事会和公开市场委员会独立决定货币发行政策来看，似乎接近于行政垄断。美联储主席在联邦系统理事会的理事中产生，由总统提名，国会通过后获得任命，任期4年但可以连任（见图1-47）。联邦储备理事会的理事任期14年，但不可以连任。国会对美联储的监督主要是事后听证。

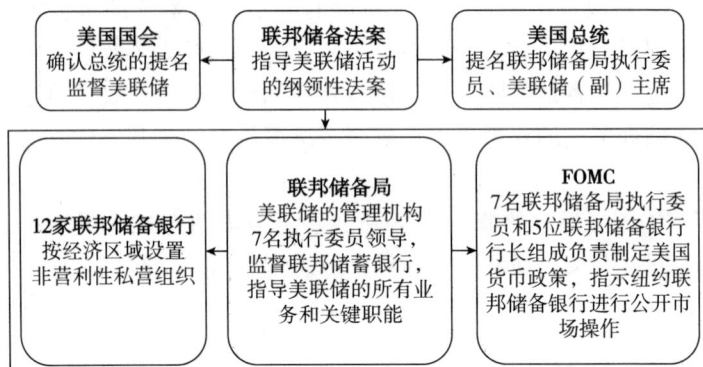

图1-47 美联储组织架构

中美中央银行人事独立性见表1-9。

表1-9 中央银行人事独立性

中央银行	人员组成	行长任期	理事任期	官员任命	官员罢免
美国联邦储蓄体系	理事会由1位主席、1位副主席和5位委员组成。公开市场委员会由7位理事会成员和5位联储银行行长组成，除了纽约联储主席以外的其他4位委员每年由其余11位联储行长轮换	4年，且与总统任期开始时间不一致	14年，不能连任，地方行长理事任期3年	经总统提名和参议会批准后，总统任命且每年只能任命2位理事。政府没有任命地方行长的权利	除了在货币政策主张不同的情况下，总统可以罢免联邦储备银行理事
中国人民银行	货币政策委员会除了行长、外管局局长、证监会主席必须是当然委员外，其他委员的调整由国务院决定；目前由行长1人、副行长2人、国务院副秘书长1人、发改委副主任1人、统计局局长1人、证监会主席1人、银保监会主席1人、银行业协会会长1人、金融专家3人组成	无限制65周岁以下	除了国独资商业银行行长和金融专家2年外，其他无限制，65周岁以下	行长由总理提名，主席任命；中央银行或央行有关部门有权提名其他委员报请国务院任命	本人提出书面申请、职务变动、不能胜任等情形，央行可以报请国务院免去其委员职务

（二）中央银行货币政策执行上的独立性

1. 中国人民银行货币政策独立性仍有提升空间

中国国家财政是国有金融单位的投资人，其担负了实施金融改革以及解决金融问题的大量成本，然而在这部分成本之中，有大量的成本是由央行使用再贷款的方法来支付的。央行使用再贷款的方法来代替财政冲销产生的改革成本，事实上是隐性的财政赤字出现了货币化、央行公共管理权利出现了财政化。因此，中国人民银行货币政策的独立性仍有提升空间。

2. 美联储货币政策独立性较强

美联储做出的联邦基金利率、公开市场操作、存款准备金率等货币政策决定无法被其他机构改变，总统和任何行政部门都无权干涉货币政策的决策和执行。

中美中央银行的货币政策独立性见表1-10。

表1-10　中央银行货币政策独立性

中央银行	货币政策的目标	政府对货币政策的影响	三大货币政策工具的使用
美国联邦储蓄体系	充分就业、物价稳定	总统和任何行政部门都无权干涉货币政策的决策和执行	独立决定存款准备金率、贴现率以及公开市场业务三大工具
中国人民银行	保持币值稳定，促进经济增长	在国务院领导下制定并实施货币政策	能自主地使用存款准备金率、再贴现率和公开市场业务三大工具

三、不同的央行独立性对经济的影响

关于央行独立性与经济增长的关系主要有两种观点：一种观点认为没有必然联系；另一种观点则认为央行独立性高有利于经济长期稳定增长，能平缓经济的大起大落。

前一种观点认为央行独立性与长期经济增长没有关系的理论依据在于货币中性假说。有研究表明，从长期来看，在通货膨胀和产出之间并不存在菲利普斯曲线所描述的替代关系，这表明制定货币政策时可以不必考虑对经济产出的影响，而只需将币值作为中央银行的首要目标。

后一种观点则认为独立性较高的央行有利于促进经济的长期稳定健康发展。央行可以独立执行货币政策，在经济过热的时候适当降温，避免长期经济风险的积累，虽然可能牺牲一些短期的经济增长，但不至于使整个经济陷入大萧条等危机，长期来看可以维持平稳增长，平滑经济波动的波峰和波谷。

对于中央银行独立性与通货膨胀的关系，学术界主要有三种看法：

第一种理论是基于公共选择理论的观点，货币当局承受政治压力使其按照政府的偏好行动。货币紧缩会提高失业率、降低经济增速，给政府带来负面的影响，如经济增速减缓带来的税收减少、公债利率上升使财政赤字增加等。因此政府有动力向央行施压，促使其采取宽松的货币政策。

第二种理论是基于 Sargent 和 Wallace 的理论，认为中央银行的独立性有助于

降低通货膨胀。该理论将财政当局和货币当局进行了区分，如果财政当局处于主导地位，货币当局无法影响政府赤字的大小，当公众无法或不愿意再吸收新增的政府赤字时，货币当局将被迫增发货币来满足政府赤字；反之，当货币当局处于主导地位，那么财政当局将会削减赤字或者出现债务违约。央行独立性越高，其被迫增发货币的可能性就越小。

第三种理论是基于货币政策短期和长期的不一致性。中央银行独立性最重要的理论基础是其有助于解决货币政策的时间一致性问题，即独立的央行比存在短视倾向的政府更有考虑长远利益的眼光，从而降低货币政策制定者以通胀为代价推动短期产出提高的风险。

如图 1-48 所示，以美国为例，前期美联储独立性相对较弱时通胀率和经济增长波动都比较大，且通胀水平高。对于此现象的理论解释较多，部分学者认为是货币当局独立性不高，承受政府的压力而接受了政府的赤字偏好。而随着美联储独立性逐步提高，通胀率下行且逐渐稳定，经济增长也趋于稳定。

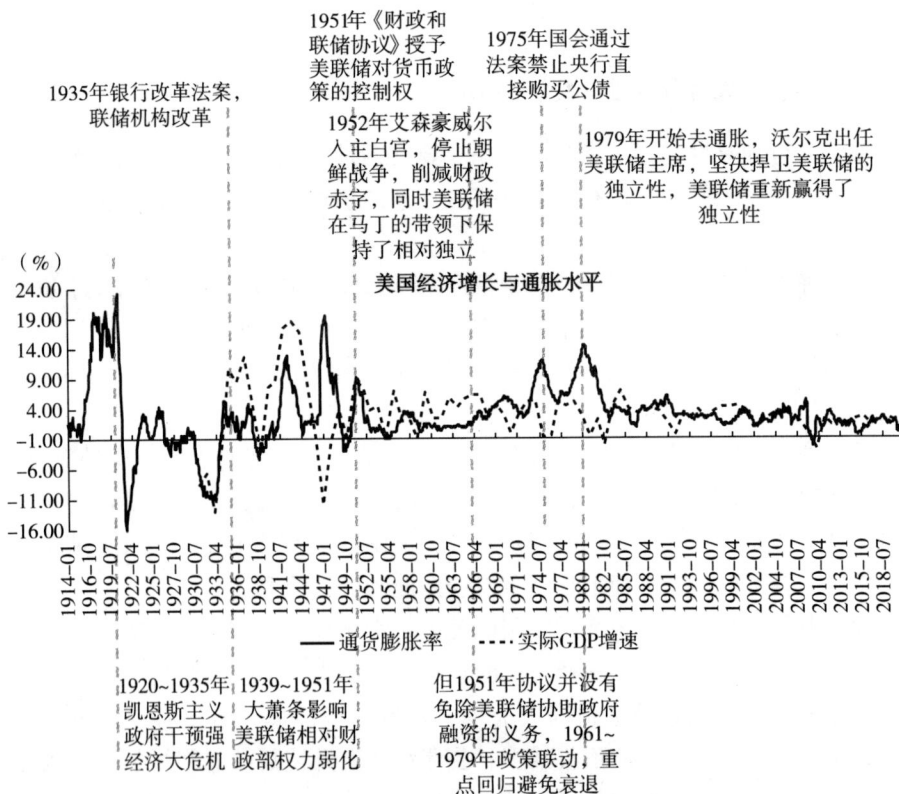

图 1-48　美联储独立性和美国经济增长以及通胀水平的关系

如图 1-49 所示，从中国的数据来看，也证实了央行独立性与通货膨胀的负相关关系，但是在和经济增长的关系方面表现并不明显。另外，学术界也有观点认为央行的独立性和长期经济增长无关，故央行制定货币政策时无须考虑对产出的影响，而只需要将币值作为首要目标。

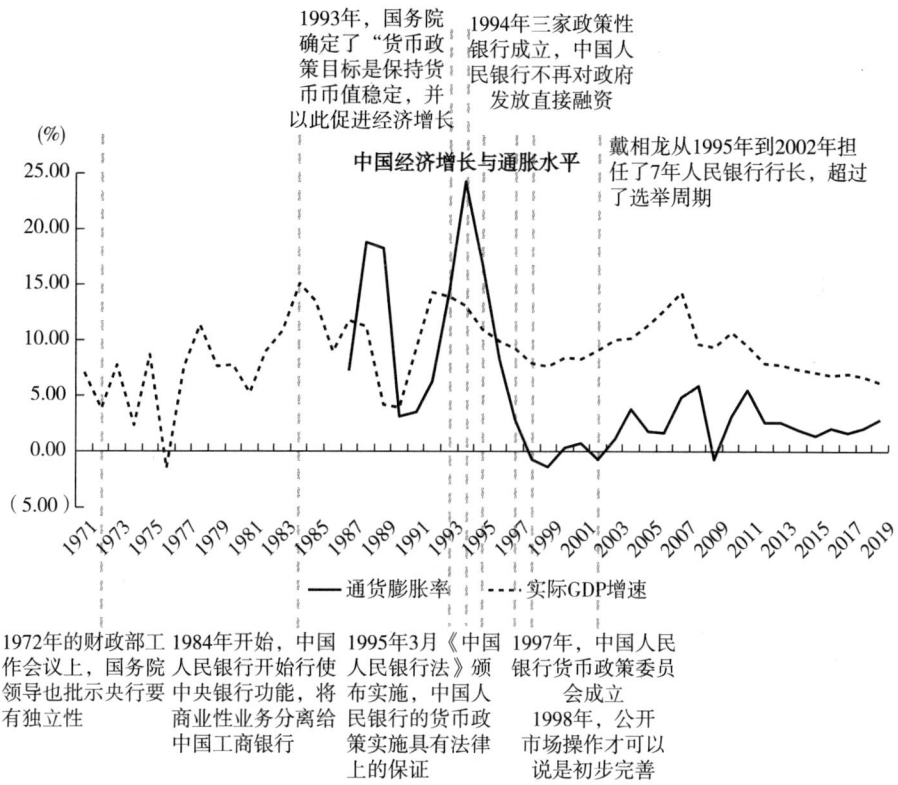

图 1-49　中国人民银行的独立性和中国经济增长以及通胀水平的关系

第二章　中美货币政策工具及其应用比较研究

第一节　货币政策框架及目标

影响金融市场的宏观经济政策主要包括货币政策和财政政策等，其中，货币政策对金融市场有着直接、主要的影响。货币政策主要通过货币供给量、利率和信贷政策机制发生作用。而央行作为"政府的银行"，代表国家制定和执行货币政策。

货币政策是中央银行利用其掌握的利率、汇率、借贷、货币发行、外汇管理及金融法规等工具，采用的各种控制和调节货币供给量或信贷规模的方针、政策和措施的总称。一个完整的货币政策体系包括货币政策目标体系、货币政策工具体系和货币政策操作程序三大部分。

按照中央银行对货币政策的影响力、影响速度及施加影响的方式，货币政策目标可划分为三个层次，即最终目标、中介目标和操作目标（见图2-1）。

一、货币政策最终目标

货币政策的最终目标，是指货币政策在一段较长的时期内所要达到的目标，基本上与一个国家的宏观经济目标相一致，因此最终目标也被称作货币政策的战略目标或长期目标。货币政策最终目标一般包括稳定物价、充分就业、经济增长、国际收支平衡和金融稳定。

（1）稳定物价，央行货币政策的首要目标就是稳定物价，维持国内币值的稳定，防止通货膨胀。

（2）充分就业，即劳动力市场的均衡状态，当失业率等于自然失业率时即实现了充分就业。

```
                                    ┌─────────────────────┐
                                    │   操作目标（近期）   │
                                    ├─────────────────────┤
                                    │   非借入准备金       │
                  ┌──────────────┐  │   借入准备金         │
                  │  货币政策工具 │  │   短期货币市场利率   │
                  ├──────────────┤  │   基础货币           │
┌──────────┐      │  公开市场操作 │  └─────────────────────┘
│ 中央银行 │ ───▶ │  贴现窗口和贴现率│
└──────────┘      │  存款准备金率  │  ┌─────────────────────┐
     :            └──────────────┘  │   中介目标（远期）   │
     :                              ├─────────────────────┤
     :                              │   银行信贷规模       │
     :                              │   货币供应量         │
     :                              │   利率和汇率         │
     :                              └─────────────────────┘
     :
     :........................▶     ┌─────────────────────┐
                                    │      最终目标        │
                                    ├─────────────────────┤
                                    │   价格稳定           │
                                    │   充分就业           │
                                    │   经济增长           │
                                    │   国际收支平衡       │
                                    │   金融稳定           │
                                    └─────────────────────┘
```

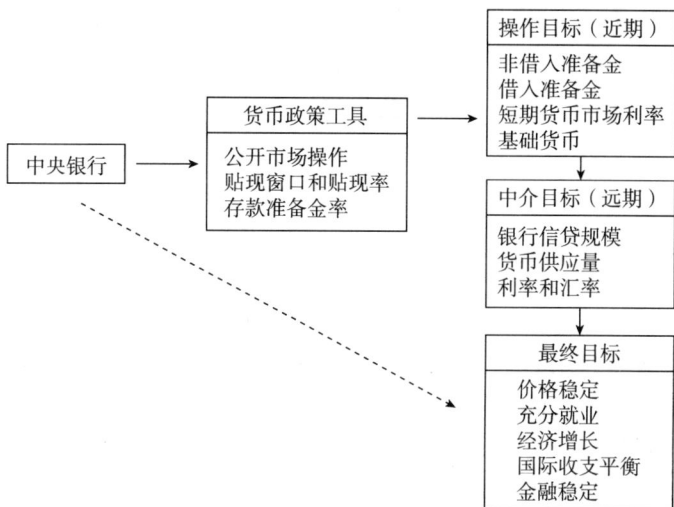

图 2-1 货币政策的目标体系

（3）经济增长，货币政策能在多大程度上影响经济增长一直存在争议。目前较为普遍的看法是，中央银行的货币政策只能以其所能控制的货币政策工具，通过创造和维持一个适宜于经济增长的货币金融环境，促进经济增长。

（4）国际收支平衡，是指一国对其他国家的全部货币收入和货币支出持平、略有顺差或略有逆差。

（5）金融稳定，是指一个国家的金融体系不出现大的波动，金融作为资金媒介的功能得以有效发挥。货币政策对金融稳定风险有重要影响，但货币政策作为总需求管理工具，在维护金融稳定方面有一定局限性。

货币政策要对最终目标发生作用只能借助货币政策工具，通过对一系列中间变量的设定、调节和影响来间接作用于最终目标，从而实现最终目标。

二、货币政策中介目标

中介目标是货币政策作用过程中一个十分重要的中间环节，也是判断货币政策力度和效果的重要指示变量，经常采用的货币政策中介目标包括货币供应量、利率、银行信贷规模等。

有关货币政策中介目标选择的争议主要围绕利率和货币供应量两个变量展开。作为中介目标，利率的优点是可控性强、可测性强、相关性强。货币当局能够通过利率影响投资和消费支出，从而调节总供求。

货币供应量曾经被许多国家货币当局选取为货币政策的中介目标，其可测性、可控性和相关性曾经似乎都要比利率指标略胜一筹，但随着金融创新和金融管制的放松，货币供应量日益成为模糊的指标，难以清晰地界定 M_0、M_1、M_2 等不同层次货币的内涵，与实际经济变量之间的关系也变得不稳定。因此，进入21世纪以来，多数发达市场经济国家逐渐开始采纳以利率为中介目标的货币政策框架。

三、货币政策操作目标

与中介目标又被称作远期目标相对应，货币政策操作目标有时也被称作近期目标。从货币政策作用的全过程看，操作目标距离中央银行的政策工具最近，是中央银行货币政策工具的直接调控对象，可控性极强。操作目标的选择同样要符合可测性、可控性、相关性等标准。

操作目标的选择在很大程度上取决于中介目标的选择。如若以总量作为中介目标，则操作目标应该选取总量指标；如若以利率作为中介目标，则操作目标也应相应选择利率指标。经常被选作操作目标的主要有货币市场利率、银行准备金率等。

四、中国的货币政策框架

目前，中国货币政策最终目标中的首要目标是维护币值稳定，在货币政策和宏观审慎政策的"双支柱"调控框架之下，利用政策协调机制，实现维护币值稳定和维护金融稳定双重目标的有机结合。

现代货币政策框架包括三个组成部分，即优化的货币政策目标、创新的货币政策工具和畅通的货币政策传导机制（见图2-2）。中国现代货币政策框架还在不断完善的过程中，需要央行不断创新工具、疏通传导渠道、实现政策目标，进一步健全现代货币政策框架，让货币政策更好地服务于实体经济。

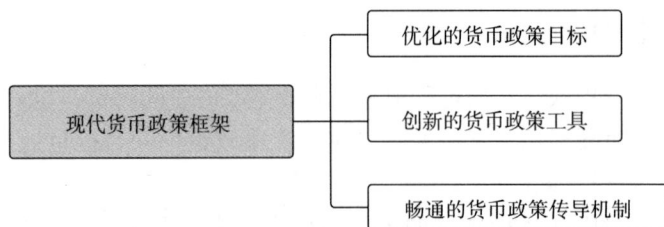

图2-2　现代货币政策框架

相比传统货币政策框架，现代货币政策框架在三个层次的目标上均进行了优化（见表2-1）。

表2-1　传统和现代货币政策框架目标对比

	传统货币政策框架	现代货币政策框架
操作目标	数量型操作目标	短期政策利率：7天逆回购利率 中期政策利率：MLF利率
中介目标	广义货币供应量（M_2）和社融增速的数字目标	广义货币供应量（M_2）和社融增速与名义经济增速基本匹配
最终目标	"4+2"多目标制： 价格稳定 促进经济增长 促进就业 保持国际收支大体平衡 金融改革和开放 发展金融市场	币值稳定（首要目标） 促进经济增长 充分就业（更加重视） 金融稳定 国际收支平衡

（一）操作目标——政策利率/货币政策工具利率

中国货币政策操作目标实现了从数量型向价格型的转变，在现代货币政策框架中，操作目标、政策利率和货币政策工具利率实现了三者合一。目前的政策利率分为短期政策利率和中期政策利率，分别是公开市场操作7天逆回购利率和中期借贷便利利率（MLF利率）。在中国货币政策框架中，政策利率的重要作用是引导市场基准利率以政策利率为中枢运行。

在短端市场，存款类机构间利率债质押的7天回购利率（DR007）是重要的市场基准利率。由于存款类机构主要指银行，故DR007能够较好地反映银行体系流动性的松紧情况，适合成为市场基准利率，央行要引导DR007围绕7天逆回购利率为中枢波动。

从实际政策效果来看，除2020年上半年7天逆回购利率明显高于DR007以外，自2018年下半年开始，DR007基本围绕着7天逆回购利率上下波动（见图2-3）。2020年上半年，7天逆回购利率明显高于DR007，说明一级交易商向央行融入资金后，以低于成本的价格在银行间市场上融出资金，主要原因是2020年上半年为应对新冠肺炎疫情，央行扩大了货币供给总量，通过三次降准提供1.75万亿元的流动性，并增加1.8万亿元再贷款再贴现额度等，银行体系流动性充裕，因此7天逆回购利率和DR007出现了明显倒挂，但2020年下半年随着货币政策恢复正常化，两者的关系也逐步恢复正常化。

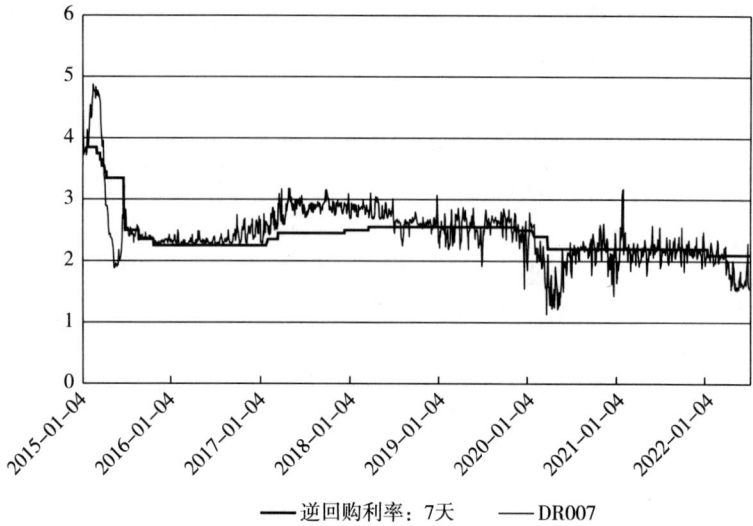

图 2-3 DR007 与 7 天逆回购利率

资料来源：Wind 数据库。

在中长端市场，同业存单到期收益率和中长期国债到期收益率是重要的市场基准利率。同样地，从政策效果来看，除 2020 年上半年外，自 2018 年下半年开始，中长期市场基准利率基本围绕着 MLF 利率为中枢波动（见图 2-4）。

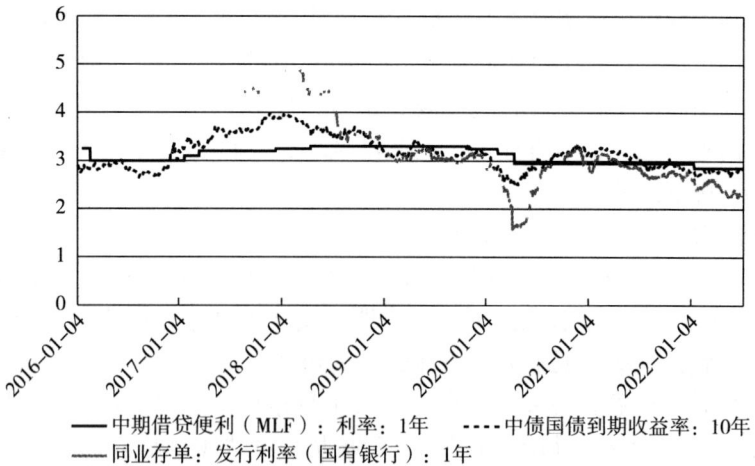

图 2-4 MLF 利率、10 年期国债和 1 年同业存单到期收益率

资料来源：Wind 数据库。

（二）中介目标——保持 M_2 和社融增速同名义 GDP 增速基本匹配

目前，中国货币政策中介目标是"要保持广义货币供应量（M_2）和社会融资规模增速同名义经济增速基本匹配"。"基本匹配"是指按年度基本匹配，且无须完全匹配，在实践过程中具有逆周期操作空间，货币政策制定者可以进行相机抉择，即当经济过热或者经济低迷时，让 M_2 和社融增速略低于或略高于名义经济增速，让名义经济增速回归潜在增速。

在 2016～2017 年政府工作报告中，均对 M_2 和社融规模增速设定了具体目标，自 2018 年政府工作报告开始，将具体数字更改为"合理增长""增速与国内生产总值名义增速相匹配"等表述，这一转变是因为中国经济从高速增长阶段进入高质量发展阶段。2011～2015 年，中国 GDP 增速分别为 9.55%、7.86%、7.77%、7.43% 和 7.04%；2016～2020 年，中国 GDP 增速分别为 6.85%、6.95%、6.75%、5.95% 和 2.3%（受疫情影响），经济发展处于"降速换挡"阶段，盲目地设定具体增速目标可能会造成货币数量和实际经济运行相背离。

从政策运行效果来看，2018～2019 年，M_2 和社融增速与名义 GDP 增速比较接近；2020 年，经济受到新冠肺炎疫情冲击，第一季度 GDP 同比下降6.8%，为应对疫情，央行开展逆周期调节，M_2 和社融增速目标高于上年，与名义 GDP 增速出现背离，以拉动经济恢复。2020 年第二季度，随着中国经济的逐渐恢复，M_2 和社融增速与名义 GDP 增速逐渐靠拢。2021 年第一季度，中国 GDP 增长18.3%，主要是由于 2020 年第一季度基数较低，且中国经济基本恢复到疫情前的状态，经济指标全面反弹。从 2021 年第二季度开始，M_2 和社融增速与名义GDP 增速基本保持一致，表明中国货币政策逐步恢复正常化（见图 2-5）。

（三）最终目标——维护币值稳定、充分就业、金融稳定和国际收支平衡

理论上，货币政策的最终目标包括物价稳定、充分就业、促进经济增长和国际收支平衡，但各国央行在实践过程中会进行选择和调整。中国目前采用多重目标制，要在多重目标中寻找动态平衡。2020 年央行行长易纲在《建设现代中央银行制度》一文中提出，中国"一直以维护币值稳定作为首要目标，并以此促进经济增长，而且比较早地关注了金融稳定和国际收支平衡目标，近年来又重视充分就业目标"。即在现代货币政策框架当中，货币政策最终目标中的首要目标是维护币值稳定，重视目标是充分就业，其他目标为金融稳定和国际收支平衡。在传统货币政策框架下，中国实行"4+2"多目标值："4"是指价格稳定、促进经济增长、促进就业和保持国际收支大体平衡；"2"是指金融改革和开放以及发展金融市场。两者的差异主要在对充分就业的重视程度上，随着中国经济进入高质量发展阶段，不能再盲目地追求经济增长速度，高质量发展的核心是提高经济的活力、创新力和竞争力，经济"三力"与人的关系密不可分，因此重视充

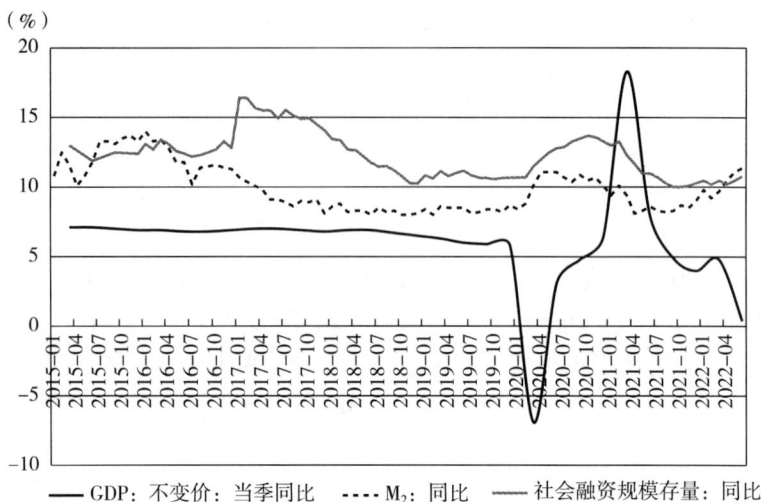

图 2-5　M₂、社融存量和名义 GDP（同比）

资料来源：Wind 数据库。

分就业，以人为本，是追求经济高质量发展的前提。

第二节　货币政策工具

一、传统货币政策工具

（一）公开市场操作

1. 公开市场操作概述

公开市场操作是利率和基础货币变动最主要的决定因素，又是货币供给变动的重要来源，与法定存款准备金率和再贴现政策一起构成了央行最常用的三大货币政策工具。

公开市场操作有两种类型：①旨在改变准备金和基础货币规模的主动性公开市场操作；②旨在抵消影响准备金和基础规模的其他因素变动的防御性公开市场操作。通常情况下，公开市场操作的对象是国债。

防御性公开市场操作有两种基本类型，即正回购和逆回购（中美回购和逆回购方向相反）。以中国人民银行为例，在正回购中，央行向一级交易商卖出有价证券，并约定在未来特定日期买回有价证券，正回购为央行从市场收回流动性的操作,正回购到期则为央行向市场投放流动性的操作;在逆回购中,央行向一级交易商购买有价证券,并约定在未来特定日期将有价证券卖给一级交易商,逆回购为央行向市场上投放流动性的操作,逆回购到期则为央行从市场收回流动性的操作。

2. 公开市场操作中美对比

公开市场业务在传统货币政策工具中最具灵活性与主动性,央行可以自主选择公开市场操作的期限、规模,对市场造成的波动较小。

从操作频率看,中美两国目前都是原则上每个工作日开展公开市场操作。在中介目标方面,中美两国具有较大的差异。美联储自 20 世纪 80 年代起,公开市场操作的中介目标就从 M_1 转为联邦基金利率,美联储联邦基金利率目标范围如图 2-6 所示。而中国公开市场操作的中介目标目前仍以货币供应量为主,但正在从数量型货币政策向价格型货币政策转化过程中。央行在逐渐淡化操作数量的作用,引导市场更多关注利率价格信号。

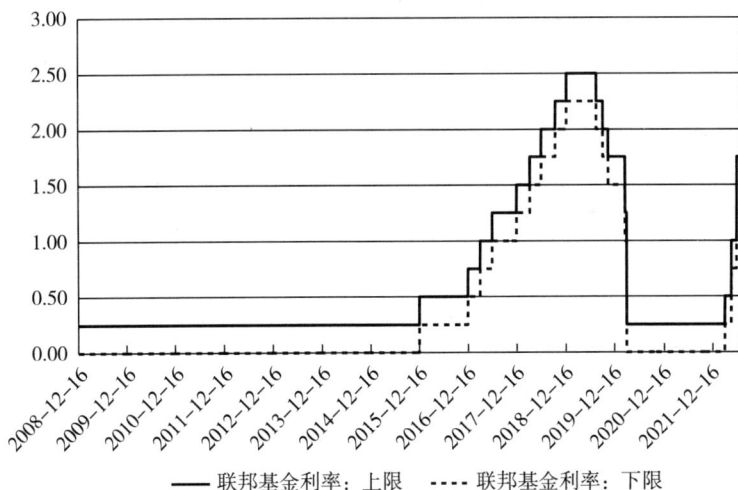

图 2-6 美联储联邦基金利率目标范围

资料来源:美联储。

操作期限上,美国公开市场操作以隔夜到 14 天期限为主,中国以 7/14/28 天为主。从图 2-7 可以看出,自 2018 年起,央行逆回购期限主要集中于 7 天与 14 天,公开市场操作的期限缩短也加强了央行进行公开市场操作的积极性。

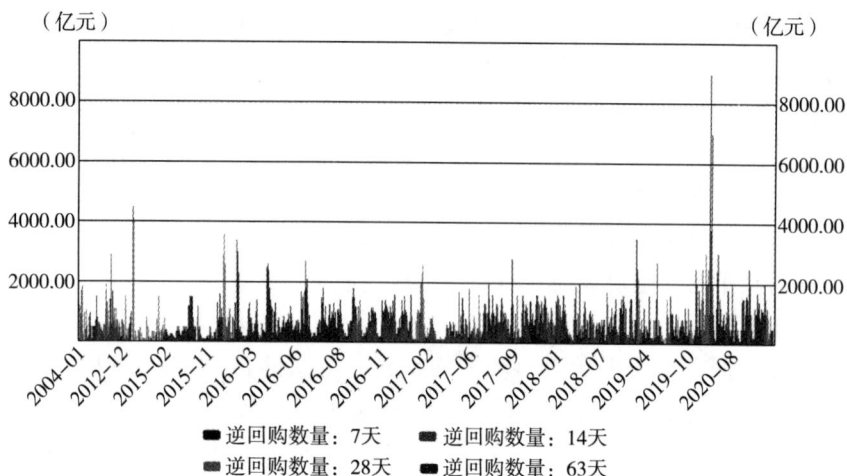

图 2-7 央行逆回购期限及规模

资料来源：Wind 数据库。

此外，需要注意的是中美回购的方向正好相反。在美国，回购即是美联储买入债券等资产，向市场投放流动性，相当于中国的逆回购。目前，美联储公开市场操作的交易标的主要是美国联邦政府国债、市政债券、美国政府担保的债券；而中国公开市场操作除此类交易标的，还包含中国特有的中央银行票据、央行票据互换与 1~7 天的短期流动性调节工具（Short-term Liquidity Operations，SLO）。

（二）贴现政策

1. 中国的贴现政策

中国人民银行的货币政策工具中属于贴现政策的主要有再贴现、再贷款。

（1）再贴现：再贴现是中央银行对金融机构持有的未到期已贴现商业汇票予以贴现的行为。在中国，中央银行通过适时调整再贴现总量及利率，明确再贴现票据选择，实现吞吐基础货币和实施金融宏观调控的目的，同时发挥调整信贷结构的功能。央行再贴现率的调整见图 2-8。

（2）再贷款：中央银行对金融机构的贷款，简称再贷款，是中央银行调控基础货币的渠道之一。中央银行通过适时调整再贷款的总量及利率，实现吞吐基础货币和货币信贷总量调控目标，引导资金流向和信贷投向。1994 年以前，再贷款主要起到提供流动性，促进实现货币信贷总量调控目标及引导资金流向和信贷投向的作用。1994 年以后，再贷款占基础货币的比重逐步下降，新增再贷款主要用于定向流动性投放，促进信贷结构调整，引导扩大县域和"三农"信贷投放。从本质上看，常备借贷便利（Standing Lending Facility，SLF）、中期借贷

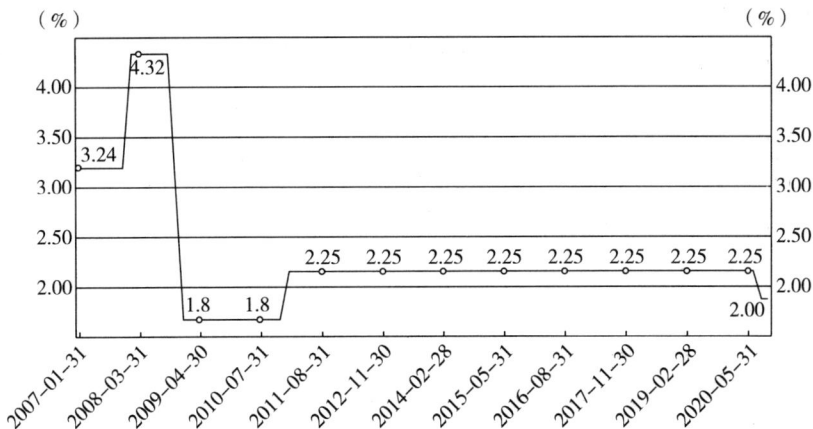

图 2-8 央行再贴现率调整

资料来源：Wind 数据库。

便利（Medium-term Lending Facility，MLF）、抵押补充贷款（Pledged Supplementary Lending，PSL）、定向中期借贷便利（Targeted Medium-term Lending Facility，TMLF）也是广义的再贷款。其中，SLF、MLF 没有资金投向要求，侧重于流动性调节；PSL、TMLF 有规定的资金投向，是传统再贷款工具的重要补充。

2. 美国的贴现政策

美联储向银行发放的贴现贷款有三种类型：一级信贷（Primary Credit）、二级信贷（Secondary Credit）和季节性信贷（Seasonal Credit）。值得注意的是，美联储所谓的贴现因为是中央银行的贴现，所以也就相当于人民银行的再贴现政策。

一级信贷在货币政策中的作用是最为重要的贴现贷款，财务健全的银行可以通过一级信贷便利，向美联储借入它们所需的期限非常短的借款，因此被称为常备借贷便利（Standing Lending Facility，SLF），即贴现率；二级信贷发放的对象是那些陷入财务困境或者面临严重流动性问题的银行，利率高于贴现率 50 个基点（Basis Point，bp），属于惩罚性的高利率；季节性信贷是为了满足位于度假区或农业区、存款具有季节性特征的少数银行的需要，利率与联邦基金利率和定期存款利率的平均值挂钩。

贴现政策在美国应用较频繁，在 2008 年与 2020 年的两次经济萧条中美国贴现利率大幅下调（见图 2-9）。

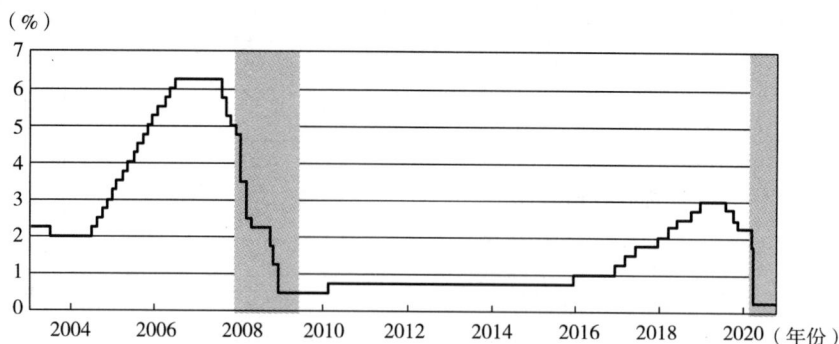

图 2-9　美联储贴现利率调整

资料来源：美联储。

（三）存款准备金制度

1. 法定准备金率

法定准备金为中央银行对商业银行所吸收存款规定的一个最低限度的不得用于放贷的金额。法定准备金率是法定准备金占银行全部存款的比率，即准备金/存款。商业银行在吸收存款后，一般从中提取一定比例用于法定准备金，剩余部分才用于贷款。法定准备金率是商业银行准备金与存款的最低比例，超过部分称为超额准备金率。

中央银行对法定准备金率的规定，最初是为了降低商业银行的经营风险，保护存款人的存款安全。此后央行逐渐将其作为控制信用规模和货币供给的货币政策工具。在经济过热和通货膨胀时期，中央银行为了控制信用的过度扩张提高法定准备金率，这一方面减少商业银行和其他金融机构可用于贷款的资金，另一方面使商业银行创造的货币减少，从而收缩银根、减少货币供给、减少投资、抑制总需求。反之，当经济处于衰退和高失业时期时，中央银行降低法定准备金率，以增加货币供给、增加投资、刺激需求。

2. 准备金利率

准备金利率，即中央银行对商业银行的法定准备金和超额准备金所支付的利息，准备金利率一般低于同业拆借市场利率。

2008 年全球金融危机之后，美国商业银行积累了大量的超额准备金，在这种情况下，如果需要提高同业拆借利率，美联储需要进行大量的公开市场操作。此时，超额准备金利率就可以作为货币政策工具使用，用来提高同业拆借利率。

在金融危机发生前，对于中美两国来说，超额准备金利率都构成了利率走廊的理论下限。但在金融危机后，美联储实施量化宽松政策，导致大量非银机构

（以房地美、房利美为代表的 GSEs）获得了大量的流动性。但由于 GSEs 作为非存款金融机构，不能将资金直接存储在美联储，因而无法获取超额准备金利息（Interest on Excess Reserves，IOER）。于是他们将资金以低于 IOER 的价格在联邦基金市场出借给银行，银行再将此资金存到美联储并获取超额存款准备金利息，从而进行套利。这被称作 FFR-IOER 套利（见图 2-10）。GSEs、银行、央行间的这种互动，也造成了美国畸变的利率走廊形状，使本应该成为利率走廊下限的 IOER 成为事实上的利率走廊上限（见图 2-11）。

图 2-10　FFR-IOER 套利

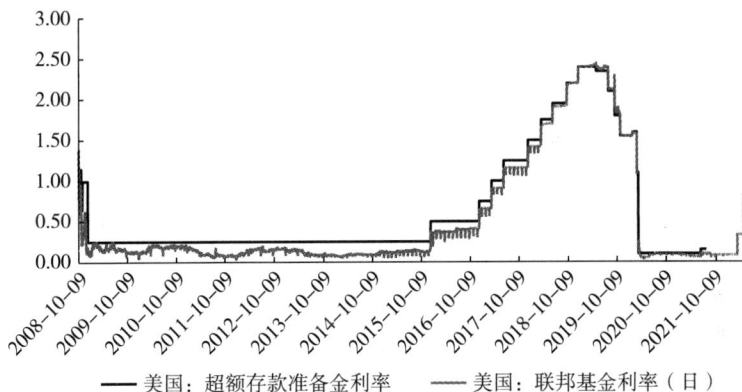

—— 美国：超额存款准备金利率　　—— 美国：联邦基金利率（日）

图 2-11　2008 年后美国利率走势

资料来源：Wind 数据库。

3. 中美存款准备金对比

存款准备金制度一般被认为是货币政策中比较有权力色彩的工具，央行通过改变存款准备金率直接调整货币乘数，进而影响货币供应量，对市场影响较大，中美两国对该工具的使用差异较大。

美联储在 20 世纪 80 年代后鲜有调整存款准备金制度，法定存款准备金率水平较低，按照金融机构的存款额分层确定为 0、3%、10%，而在 2020 年疫情防控期间，法定存款准备金率已全部降至 0（见图 2-12）。

（百万美元）

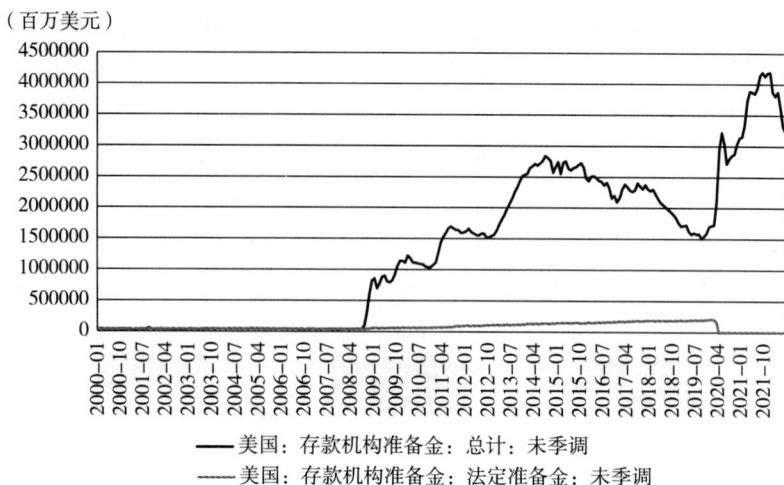

图 2-12　美国存款机构法定准备金与存款准备金总额

相比之下，中国存款准备金率调整频繁，且准备金率水平远高于美国。其背后原因主要是中美两国准备金结构不同：中国以法定准备金为主，美国则是超额准备金占据了主要部分。

20 世纪 70 年代以来，在金融证券化大潮下，美国居民银行储蓄逐步迁移进入证券市场，商业银行基本依靠向央行批发借款，然后再零售给顾客的盈利模式生存，商业银行一般客户存款已经很少，因此调整存款准备金率的意义不大。另外，如图 2-12 所示，美国存款机构准备金自 2008 年 9 月起快速积累，但法定准备金未有大幅增加，这主要是美联储在危机时实施量化宽松计划，大规模购买债券等资产，资产出售方将款项存入所在银行，银行体系超额准备金大规模增加，此时调节法定准备金率已经不能再有效影响存款准备金规模，无法有效调控货币供应量。

二、创新货币政策工具

（一）中国人民银行创新型货币政策工具

相比于美联储创新型货币政策工具，中国人民银行的货币政策创新性工具也独具特色。而且与传统的公开市场操作不同，中国人民银行几乎所有类型的创新流动性工具的"定向"特征尤其明显，即一般都是一对一定向采取流动性注入，仍显示出一定的计划经济特征。

中国人民银行利用高等级商业银行的信用加国债或者政策性金融债质押作为支撑发行货币。随着时间的推移，商业银行范围扩大，抵质押品范围也大幅度扩张到各类金融债和企业债，各类新型货币政策工具因此应运而生。新型货币政策工具发布时间见图 2-13。

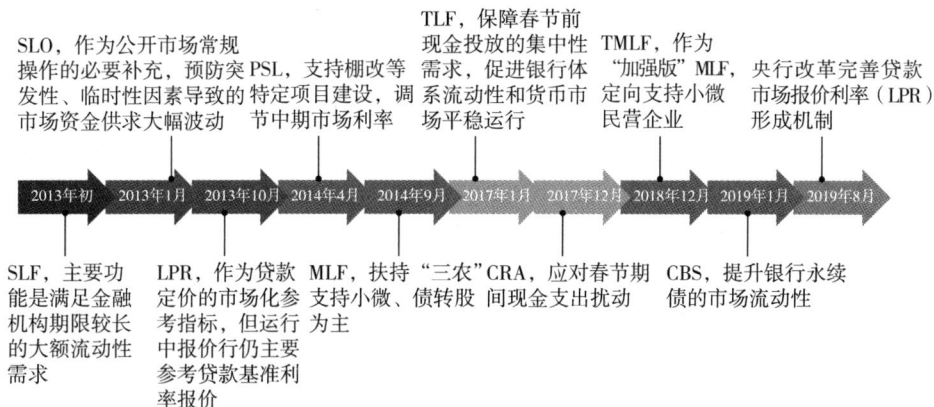

图 2-13　央行新型货币政策工具发布时间

1. 公开市场短期流动性调节工具（SLO）

2013 年 1 月，在现有货币政策操作框架下，借鉴国际经验，中国人民银行创设了短期流动性调节工具（Short-term Liquidity Operations，SLO）。SLO 以 7 天期以内短期回购为主，采用市场化利率招标方式开展操作，在银行体系流动性出现临时性波动时相机使用。SLO 操作对象为公开市场业务一级交易商中具有系统重要性、资产状况良好、政策传导能力强的部分金融机构。

短期流动性调节工具作为公开市场常规操作的必要补充，这一工具的创设，既有利于央行有效调节市场短期资金供给，预防突发性、临时性因素导致的市场资金供求大幅波动，促进金融市场平稳运行，也有助于稳定市场预期和有效防范金融风险。

2. 中期借贷便利（MLF）

2014 年 9 月，中国人民银行创设了中期借贷便利（Medium-term Lending Facility，MLF），俗称"麻辣粉"。MLF 是中央银行提供中期基础货币的货币政策工具，对象为符合宏观审慎管理要求的商业银行、政策性银行，可通过招标方式开展。MLF 采取质押方式发放，金融机构提供国债、央行票据、政策性金融债、高等级信用债等优质债券作为合格质押品。MLF 利率发挥中期政策利率的作用，通过调节向金融机构中期融资的成本，来对金融机构的资产负债表和市场预期产生影响，引导其向符合国家政策导向的实体经济部门提供低成本资金，降低社会融资成本。

2018 年 12 月，央行创立 TMLF，全称为定向中期借贷便利（Targeted Medium-term Lending Facility，TMLF），俗称"特麻辣粉"，相当于"加强版"的 MLF。它的期限更长、利率更低、投向更明确，因此 TMLF 的降息效果，更多体现在银行间货币市场。中国人民银行根据金融机构支持实体经济的力度，特别是对小微企业和民营企业贷款情况，来确定提供定向中期借贷便利的金额。

TMLF 与 MLF 的主要区别有：①期限不同，MLF 是 3 个月至一年期，TMLF 是一年期，可续作两次，最长三年期；②利率制定方式不同，MLF 利率由中标利率决定，TMLF 利率则由央行制定，通常要低于 MLF 利率；③操作对象不同，MLF 的操作对象更广泛，更具有普适性，主要目的是补充基础货币，TMLF 的操作更看重金融机构对增加小微企业和民营企业贷款的能力（见表 2-2）。

表 2-2　MLF 和 TMLF 的区别

	中期借贷便利（MLF）	定向中期借贷便利（TMLF）
操作对象	商业银行、政策性银行	大型商业银行、股份制商业银行、大型城商行
参与方式	招标	申请
期限	3 个月至 1 年，临近到期可重新约定利率并展期	一年期，可续作两次，实际使用期限可达 3 年
利率	中标利率	央行制定，通常低于 MLF 利率
资金导向	结合金融机构流动性需求，引导向符合国家政策导向的实体经济部门提供低成本资金	引导金融机构加大对小微企业和民营企业等重点领域的融资支持力度

3. 抵押补充贷款（PSL）

2014 年 4 月，央行创设抵押补充贷款（Pledged Supplemental Lending，PSL），发放对象为开发银行、农发行和进出口银行，主要服务于棚户区改造、地下管廊建设、重大水利工程、"走出去"等重点领域，对属于支持领域的贷款，按贷款本金的 100% 予以资金支持。

抵押补充贷款的主要功能是支持国民经济重点领域、薄弱环节和社会事业发展而对金融机构提供的期限较长的大额融资。抵押补充贷款采取质押方式发放，合格抵押品包括高等级债券资产和优质信贷资产。

4. "临时流动性便利"（TLF）

2017 年 1 月，中国人民银行发布消息，为保障春节前现金投放的集中性需求，促进银行体系流动性和货币市场平稳运行，人民银行通过"临时流动性便利"（Temporary Liquidity Facilities，TLF），为在现金投放中占比较高的几家大型商业银行提供临时流动性支持，操作期限 28 天，资金成本与同期限公开市场操作利率大致相同。这一操作可通过市场机制更有效地实现流动性的传导。

5. 临时准备金动用安排（CRA）

2017 年 12 月，央行推出了"临时准备金动用安排"（Contingent Reserve Allowance，CRA），以应对春节期间部分商业银行现金投放的流动性缺口，是继 2016 年春节期间央行推出 TLF 后的一次结构性工具的创新与完善。根据这项安排，在现金投放中占比较高的全国性商业银行在春节期间存在临时流动性缺口时，可临时使用不超过 2% 的法定存款准备金，使用期限为 30 天。CRA 是为满足春节前商业银行因现金大量投放而产生的临时流动性需求，促进货币市场平稳运行，支持金融机构做好春节前后的各项金融服务。

6. 央行票据互换（CBS）

2019 年 1 月，为提高银行永续债的流动性，中国人民银行决定创设"央行票据互换工具"（Central Bank Bills Swap，CBS）。CBS 是指公开市场业务一级交易商可用持有的合格银行发行的永续债，从央行处换入央行票据，到期后再从央行换回债券，期限一般不超过 3 年，期间银行永续债的利息仍归一级交易商所有。CBS 运作机制见图 2-14。由于永续债流动性较差，无法作为资金拆借的抵押品，因此央行创设 CBS 以提高银行永续债流动性。

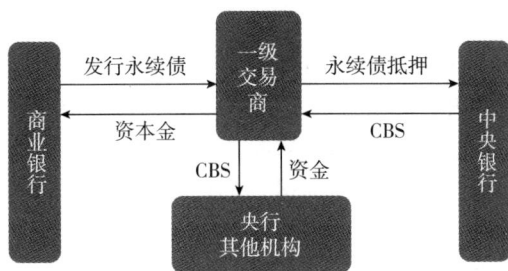

图 2-14　CBS 运作机制

从银行永续债到 CBS，存在三种交易：第一，商业银行发行永续债补充资本，其他商业银行等金融机构认购永续债后与公开市场一级交易商进行交易，一级交易商与央行开展 CBS 交易，央行以央票换一级交易商持有的商业银行永续债；第二，一级交易商用持有的互换央票与其他机构开展质押式回购等交易；第三，一级交易商将持有的互换央票或银行永续债作为抵押品参与央行逆回购、MLF、TMLF、SLF 和再贷款业务。

值得注意的是，CBS 并不是中国版的量化宽松（Quantitative Easing，QE）。首先，央行开展 CBS 操作是"以券换券"，不涉及基础货币吞吐，对银行体系流动性的影响是中性的。虽然一级交易商可以将换入的央行票据作为抵押品，与其他市场机构开展交易或参与央行相关操作，具有"二次抵押融资"的特点，但这并不意味着只要一级交易商换入央行票据就可以自动从央行获得资金，两者并不存在直接联系。其次，在 CBS 操作中，银行永续债的所有权不发生转移，仍在一级交易商表内，信用风险由一级交易商承担。最后，CBS 操作费率采用市场化方式定价，参考当前银行间市场以利率债为担保的融资利率与无担保的融资利率之间的利差确定。

央行开展 CBS 操作的主要目的，是在银行永续债发行初期提高其市场接受度，改善市场预期，启动和培育市场，并不在于要用央行票据换多少永续债。

7. 贷款市场报价利率（LPR）

中国的金融体系以银行体系为主导，银行贷款是最主要的融资工具，因此贷款利率是中国利率体系的关键。在过去很长一段时间，中国的贷款利率主要参考中国人民银行发布的贷款基准利率，不利于利率的有效传导。2013 年 10 月，中国人民银行组织发布了贷款市场报价利率（Loan Prime Rate，LPR），作为贷款定价的市场化参考指标。但在运行中，报价行仍主要参考贷款基准利率报价，导致原 LPR 市场化程度不高，运用范围也较为有限。

2019 年 8 月，按国务院部署，中国人民银行改革完善 LPR 形成机制。改革完善后的 LPR 由报价行在 MLF 利率上加点报出，加点幅度主要取决于各行自身资金成本、市场供求、风险溢价等因素。

MLF 利率是央行的中期政策利率，代表了银行体系从中央银行获取中期基础货币的边际资金成本，由于中央银行掌握基础货币供应，央行的政策利率必然是市场利率定价的基础，也是市场利率运行的中枢。MLF 利率作为中期政策利率，与作为短期政策利率的公开市场操作利率共同形成央行政策利率体系，传达了央行利率调控的信号。并且 MLF 在期限上与 LPR 匹配，适合作为银行贷款定价，即银行体系向实体经济提供融资价格的重要参考。在 MLF 利率的基础上，报价行可根据自身资金成本等因素加点报价。实际上，LPR 与 MLF 利率的点差不完全固定，体现了报价行报价的市场化特征。

LPR 改革也有效地推动了贷款利率市场化。随着 LPR 改革的深入推进，贷款利率的市场化水平明显提高。改革以来，LPR 逐步下行，较好地反映了货币政策取向和市场供求变化，已成为银行贷款利率定价的主要参考。原有的贷款利率隐性下限被打破，货币政策传导渠道有效疏通，"MLF 利率→LPR→贷款利率"的利率传导机制已得到充分体现（见图 2-15）。

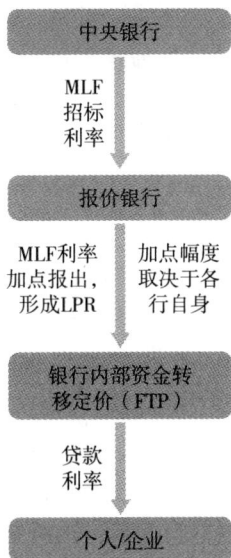

图 2-15 LPR 利率传导机制

随着 LPR 形成机制的优化，2020 年以来 LPR 与 MLF 利率的走势基本吻合，也验证了我国货币政策传导渠道的疏通取得了一定的效果（见图 2-16）。

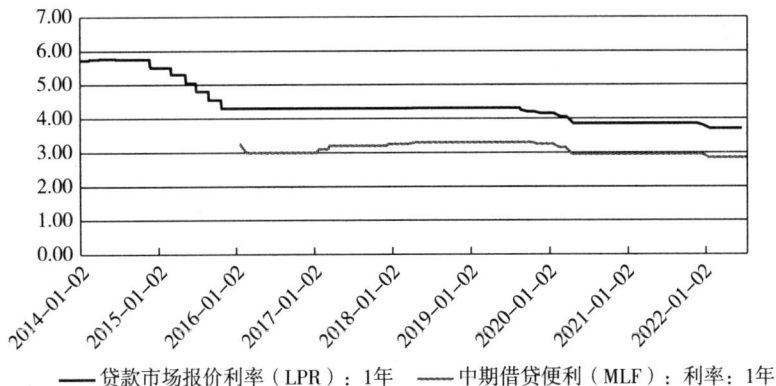

—— 贷款市场报价利率（LPR）：1 年   —— 中期借贷便利（MLF）：利率：1 年

图 2-16 1 年 MLF 利率与 1 年 LPR

资料来源：Wind 数据库。

8. 信贷资产质押再贷款

在 2015 年 10 月，央行创设了"扩大信贷资产质押再贷款"，商业银行可以用现有的信贷资产到央行质押，并获得新的资金。此前中国央行提供的再贷款基本上为信用贷款，即没有抵押物和质押物。信贷资产质押再贷款引入了质押物，对商业银行再贷款的质押物提出了要求，在一定程度上降低了再贷款风险，进而降低了商业银行获得资金的成本，商业银行可以利用信贷资产质押再贷款这种新渠道，将优质的存量信贷资产质押给央行，获得央行的再贷款，进而盘活信贷存量。

2020 年 10 月，央行信贷资产质押再贷款新增 9 个省区市。一方面，扩大和丰富了中小金融机构从央行获得再贷款的合格抵押品资产范围。银行可以获得更多的信贷资金，流动性增强。另一方面，银行也能获得更多廉价的资金渠道，最终起到降低银行负债成本、降低市场贷款利率的作用。长期来看，这一政策的发布可以起到降低社会融资成本、拉动社会实体经济的目的。

信贷资产质押再贷款灵活性高，与降准类似，但又有所不同。它不像降准一样，一次性释放大量资金，而是更为灵活，更有针对性。一方面，地方央行在可质押资产上有更大的裁量权，对于什么样的抵押品可以划归至抵押再贷款范围，不同的区域可能会有不同的侧重；另一方面，商业银行在选择企业信贷资金上会有不同的倾向性，产能过剩的行业可能就不在其贷款之列。

（二）美联储非常规货币政策工具

1. 量化宽松（Quantitative Easing）

中央银行在实行零利率或近似零利率政策后，通过购买国债、企业债、抵押支持证券等方式，向市场注入流动性，从而降低市场利率，刺激经济增长。量化宽松会引起基础货币的大幅增加，导致货币供给的扩张，从而在较短的时间内对经济形成巨大的推动力，但同时有可能引发通货膨胀。

2. 预期管理（Forward Guidance）

预期管理，又称前瞻性指引，是各国央行通过引导市场对未来利率的预期，使市场预期与央行预期目标靠拢的现代货币政策工具。在 2008 年金融危机期间，通过承诺在未来一段时间内将货币政策利率维持在较低水平，美联储可以降低市场对未来短期利率的预期值，从而带动整个利率曲线下移。

3. 美联储的字母乱炖（the Fed's Alphabet Soup）

在 2008 年金融危机和 2020 年新冠肺炎疫情时期，美联储发挥"最终贷款人职能"，创造出了丰富的货币政策工具，向整个金融市场提供流动性支持。令人眼花缭乱的政策工具字母缩写被市场称作美联储的字母乱炖。

目前美联储仍在使用的提供流动性的工具见表 2-3。美联储已过期的货币政策工具见表 2-4。

表 2-3 目前美联储仍在使用的提供流动性的工具

货币政策工具	描述
隔夜逆回购（Overnight Reverse Repurchase Agreement Facility, ON RRP）	2008 年金融危机期间，由于前文中所述的 GSEs 与银行、美联储之间的 FFR-IOER 套利机制，联邦基金利率低于超额准备金利率这个理论上的利率走廊下限，美联储推出隔夜逆回购用来吸收 GSEs 的富余资金，来确保实现联邦基金目标利率区间，因此 ON RRP 构建了利率走廊事实上的下限
定期存款便利（Term Deposit Facility, TDF）	TDF 是美联储面向金融机构参与者发行的具有存款性质、支付固定利率的短期金融工具，相当于把银行的准备金存款，由活期存款转变成定期存款，从而控制货币市场的流动性
商业票据融资便利（Commercial Paper Funding Facility, CPFF）	美联储通过特设机构（Special Purpose Vehicles, SPV），直接从符合条件的商业票据发行方手中购买评级较高的资产抵押商业票据和无抵押商业票据，为商业银行和大型企业等商业票据发行者提供信用支持，用来改善短期融资市场的流动性，以缓解信贷紧缩，其实质是美联储变相向企业提供贷款
一级交易商信贷便利（Primary Dealer Credit Facility, PDCF）	2008 年金融危机期间，一些一级交易商中的投资银行如贝尔斯登等遭受重创。为了重塑市场信心，避免具有系统性风险的金融机构倒闭可能产生的多米诺骨牌效应，美联储宣布一级交易商可以像存款类机构一样通过贴现窗口向美联储申请隔夜贷款，以维持其必要的清偿力
中央银行流动性互换（Central Bank Swap Arrangements, Swap Lines）	美联储向其他国家央行借出美元，其他央行向美联储提供抵押品，并支付利息。货币互换协议旨在为美国以外国家的银行提供流动性支持。例如，许多欧洲银行需要借入美元来为相关的美元交易进行融资。金融危机期间，国际金融市场流动性迅速紧缩，此时急需各国央行联合起来救市以稳定市场
货币市场共同基金流动性便利（Money Market Mutual Fund Liquidity Facility, MMLF）	2020 年新冠肺炎疫情防控期间，美联储推出货币市场共同基金流动性便利，以加大对家庭和企业信贷流动性的支持。波士顿联邦储备银行向合格的金融机构提供贷款，并将金融机构从货币市场共同基金购买的优质资产作为担保。货币市场基金是家庭和企业的通用投资工具，MMLF 将协助货币市场基金满足家庭和其他投资者的赎回需求
一级市场公司信贷便利（Primary Market Corporate Credit Facility, PMCCF）	2020 年 3 月，美联储建立一级市场公司信贷便利，通过购买合格发行人直接发行的投资级公司债，向公司发放贷款
二级市场公司信贷便利（Secondary Market Corporate Credit Facility, SMCCF）	2020 年 3 月，美联储建立二级市场公司信贷便利，通过二级市场购买流通的投资级公司债券，为市场提供流动性
定期资产支持证券贷款便利（Term Asset-Backed Securities Loan Facility, TALF）	2008 年 11 月，美联储推出的对所有拥有合格抵押品的个人和法人的融资便利措施，个人和法人可以将近期发行的美元计价的 AAA 级 ABS 抵押给美联储，从而获得相应融资支持。该政策的目的是为了防止由于金融加速器效应，而导致优质资产在经济危机期间出现价格严重低估的情况

续表

货币政策工具	描述
薪酬保护计划流动性便利（Paycheck Protection Program Liquidity Facility, PP-PLF)	2020 年 4 月，美联储宣布向薪酬保护计划（Paycheck Protection Program, PPP）提供支持，承诺向发放 PPP 贷款的合格机构提供信贷融资支持，合格机构将 PPP 贷款抵押给美联储，从而获得美联储的信贷支持，以提高薪酬保护计划的有效性
市政流动性便利（Municipal Liquidity Facility, MLF)	2020 年 4 月，美联储推出 MLF，纽约联储直接从美国各州、郡、市等地方政府处购买合格票据，以帮助州和地方政府更好地管理现金流量压力
主街贷款计划（Main Street Lending Program, MSLP)	2020 年 4 月，美联储建立 MSLP，由美联储向 SPV 贷款、财政部注资，按一定比例的面值购买合格贷款人向合格借款人发放的贷款，为之前财务状况良好的中小型企业和非营利组织提供贷款
临时性外国和国际金融管理局回购工具（FIMA Repo Facility)	FIMA 回购工具允许 FIMA 账户持有人（其他国家中央银行或者国际金融机构）与美联储签订回购协议，将其持有的美国债券作为抵押，获取美元资金，并约定在回购协议到期日将其买回。该工具有助于维持美国国债市场的平稳运转，同时为美联储扩表和缩表提供了一定的灵活性

表 2-4　目前美联储已过期的货币政策工具

货币政策工具	说明
货币市场投资者融资便利（Money Market Investor Funding Facility, MMIFF)	2008 年 10 月，美联储引入 MMIFF，为货币市场投资者提供流动性支持。由纽约联储向 SPV 提供融资，从合格投资者手中购买合格资产，包括高评级金融机构发行的存单和商业票据，间接释放流动性至货币市场。MMIFF 工具于 2009 年 10 月退出
资产支撑商业票据货币市场基金流动性便利（Asset - Backed Commercial Paper Money Market Mutual Fund Liquidity Facility, AMLF)	2008 年 9 月，美联储引入 AMLF，允许存款机构、银行控股公司和外国银行在美分支机构以高质量资产支持商业票据（AB-CP）为抵押，从美联储获得资金。AMLF 旨在协助持有高信用资质 ABCP 的货币基金满足投资者赎回的需求，提高 ABCP 的流动性从而维护货币市场稳定。AMLF 工具则于 2010 年 2 月退出
定期证券借贷便利（Term Securities Lending Facility, TSLF)	2008 年 3 月，美联储引入 TSLF，是一项针对一级交易商的固定期限借贷便利，允许交易商以流动性较差的证券作抵押，以交换高流动性的国债。TSLF 不直接进行资金的借贷，而是以抵押证券为担保借出国债，提高国债和其他抵押证券的流动性。TSLF 工具于 2010 年 2 月退出
定期拍卖便利（Term Auction Facility, TAF)	2007 年 12 月，美联储引入 TAF，通过招标的方式向存款类金融机构提供借款，所有可以参与贴现窗口贷款的存款机构都可以参与 TAF，并提供抵押资产，以解决标准贴现窗口借款不活跃的问题。美联储最后一次 TAF 操作是在 2010 年 3 月

货币政策工具	说明
期限延长计划和再投资政策（Maturity Extension Program and Reinvestment Policy）	期限延长计划和再投资政策也就是人们常说的扭曲操作（Operation Twist），美联储利用公开市场操作，卖出短期债券而买入长期债券，以延长所持国债资产的整体期限。其目的是在不改变市场基础货币量的条件下，降低长期债券的利率，减轻企业长期融资的资金成本，促进投资

三、中国货币政策工具演变

改革开放后，中国开始由计划经济体制向市场经济体制转轨，金融体系开始朝着机构多元、门类多样的方向发展，中央银行职能与具体金融业务的分野日渐清晰。1984 年，中国人民银行开始专门行使中央银行职能，中国货币政策工具的发展也从此开始。

（一）计划与市场调节并存时期的货币政策工具（1978~1992 年）

早期货币政策工具分为直接调控和间接调控，以直接调控为主，银行货币政策的中间目标是信贷余额及利率，央行直接规定银行存贷款利率。同时，央行也通过对金融机构贷款、购买外汇和金银等手段发行基础货币，银行金融机构通过贷款派生等渠道创造货币。

中国于 1984 年开始实施法定准备金制度，对利率体系进行了调整改革，增加利率档次、实行差别利率、调整利率体系，加强了对各类金融机构的存贷款总利率管理，表明央行开始完善价格型货币政策工具。

（二）建立与完善社会主义市场经济时期的货币政策工具（1993~2012 年）

1992 年，党的十四大确立了建立社会主义市场经济体制的改革目标，中国进入了建立和完善社会主义市场经济体制的新阶段。这一时期，货币政策框架加快丰富完善，向日趋成熟的方向发展。

这段时期，央行发行货币的方式更加多样。并且货币政策逐渐与西方发达国家接轨，由直接调控向间接调控转变，中间目标为货币存量。主要包括：①自1994 年 10 月开始办理再贴现业务，再贴现逐步成为一种常用的货币政策工具；②央行开始进行公开市场操作，通过买卖有价证券收放货币供应和调节利率水平，1994 年 4 月开始外汇公开市场操作，1996 年 4 月开始国债公开市场操作；③改革完善已有的中央银行贷款制度和存款准备金制度。至此，中国的基本货币政策工具体系已经建立，以数量型货币政策工具为主，以价格型政策工具为辅。

（三）2013 年至今的货币政策框架转型及新特征

2008 年全球金融危机之后，中国经济开始由高速增长阶段转向中速增长阶段，经济形势的变化改变了货币政策的运行环境，在客观上要求货币政策框架进行主动适应和转型调整。

2013 年以来，央行先后创设了多种新的结构性货币政策工具，引导金融机构信贷投向，通过提供再贷款或资金激励的方式，支持金融机构加大对特定领域和行业的信贷投放，降低企业融资成本。截至 2022 年 6 月，央行存续的结构性货币政策可分为两大类共十种：一大类是长期性工具，包括支农支小再贷款和再贴现。央行多次使用定向增加支农支小再贷款和再贴现额度、定向降低支农支小再贷款利率等结构性工具，以引导金融机构加大对小微企业、"三农"和科技创新领域的信贷投放。另一大类是阶段性工具，除支农支小再贷款和再贴现之外的其他结构性货币政策工具均为阶段性工具，主要包括普惠小微贷款支持工具、抵押补充贷款等在内的各种专项再贷款（见表 2-5）。

表 2-5　结构性货币政策工具情况（截至 2022 年 6 月末）

	工具名称	支持领域	发放对象	利率（1年期）/激励比例	额度（亿元）	余额（亿元）
长期性工具	支农再贷款	涉农领域	农商行、农合行、农信社、村镇银行	2%	7600	5404
	支小再贷款	小微企业、民营企业	城商行、农商行、农合行、村镇银行、民营银行	2%	16400	13997
	再贴现	涉农、小微和民营企业	具有贴现资格的银行业金融机构	2%（6个月）	7000	6145
阶段性工具	普惠小微贷款支持工具	普惠小微企业	地方法人金融机构	2%（激励）	400	44
	抵押补充贷款	棚户区改造、地下管廊、重点水利工程等	开发银行、农发行、进出口银行	2.80%	/	26203
	碳减排支持工具	清洁能源、节能减排、碳减排技术	21家全国性金融机构	1.75%	8000	1827
	支持煤炭清洁高效利用专项再贷款	煤炭清洁高效利用、煤炭开发利用和储备	工农中建交、开发银行、进出口银行	1.75%	3000	357
	科技创新再贷款	科技创新企业	21家全国性金融机构	1.75%	2000	0
	普惠养老专项再贷款	浙江、江苏、河南、河北、江西试点，普惠养老项目	工农中建交、开发银行、进出口银行	1.75%	400	0
	交通物流专项再贷款	道路货物运输经营者和中小微物流（含快递）企业	工农中建交、邮储、农发行	1.75%	1000	0
合计						53977

除此之外，传统的 MLF、SLF 等工具，实际上也具有结构性特征。例如，2018 年 MLF 抵押品扩容，将优质小微企业贷款、绿色贷款和"三农"金融债券纳入抵押品范围，反映了结构性政策导向。

近年来，中国央行不断加强与市场的沟通，尝试将前瞻性指引作为一种货币政策工具发挥作用，引导市场预期。

四、美联储货币政策工具的演变

美联储对不同货币政策工具的使用均有其特定的历史背景，各个货币政策工具各具特色，也各有所长，各自发挥了不同的作用。2008 年金融危机期间，美联储使用量化宽松与前瞻性指引等政策工具亦可以看作传统货币政策工具的创新和延续。理解货币政策工具的历史更能够帮助我们更好地理解货币政策本身。

（一）美联储成立初期到大萧条时期的货币政策工具

自 1913 年成立之初，美联储货币政策的主要任务是为促进国内商品和劳务的生产和销售提供贷款支持，因此要对商业银行体系提供流动性储备，在出现系统性金融危机时，履行"最后贷款人"职能。因此，美联储选择贴现和再贴现作为其主要的政策工具。20 世纪 20 年代，美联储开始使用公开市场操作作为货币政策工具。1935 年，在美国经济大萧条期间，美联储首次获得了改变法定存款准备金率的权利，存款准备金制度才真正成为中央银行调节商业银行等存款货币机构信用规模和信用能力的一项重要的货币政策工具。

（二）滞胀时期到新经济时期的货币政策工具

1973 年，第一次石油危机爆发，原油价格飙升引发生产成本上涨，美国经济陷入滞胀时期。滞胀使准备金工具不再有可操作性，如若美联储仍然以准备金为货币政策操作工具，则在高通货膨胀背景下，准备金目标要求会与联邦基金利率形成冲突，高准备金目标会使利率上升到一个不能接受的水平，同时银行也承担着巨额的资金成本。另外，金融市场上关于存款工具的创新，也使准备金与 M_1 之间的关联不再那么可靠。准备金率从操作目标降为中间目标，实际操作的频率下降。经历过这次经济滞胀时期，公开市场操作成为美联储的首选货币政策工具。

法定存款准备金率已经不再是美联储调控货币和信贷的主要政策工具，而是为防止市场出现系统性金融风险而做出的防备；美联储使用公开市场操作和再贴现手段来调节市场的资金供给，进而影响联邦基金利率。

20 世纪 90 年代开始，美国经济进入了高增长、低失业和低通胀的"大缓和"（Great Moderation）时代，美联储充分吸取了滞胀时期货币政策操作的经验教训，放弃了货币供应量的中介目标，转而把联邦基金利率作为货币政策工具的目标中介，可达到先发制人的反通胀、反萧条的效果。

（三）金融危机爆发后非常规货币工具

2008年金融危机爆发之后，美联储开始实施非常规货币政策（Unconventional Monetary Policy），其中使用最广泛的两项非常规货币政策是量化宽松（QE）和前瞻性指引，其目标都是降低美国长期利率，刺激经济。

1. 美联储资产负债表扩张

2008年金融危机期间，美联储在常规货币政策的基础上分别针对存款机构、交易商、货币市场和特定的企业与法人采用了创新型货币政策工具，并且先后进行了三轮量化宽松：

（1）QE1：2008年11月，美联储开始实行首轮量化宽松，计划买入6000亿美元抵押支持债券，至2009年3月，美联储共持有1.75万亿美元债券，至2010年6月债券规模达到2.1万亿美元。

（2）QE2：2010年11月，美联储开启第二轮量化宽松，计划购买6000亿美元美国长期国债。2011年9月，美联储宣布实行扭曲操作，计划买入4000亿美元6~30年期限国债，并卖出等量的3年或以下期限的国债。2012年6月QE2结束，2012年12月扭曲操作结束。

（3）QE3：2012年9月，美联储开启第三轮量化宽松，计划每月购买400亿美元抵押贷款支持证券，2012年12月，美联储宣布在保持上轮宽松每月的购买规模之外，同时增加每月450亿美元的长期国债购买。QE3于2013年1月正式开启。2014年10月，QE3结束。

2. 美联储资产负债表正常化

资产负债表正常化（又称"缩表"），是将美联储资产负债表上的资产减少到满足正常货币政策操作需要的水平。美联储在2008年12月至2014年10月期间总计购买了3.7万亿美元的长期国债和机构证券，用以缓解市场中资金的紧张并降低长期利率。2017年6月，美联储宣布货币政策正常化计划。10月，美联储正式开启缩表进程，开始降低其资产负债表规模，每月减少100亿美元，2018年10月每月最高减少500亿美元。截至2019年9月美联储停止缩表前，美联储持有债券合计从2017年10月的4.24万亿美元下降至3.58万亿美元。其中，国债从2.47万亿美元降到了2.1万亿美元，MBS从1.77万亿美元降到了1.47万亿美元，准备金规模也从2.3万亿美元降到了1.46万亿美元。

3. 新冠肺炎疫情暴发后美联储新一轮资产负债表扩张

由于2020年初新冠肺炎疫情的暴发，美联储在3月3日和3月16日接连宣布将联邦基金利率目标区间下调50bp和100bp，使目标利率区间下调到0%~0.25%；之后，美联储宣布了规模达7000亿美元的新一轮资产负债表扩张政策，购买持有 5000 亿美元的美国国债和 2000 亿美元的抵押贷款支持证券。同时，为进一步增加市场流动性和企业融资便利，美联储直接将准备金率降为 0，同时降低贴现利率 150bp。然而，市场中的恐慌情绪并未能得到有效缓解。3 月 23 日，美联储又宣布了"无上限"的量化宽松货币政策，以期恢复市场信心。

4. 美联储前瞻性指引实践

前瞻性指引最早由日本央行于 1999 年率先使用，在 2008 年金融危机爆发之后，美联储开始采用前瞻指引以引导市场预期。目前，美联储前瞻性指引政策可分为两类：一类是正式的指引，即联邦公开市场委员会（Federal Open Market Committee，FOMC）利率决议中公布的有关货币政策导向的信息；另一类是非正式的指引，是联储主要官员在各种场合的讲话。

金融危机期间较为重要的前瞻性指引见表 2-6。

表 2-6　美联储前瞻性指引内容

前瞻性指引日期	具体内容
2008 年 12 月	疲弱的经济可能使 FFR 在一段时间内维持极低的水平
2009 年 3 月	疲弱的经济可能使 FFR 维持极低的水平延续一段时间
2010 年 9 月	将对经济前景和金融发展持续关注，随时准备额外流动性
2011 年 8 月	超低利率至少保持到 2013 年年中
2012 年 1 月	超低利率至少保持到 2014 年年中
2012 年 9 月	超低利率至少保持到 2015 年年中
2012 年 12 月	失业率高于 6.5% 且通胀预期低于 2.5%，将维持超低的利率水平
2013 年 12 月	只要通胀预期低于 2%，将维持超低利率水平
2014 年 3 月	根据 2% 通胀目标和就业状况综合考虑对联邦基金利率的调整
2015 年 4 月	在经济恢复增长、劳动力市场改善且通胀回到 2% 左右后，会提高利率

前瞻性指引的发展经历了三个阶段的改进和完善：

第一阶段为开放式指引，特点是表述模糊，只确定政策大方向，不明确政策实行的时间和指标。

第二阶段为时间指引，特点是给出了明确的政策节点，利用明确的执行阶段时间，传递了政策的长期性、指定了政策调整时点。

第三阶段为阈值指引，特点是直接给出了政策变化依据的经济指标，设定明确的量化政策目标，对未来潜在操作门槛进行了确定性的设定，消除市场的不确定性。

（四）美联储创新货币政策工具的启示意义

美联储在应对危机中，采用了大量的货币政策工具创新，对于其他国家央行来说具有重要的启示意义：

1. 流动性短缺与量化宽松的货币政策

美联储为应对危机及其带来的经济衰退，打破常规，对货币政策工具进行了大规模的创新，创新性地引入了针对存款机构、主要证券交易商、货币基金市场以及企业和法人的流动性工具，将大量的资金注入金融体系和实体经济中，目的是防止银行部门由于资金紧张和信心缺乏而引起信贷收缩，防止金融市场流动性缺乏和重要的金融机构倒闭。实践证明，量化宽松的货币政策起到了一定的作用。

2. 金融危机货币政策传导链条的断裂与应对

正常情况下，中央银行通过改变信贷市场中一些主要指标（如利率水平和信贷规模等），改变不同资产之间的收益和风险关系，导致资产选择的替代，影响居民企业的资产负债、投资消费等经济行为，从而对实体经济活动造成影响。然而，在极端情况下，上述传导渠道无法正常运转，利率对货币总量、信贷和总需求的传导机制已经失效，以利率调整为核心货币政策的作用大大减弱。为此，美联储通过创新工具直接购买抵押贷款支持证券和企业债券，跳过货币政策传导机制中的先导环节，向市场和系统重要性的大型金融机构、特定的企业和法人注入资金，缓解它们资金紧张的局面，降低它们的融资成本，刺激它们的经济活动，从而拉动需求的最终增长。

3. 货币政策组合与协调配合

除传统的货币政策工具外，央行还可以采用"非常规方式"执行宽松的货币政策：①通过引导舆论走向，制造预期；②扩大资产负债表规模，增加基础货币；③改变资产负债表结构，买进特定资产并对相应资产价格产生影响。上述三种量化宽松的方式虽然概念不同，但在操作上可以相互替代。危机期间，美联储同时运用这三种非常规方式进行宏观调控，在 2008 年金融危机与 2020 年疫情危机中，美联储的调控均取得了较好的效果。

第三节　货币政策工具类型转变

一、货币政策工具类型

货币政策工具按其调控方式和中介目标内容不同，可分为两种类型：一种是调控货币供应量的数量型货币政策工具，另一种是调控利率、汇率等资产价格的价格型货币政策工具。

（一）数量型货币政策工具

数量型货币政策工具是指央行通过调控货币供应量、基础货币、信用扩展能力等货币的"数量"来实现对产出和币值的宏观调节，具体来说，它是指以流通中的货币供应量为其调控对象，它更侧重于对"量"或特定对象的直接调节。数量型货币政策工具主要包括存款准备金、公开市场业务、再贴现与再贷款政策及信贷政策等。在中国利率市场化完成之前，中央银行更多使用数量型货币政策工具。

（二）价格型货币政策工具

价格型货币政策工具是指央行通过影响市场参与者的经济活动成本来实现对真实经济变量进行宏观调节。价格型货币政策工具主要包括利率和汇率政策两种：利率政策指货币当局通过调整利率水平和结构，以影响社会资金需求，进而实现对货币政策目标的调控；汇率政策指货币当局通过调节本币与外币的比价水平，以调控进出口贸易及国际间资本流动，最终实现国际收支平衡等货币政策目标。

（三）类型分类与比较

表2-7为数量型和价格型的货币政策工具比较。值得注意的是，公开市场操作投放或者收回基础货币属于数量型货币政策工具操作，而央行有意用公开市场操作中作为交易品的利率调节长短期利率，属于价格型货币政策工具。因此很多货币政策工具并不能严格划分为数量型和价格型，而存在对基础货币和利率中介目标都具有调节作用的效果。

表2-7　数量型货币政策工具与价格型货币政策工具比较

	数量型货币政策工具	价格型货币政策工具
主要工具	法定存款准备金率、公开市场操作、再贴现	存贷市场利率、再贴现利率、超额准备金率、汇率
调控目标	货币量	资产价格
调整方式	直接调控与间接调控	直接调控与间接调控
参与主体	中央银行	中央银行及微观经济主体

二、货币政策转型理论与国际经验

从政策机制来看，货币数量调控主要是根据变量间的宏观总量关系进行调控，政策效果直接明显，但容易扭曲价格机制并干预微观主体行为。货币价格调控则是微观经济主体根据宏观经济信号调整自身行为，通过价格机制间接发挥作用，对市场发育程度和货币传导机制要求较高。

对于货币政策以"量"为目标，还是以"价"为目标，应该取决于经济扰动的性质，目标本身没有绝对意义上的优劣。金融市场发展的广度、深度与金融产品的价格形成（利率水平）和市场主体的风险管理能力密切相关，影响着货币传导和利率调控机制的畅通有效，对一国货币调控方式的选择至关重要。

从国际经验来看，金融体系发育健全、货币政策利率传导机制通畅的发达经济体，货币政策已从以数量调控为主转换为以利率调控为主的价格调控方式，而新兴发展中经济体的货币政策则仍然主要以数量调控为主（周小川，2004；Laurens et al.，2015）。发达经济体货币政策调控普遍经历了由"利率到数量再回归利率"循环往复的过程。20 世纪 70 年代以来，在利率市场化浪潮的推动下，金融证券化潮流使货币政策信贷传导渠道重要性明显下降（Bernanke and Gertler，1995），货币数量作为中间目标的可控性、可测性及效果并不理想（Mishkin，2013），而利率对资产定价的基础性功能使发达国家重新回归利率调控。全球金融危机后，金融市场受到的巨大冲击和零利率下限约束使各国不得不转向量化宽松等非常规数量调控手段。金融危机后，随着金融市场逐步稳定和经济强劲复苏，美英欧等主要央行都开启或着手加息缩表，并重回利率调控的货币政策正常化进程。

三、中国货币政策调控方式转型

（一）中介目标从货币供应量向利率过渡

长期以来，中国更加偏好使用数量型工具进行货币政策调控。从政策调整的频率来看，在 2006~2010 年这 5 年间，央行共调整存款准备金率 29 次，仅调整存款基准利率 13 次，贷款基准利率 15 次（见表 2-8）。2011 年，央行连续 6 次上调存款准备金率，但仅 3 次上调基准利率。从政策调整的顺序来看，当宏观经济过热时央行一般先通过公开市场操作对冲过多的流动性，再提高存款准备金率，在数量型工具未取得预期效果时才最后考虑实施价格调控。

表 2-8　2006~2010 年中国数量工具与价格工具的调整对比

存款准备金调整次数		存款基准利率调整次数		贷款基准利率调整次数	
上调	25	上调	9	上调	10
下调	4	下调	4	下调	5
合计	29	合计	13	合计	15

资料来源：国家统计局网站。

中国符合现代意义的货币政策实践仅有二十余年的时间，央行以数量为主的间接货币调控方式与计划经济更倾向于数量调控的政策惯性和决策偏好等主观因素有关（周小川，2004）。相比价格调控，数量型工具能够从源头上调控流通中的货币规模，具有调控方式直接和政策时滞短等优势。长期以来，中国的经济增长模式是依靠大量货币投放的投资驱动和低成本的出口拉动，数量型货币工具能够有效冲销央行为压制汇率而购汇所超发的货币，对控制通货膨胀可以起到较好的效果。随着国际收支持续顺差和流动性过剩失衡加剧，中国开始频繁上调存款准备金率冻结流动性，既促进中国出口增长，又保持物价基本稳定。

随着金融市场创新及影子银行兴起，数量目标的可测性、可控性以及与实体经济的相关性大幅下降，在利率上下限管制放开后，央行的中介目标转向货币市场利率，开始关注上海银行间同业拆放利率、正逆回购利率等指标。另外，货币政策创新工具不断涌现，例如通过利率走廊引导中长期货币市场利率在可控范围内波动等。可以说，利率走廊的建立是货币政策类型转变的重要体现。

目前充当中介目标的主要是货币市场利率，如上海银行间同业拆放利率（Shibor）、正逆回购利率等指标。近年来，央行尝试建立了以常备借贷便利（SLF）7 天期利率为上限、以 7 天期逆回购利率为下限的"利率走廊"，重视存款类金融机构 7 天期质押回购利率（DR007）的中介作用。而金融市场从 2018 年以来对 DR007 作为央行政策利率的认可度最高，在一定程度上发挥着"准政策利率"的功能。

中国央行当前的货币政策工具中，数量型工具与价格型工具并存。中国央行依赖的数量型货币政策工具如调整法定存款准备金率、公开市场操作、再贷款和再贴现等，价格型工具如调整商业银行存贷款基准利率、调整超额准备金的利率等。2015 年 10 月，随着存款利率上限的取消，所有主要利率的管制名义上已经解除。随着 2019 年 8 月的 LPR 改革，中国利率市场化进程进一步推进。

这段时期也伴随着诸多问题，2015~2018 年，随着影子银行的不断发展，尤其是银行表外理财业务的出现，使大量资金由表内转向表外。央行对这一部分派生货币很难监测和管控，导致名义货币乘数与实际货币乘数的偏差扩大，实际货币供应量也难以控制。因此央行于 2018 年推出资管新规，对银行表外业务进行约束。

实践中，数量型目标既可以通过数量型工具来实现，也可以通过价格型工具来实现，价格型目标亦然。而在央行中介目标由数量型向价格型过渡的过程中，货币政策工具仍然需要数量型与价格型并用，即便未来完全过渡到价格型目标，存款准备金率、再贷款等数量型工具依然在某些场景下适用。

（二）中国货币政策转型原因分析

中国货币政策转型原因分析框架见图2-17。

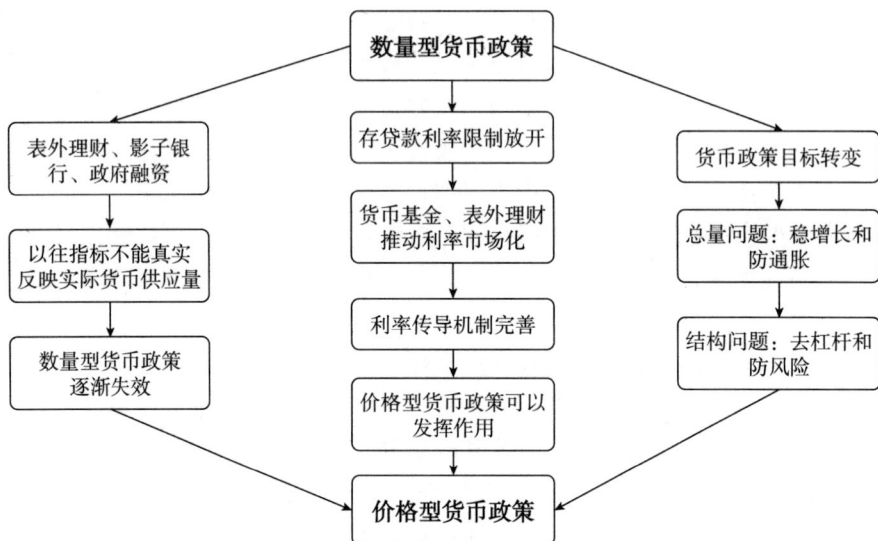

图2-17 中国货币政策转型原因分析框架

1. 数量型货币政策逐渐失效

随着市场化发展和金融创新加快，货币供给、货币需求和货币数量等相关指标均表明货币数量的信号意义在降低。

从货币供给角度来看，货币供应量＝基础货币×货币乘数，数量型货币政策主要控制基础货币和货币乘数。从央行的资产负债表可以看到，2014～2021年，基础货币量基本稳定在27万亿～33万亿元，没有出现大幅的增长或下降（见图2-18）。央行通过公开市场操作等方式灵活调控基础货币的投放，说明对基础货币的调控是比较精确的。

央行对货币乘数的调控主要是通过调整法定存款准备金率来调控银行表内派生货币的能力。而近年来，随着现代金融市场体系逐步形成，新的融资工具大量出现，直接融资占比不断提高，金融脱媒和影子银行不断发展，银行信贷在社会融资结构中的占比呈趋势性下降，社融规模和准备金规模比例不断上升，越来越多的信用派生脱离了准备金约束。尤其是表外理财业务的出现，使大量资金由表内转向表外。央行很难监测和管控这一部分货币的派生，货币乘数的偏差扩大，实际的货币供应量也难以控制。

（亿元）

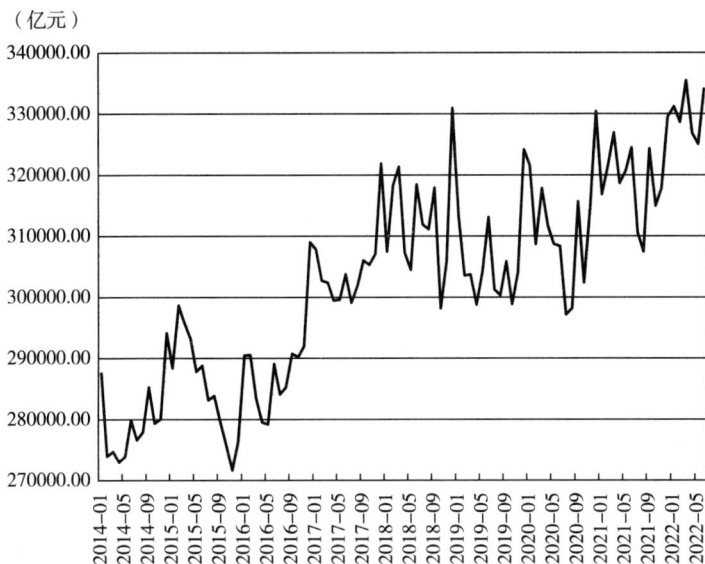

图 2-18　2014~2021 年央行基础货币量

资料来源：Wind 数据库。

如图 2-19 所示，自金融危机以后，虽然人民币贷款规模仍是最大的，但也涌现出了委托贷款、信托贷款、未贴现银行承兑汇票等银行表外融资方式以及企业债券等直接融资方式，M~2~ 已经不能完全反映货币的发行量。

（亿元）

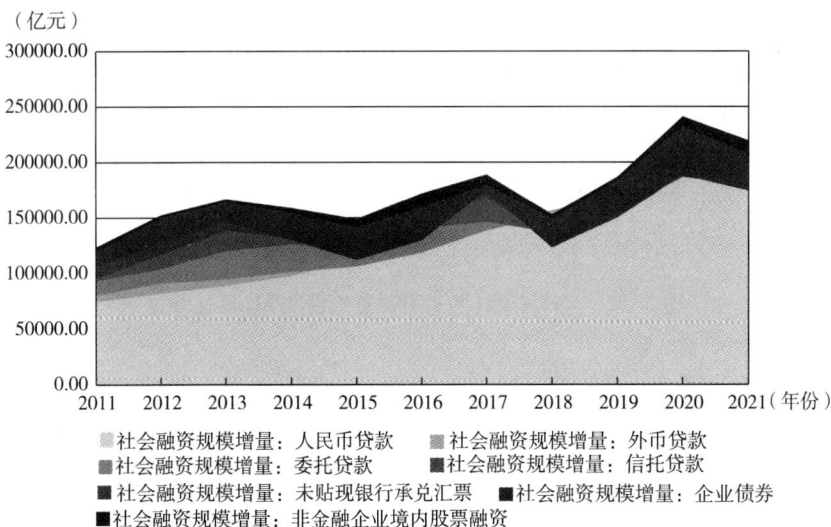

社会融资规模增量：人民币贷款　　社会融资规模增量：外币贷款
社会融资规模增量：委托贷款　　社会融资规模增量：信托贷款
社会融资规模增量：未贴现银行承兑汇票　　社会融资规模增量：企业债券
社会融资规模增量：非金融企业境内股票融资

图 2-19　2011~2021 年社会融资规模及构成

资料来源：国家统计局。

从货币需求角度来看，根据费雪方程 $M=PY/V$，在金融脱媒之前，通过控制货币供应量，能够准确地影响经济增长和通胀情况，市场对货币的需求与价格（P）和产出（Y）的关系是较为清晰的。但金融创新和金融脱媒的不断发展，货币流通速度难以界定，对货币的需求也就变得不稳定。在这种情况下，维持稳定的利率水平会比维持稳定的货币增速的调控效果更好。

近年来，两大货币指标 M_2 与社融的走势明显背离，M_2 增速不断降低但社融的增速始终维持高位，与 M_2 之间的缺口扩大（见图 2-20）。原因在于两个指标均存在一定的缺陷，M_2 无法监测银行表外的融资情况，而 2019 年之前社融则没有把政府融资纳入其中。两个指标均难以准确衡量实际的货币数量，也影响了数量型货币政策调控的效果。2018 年之后，中国不再公布任何具体的货币数量目标。

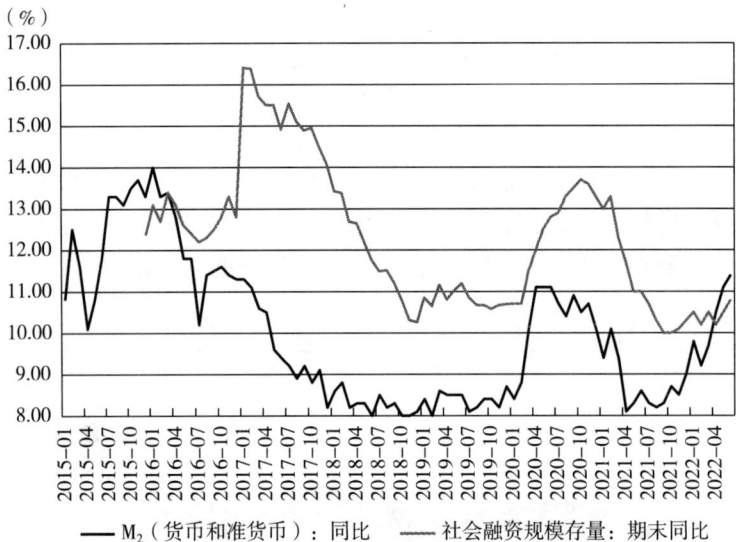

图 2-20　2015~2021 年社会融资规模和 M_2 同比增速

资料来源：Wind 数据库。

2. 利率传导机制逐渐完善

随着中国利率市场化进程不断推进，价格型货币政策的调控手段得以逐渐发挥作用。自 1996 年起，中国人民银行放开银行间同业拆借利率，中国利率市场化改革正式破冰。2005 年 3 月放开了金融同业存款利率，全面实现了市场化。2013 年 7 月取消贷款利率上限，银行负债端的利率逐渐和市场利率接轨，同业负债及债券发行两部分的利率已实现市场化,并且规模呈现快速增长。2015 年 10 月放开存款利率上限,则标志着历经近二十年的利率市场化改革基本完成。中国市场利率化的重要步骤见表 2-9。

表 2-9 中国市场利率化的重要步骤

时间	存款利率	贷款利率
2004 年 10 月	放开下限管理	放开上限管理,允许下浮至基准利率的 0.9 倍
2012 年 6 月	上浮区间扩大到基准利率的 1.1 倍	下浮区间扩大到基准利率的 0.8 倍
2012 年 7 月		下浮区间扩大到基准利率的 0.7 倍
2013 年 7 月		放开
2014 年 11 月	上浮区间扩大到基准利率的 1.2 倍	
2015 年 3 月	上浮区间扩大到基准利率的 1.3 倍	
2015 年 8 月	上浮区间扩大到基准利率的 1.5 倍	
2015 年 10 月	放开	

资料来源:根据《金融时报》公开资料整理。

同时,货币基金和银行表外理财等业务的发展,也对银行负债和资产端利率的市场化起到较大的推动作用。为了匹配负债端利率,资产端利率也必须同步变动。因此,价格型货币政策通过调控货币市场利率,直接影响债券市场、货币基金、理财和同业业务的利率,进而对银行资产端和负债端的利率产生影响,达到货币政策调控的效果。

3. 货币政策目标有所转变

而从更深层次的原因来说,央行货币政策由数量型转向价格型的驱动因素来自货币政策目标的转变(见图 2-21)。

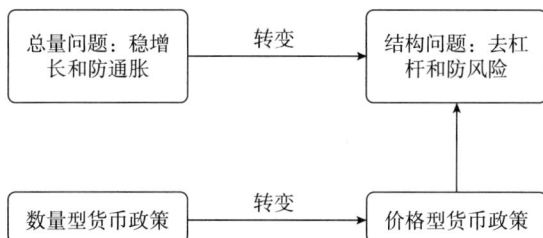

图 2-21 货币政策目标与方式转变

2012年之前，中国经济处于快速发展的阶段，经济增长和通货膨胀是货币政策的主要目标，而这些都是经济"总量"的问题，数量型货币政策可以在总量上进行有效的调控。而随着中国经济发展增速下降，经济结构问题开始显现，这就使"总量"问题转变为了"结构"问题，金融促进实体经济发展目标也由规模扩张转向质量提升，金融调控更多将依赖价格型货币政策调控方式。

价格机制是市场经济的核心。利率市场化的实质是让市场通过价格机制在金融资源配置中发挥决定性作用，加快推进由数量型向价格型货币政策调控的方式转型，正是提高宏观金融调控精准度的政策要求。

（三）中国货币调控方式转型展望

与发达经济体货币政策一直都是在相对成熟和稳定的市场经济体系下不同，中国的金融体系和货币政策调控脱胎于计划经济，属于全新的政策实践而且更为复杂。

经过二十多年的发展，中国证券市场规模已位居全球第二，具备了相当的市场广度和必要的市场深度；中国金融市场利率与存贷款利率相关性逐步提高，利率传导渠道日益畅通有效；央行在公开市场操作和利率走廊机制等方面与国外央行主流模式差异不大。可以说中国已具备了向货币价格调控方式转型的必要条件。

不过，中国货币调控方式转型不可能一蹴而就，利率市场化正进入以市场化利率形成和调控机制为核心的深化改革新阶段。如何发展一个微观基础坚实、市场规则统一而功能健全有效的金融市场，真正让市场通过价格机制在金融资源配置中发挥决定性作用，仍是一个复杂的问题。

四、美国货币政策调控方式转型

（一）从盯住利率到盯住货币供应量

20世纪六七十年代，美联储奉行凯恩斯主义，将刺激经济和促进就业作为宏观调控的最终目标，将利率作为中介目标，实现了货币供应量增速的日趋上升。然而进入70年代后，美国经济陷入了滞胀，联邦基金利率的调整力度过小，调整时间迟缓，货币供应量快速增长，导致物价急剧攀升（见图2-22）。在高通货膨胀的情况下，利率与总需求之间的关系不稳定，无法将其再作为中介目标。作为直接针对滞胀的研究，货币主义应运而生。1979年，美联储将控制通货膨胀作为最终目标，将货币供应量增长率作为中介目标。

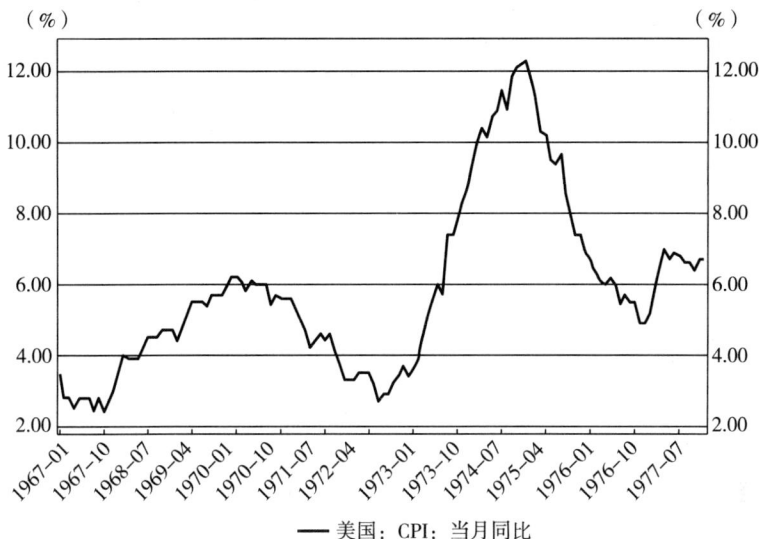

图 2-22　20 世纪 70 年代美国通货膨胀情况

资料来源：Wind 数据库。

货币主义认为货币供应量与经济增长之间存在着稳定的关系，基本理论前提是货币需求函数的稳定性，这对当时美国还处于发展的初级阶段的金融市场来说是基本成立的（贺聪，2015）。首先，货币的替代性金融资产很少，货币与其他金融资产的界限比较清晰；其次，货币的利率弹性比较低。因此，利率变化所产生的替代效应较弱，收入效应才是决定货币需求的主要原因。

（二）中介目标回归联邦基金利率

随着美国利率市场化程度的不断提高以及金融创新的发展，各类金融资产的出现使货币的利率弹性提高，货币供应量与产出之间的关系不再稳定。1982 年，M_1 的增速到达 10.4%，超过了当时的政策目标 4.9%~8.0%，但经济增速却表现不佳，失业率上升到了 9.8%（见图 2-23）。20 世纪 90 年代初，M_2 与实体经济之间的关系也逐渐趋弱。在货币供应量作为中介目标的作用大幅降低后，美联储放弃了盯住货币供应量，转向一种利率微调式的货币政策。

1990~1992 年，美联储采取宽松的货币政策，连续 18 次下调联邦基金利率，促进了整个经济的发展。但为了防止经济增长过快而引起通货膨胀，美联储又分别于 1994~1996 年、1999~2000 年连续多次上调联邦基金利率。每次调整的幅度都是在 0.25% 左右，主要作用在于向市场发出信号，稳定人们的预期，在引导公众的反应和行动后再做出进一步调整。这种中性、灵活的货币政策取得了成效，

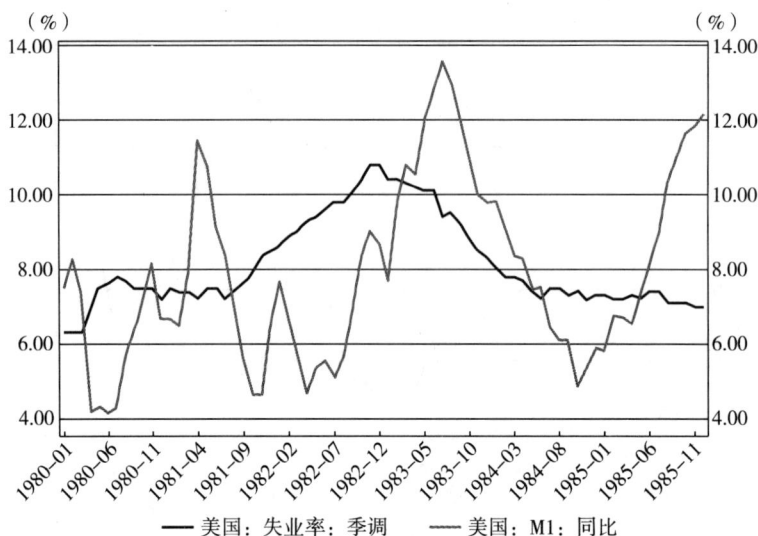

图 2-23　美国 1980~1985 年 M_1 增长率与失业率对比

资料来源：Wind 数据库。

1991~2001 年，美国 GDP 增长率平均达到了 3.73%，成为历史上持续时间第二长的经济扩张期。

综上，美联储的货币政策经历了从价格目标转向数量目标再回归价格目标的过程。不同时期货币政策类型的选择，受到当时金融市场条件的制约。20 世纪 80 年代前，金融市场处于发展初期，利率的效应难以发挥；20 世纪 80 年代后，金融市场更加发达，随着利率管制的宽松化及大量金融创新的出现，货币供应量变得难以控制，同时货币的利率弹性大幅提升，因此货币政策类型的转变顺理成章。

第三章　中美货币投放回收机制及渠道比较研究

第一节　中美央行资产负债表构成的比较

一、中国人民银行与美联储资产负债表概览

央行资产负债表一般指各国中央银行履行职能活动时所形成的债权债务存量表，相比于一般企业的资产负债表，其具体内容更接近于商业银行资产负债表。通过比较各大央行的资产负债表及其增减变动情况，可以对各国货币政策工具及具体实施有比较充分的了解。

全球四大央行（美联储、欧洲央行、日本央行、中国人民银行）资产规模相对经济体 GDP 值如图 3-1 所示。

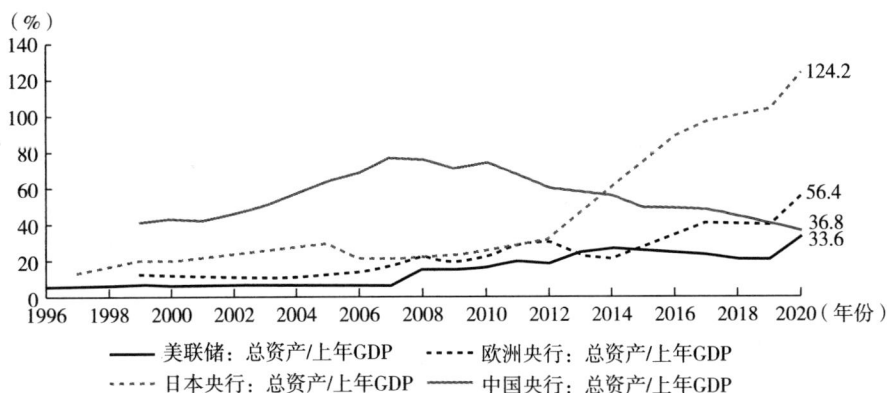

图 3-1　全球四大央行资产规模相对经济体 GDP 值

（一）中国人民银行资产负债表概览

中国人民银行资产负债表资产端包括国外资产、对政府债权、对其他存款性公司债权、对其他金融性公司债权、对非金融性部门债权和其他资产六项。

负债端包括储备货币、不计入储备货币的金融性公司存款、发行债券、国外负债、政府存款、自有资金、其他负债七项。值得注意的是，自有资金在人民银行资产负债表上作为负债列示，人民银行资产负债表上不设置类似于企业资产负债表上的"所有者权益"或"股东权益"，亦不设置类似于政府及民间非营利组织资产负债表上的"净资产"。

截至 2022 年 6 月，中国人民银行资产负债表资产总规模为 39 万亿元，各项目余额如表 3-1 所示。

表 3-1　截至 2022 年 6 月中国人民银行资产负债表　　　单位：亿元

项目	负债金额
国外资产 Foreign Assets	225365.84
外汇 Foreign Exchange	213187.48
货币黄金 Monetary Gold	2855.63
其他国外资产 Other Foreign Assets	9322.73
对政府债权 Claims on Government	15240.68
其中：中央政府 Of which：Central Government	15240.68
对其他存款性公司债权 Claims on Other Depository Corporations	126805.26
对其他金融性公司债权 Claims on Other Financial Corporations	1743.96
对非金融性部门债权 Claims on Non-financial Sector	
其他资产 Other Assets	23398.86
总资产 Total Assets	**392554.60**
储备货币 Reserve Money	334251.89
货币发行 Currency Issue	101228.76
其他存款性公司存款 Deposits of Other Depository Corporations	212469.45
非金融机构存款 Deposits of Non-financial Institutions	20553.68
不计入储备货币的金融性公司存款 Deposits of Financial Corporations Excluded from Reserve Money	6441.40
发行债券 Bond Issue	950.00
国外负债 Foreign Liabilities	1312.63
政府存款 Deposits of Government	45748.00
自有资金 Own Capital	219.75

续表

项目	负债金额
其他负债 Other Liabilities	3630.93
总负债 Total Liabilities	**392554.60**

资料来源：中国人民银行。

（二）美联储资产负债表概览

中国人民银行采取了将资本金并入负债进行列示的方式，而美联储资产负债表分为资产、负债及资本两部分，负债及资本又进一步分为负债和资本账户。

美联储资产由黄金账户（Gold Certificate Account）、特别提款权账户（Special Drawing Rights Certificate Account）、持有证券、未摊销溢/折价、回购协议和贷款（Securities, Unamortized Premiums And Discounts, Repurchase Agreements, And Loans）、外币计价资产（Foreign Currency Denominated Assets）、中央银行流动性互换（Central Bank Liquidity Swaps）和其他资产等账户构成。

美联储负债由扣除联邦储备银行持有部分的联邦储备票据（Federal Reserve Notes, Net of F. R. Bank Holdings）、存款（Deposits）、逆回购协议（Reverse Repurchase Agreements）和其他负债等账户组成。根据美联储提供的报表附注，美联储财务报表是由美国联邦储备体系中各联储银行资产负债表合并所得（Consolidated Statement of Condition of All Federal Reserve Banks）。

截至 2022 年 7 月 13 日，美联储资产负债表资产总规模为 8.9 万亿美元，较疫情前的 2019 年同期增加 5 万亿美元，各项目余额如表 3-2 所示。

表 3-2　截至 2022 年 7 月 13 日美联储资产负债表　单位：百万美元

Items	负债金额
Assets	
Gold certificate account	11037
Special drawing rights certificate account	5200
Coin	1252
Securities, unamortized premiums and discounts, repos, and loans	8784378
Securities held outright	8457212
U. S. Treasury securities	5745528
Bills	326044
Notes and bonds, nominal	4941958

Items	负债金额
Notes and bonds, inflation-indexed	384342
Inflation compensation	93184
Federal agency debt securities	2347
Mortgage-backed securities	2709337
Unamortized premiums on securities held outright	332587
Unamortized discounts on securities held outright	-25203
Repurchase agreements	2
Loans	19781
Net portfolio holdings of Commercial Paper Funding Facility II LLC	0
Net portfolio holdings of Corporate Credit Facilities LLC	0
Net portfolio holdings of MS Facilities LLC	26414
Net portfolio holdings of Municipal Liquidity Facility LLC	5544
Net portfolio holdings of TALF II LLC	2180
Items in process of collection	71
Bank premises	607
Central bank liquidity swaps	185
Foreign currency denominated assets	17647
Other assets	41353
Total assets	8895867
Liabilities	
Federal Reserve notes, net of F. R. Bank holdings	2229980
Reverse repurchase agreements	2442840
Deposits	4155116
Term deposits held by depository institutions	0
Other deposits held by depository institutions	3306521
U. S. Treasury, General Account	618740
Foreign official	10075
Other	219780
Deferred availability cash items	236
Treasury contributions to credit facilities	17940
Other liabilities and accrued dividends	8050
Total liabilities	8854161

续表

Items	负债金额
Capital accounts	
Capital paid in	34922
Surplus	6785
Other capital accounts	0
Total capital	41707

资料来源：美联储。

二、中国人民银行与美联储资产构成比较

（一）中国人民银行资产构成

中国人民银行资产负债表资产端包括国外资产（由外汇、货币黄金、其他国外资产三部分构成）、对政府债权、对其他存款性公司债权、对其他金融性公司债权、对非金融性部门债权和其他资产六项。

1. 国外资产——外汇

外汇是央行资产负债表中最重要，也是目前占比最高的资产。截至 2022 年 7 月，外汇占款为 21.3 万亿元，占总资产的比例为 55.3%。1993 年，外汇占款占总资产的比例仅 10.5%。1993~2013 年，该比例持续上升，2013 年 12 月达到峰值 83.29%。2015 年后，央行外汇储备有所减少并趋于稳定（见图 3-2）。

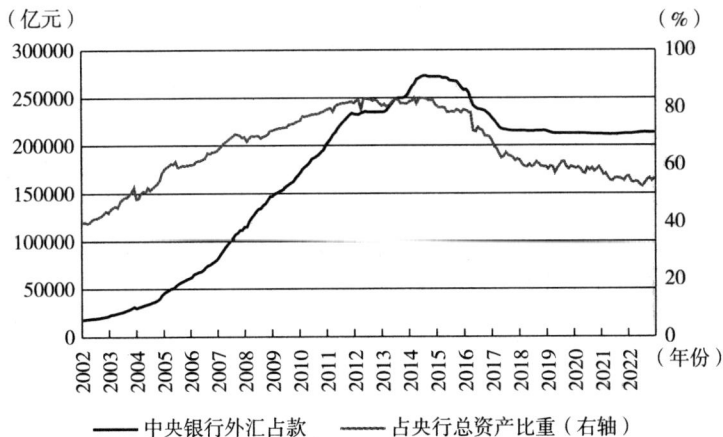

图 3-2　人民银行外汇占款变化趋势

2. 国外资产——货币黄金

央行作为储备持有的黄金，可作为央行维持汇率的工具，同时也用于平衡国际收支、抑制通货膨胀等，一般占央行总资产不超过1%。

3. 国外资产——其他国外资产

其他国外资产主要包括：央行所持有的国际货币基金组织头寸（2017年起以净额列示）、特别提款权、其他多边合作银行的股权、其他存款性公司以外汇缴存的人民币准备金等，占比约1%。

4. 对政府债权

2020年该项目均为对中央政府债权，金额维持在1.53万亿元，主要由2007年财政部发行的1.55万亿元特别国债构成。

5. 对其他存款性公司债权

即中国人民银行对商业银行、政策性银行等其他存款性公司的债权，主要是由于实施再贴现、再贷款、逆回购等货币政策工具所形成，占总资产的32.99%，在所有项目中位列第二，仅次于外汇占款。

"对其他存款性公司的债权"项目占总资产比例波动较大，2000年为40.6%，之后随着外汇占款迅速增加被摊薄，到2010年大幅降低到3.1%。2011~2018年，外汇占款总额不再单边上升，同时占总资产比例也迅速下降，本项目占比逐渐增加到2018年的27.4%（见图3-3）。

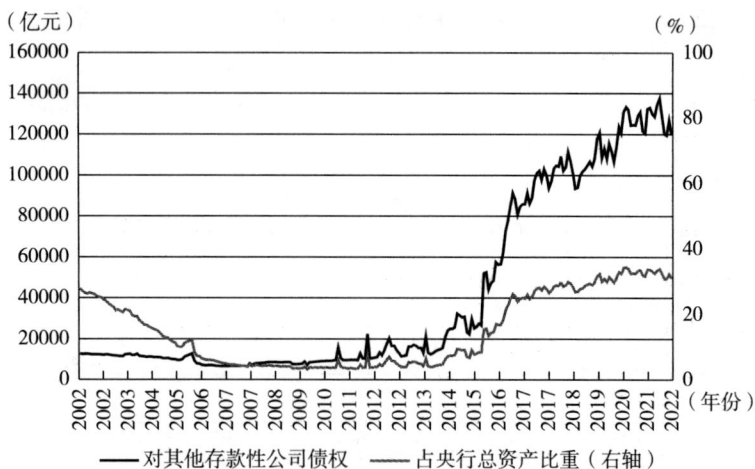

图3-3　人民银行对其他存款性公司的债权变化趋势

资料来源：中国人民银行。

6. 人民银行其他资产类项目

主要是中国人民银行向其他金融性公司，如证券公司、保险公司发放的再贷款，作用主要是发挥最后贷款人的职能、维护金融稳定、防范系统性金融风险。

（二）美联储资产构成

如图 3-4 所示，不同于中国人民银行资产以外汇占款为主，美联储资产是以持有证券为主，占比超过 90%，美联储资产端具体构成情况如下：

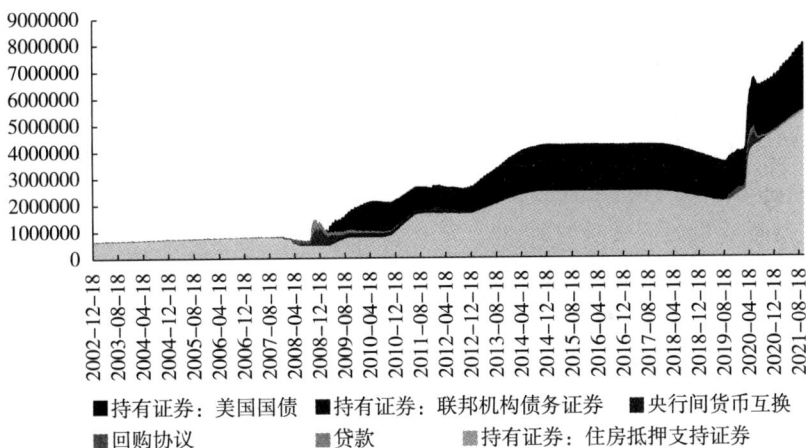

图 3-4　美联储资产端构成变化

资料来源：美联储。

1. 持有证券、未摊销溢/折价、回购协议和贷款

持有证券（Securities Held Outright）为美联储资产的最主要组成部分，占比达到 91.37%，主要由美国国债（U. S. Treasury Securities）、联邦机构债（Federal Agency Debt Securities）和抵押贷款支持债券（Mortgage-Backed Securities）组成。由于长期债券存在面值和账面价值不同的现象，账面上将差额计入未摊销溢/折价部分，其作用类似于中国企业会计准则中的债权投资/其他债权投资-利息调整。

资产部分列示的回购协议指释放流动性的回购协议（Repurchase Agreements），与下述负债部分收缩流动性的逆回购协议（Reverse Repurchase Agreements）相对应。回购协议指美联储从对手方购买债券，并约定之后的某个时间卖出，与商业银行的抵押贷款类似，会暂时增加银行系统的储备金余额；逆回购指美联储向对手方卖出债券，并约定之后的某个时间购回，会暂时减少银行系统的储备金余额。

2. 美联储资产端特殊项目

主要指美联储在 2008 年金融危机中救助大型金融机构而持有的投资组合，在美联储资产负债表上以资产项目列示。

3. 美联储其他资产类项目

美联储资产端其他项目包括黄金账户、特别提款权账户、外币计价资产以及中央银行流动性互换等项目。

三、中国人民银行与美联储负债构成比较

（一）中国人民银行负债构成

中国人民银行资产负债表负债端包括储备货币（包括货币发行、非金融机构存款、其他存款性公司存款）、不计入储备货币的金融性公司存款、发行债券、国外负债、政府存款、自有资金、其他负债七项。

1. 储备货币——货币发行

货币发行主要指流通中的货币（M_0）和银行库存现金。中国货币发行规模从 2000 年的 1.74 万亿元增长至 2022 年 6 月的 10.12 万亿元，是央行第二大负债类项目。货币发行一般在每年 1~2 月农历新年前后迎来季节性峰值（见图 3-5）。

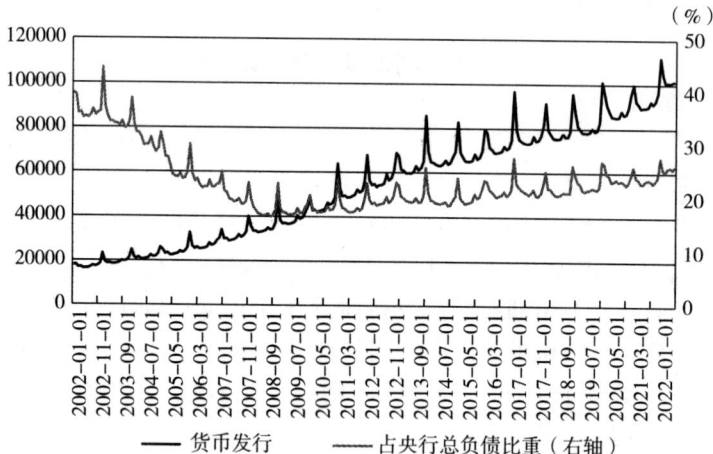

图 3-5　人民银行储备货币——货币发行的季节性变化趋势

2. 储备货币——其他存款性公司存款

其他存款性公司存款是商业银行等存款机构上缴的存款准备金，分为法定准备金和超额准备金，是商业银行等存款机构存放在央行的存款。它们共同构成了

基础货币主要部分，是目前央行的第一大负债类项目，占央行总负债的50%以上（见图3-6）。

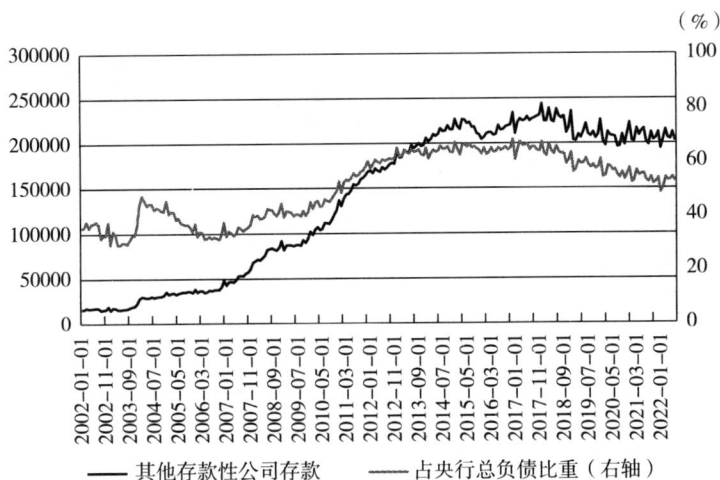

图3-6　人民银行储备货币——其他存款性公司存款

3. 政府存款

政府存款是央行履行经理国库职能时形成的负债，实质上是政府存在央行账户里的钱，经理国库是国家赋予中央银行的一项重要职责。政府存款是央行第三大负债类项目。截至2022年7月，政府存款余额5万亿元，占央行总负债的13%。

4. 人民银行其他负债类项目

其他负债类项目包括非金融机构存款、发行债券、国外负债、不计入储备货币的金融性公司存款、自有资金等。

（二）美联储负债构成

美联储负债主要由扣除联邦储备银行持有部分的联邦储备票据（Federal Reserve Notes，Net of F. R. Bank Holdings）、存款、逆回购协议（Reverse Repurchase Agreements）和其他负债等账户组成（见图3-7）。

1. 扣除联邦储备银行持有部分的联邦储备票据

联邦储备票据即流通中的美元，联邦储备银行体系自身持有的部分由于未成为流通货币，故在票据总额中扣除。其曾经是美联储负债的第一大项目，2010年后被存款性机构的存款超过，2022年又被逆回购项目超过。目前是美联储第

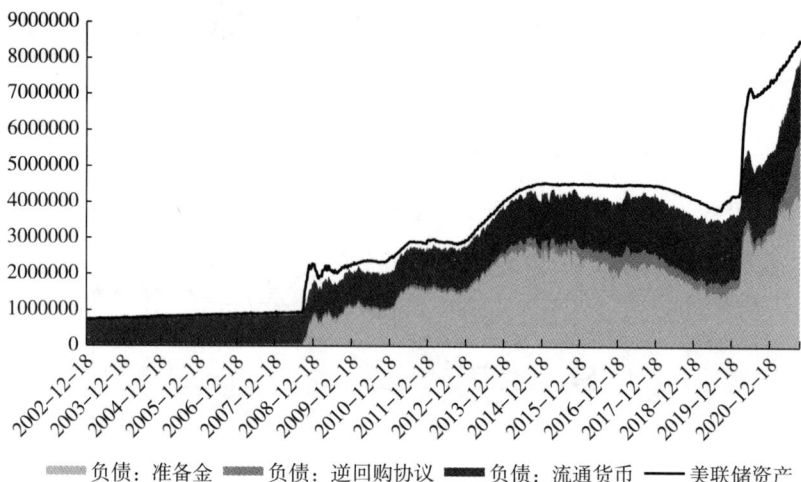

图 3-7　美联储负债端构成变化

资料来源：美联储。

三大负债项目，截至 2022 年 7 月，联邦储备票据规模约为 2.2 万亿美元，约占美联储总负债的四分之一。

2. 存款

存款即法定准备金和超额准备金，类似于人民银行资产负债表的金融性机构存款，与流通美元货币一同构成基础货币的组成部分。其目前是美联储第一大负债规模，截至 2022 年 7 月，存款机构存款规模约为 4 万亿美元，约占美联储总负债的 50%。

3. 逆回购协议

负债部分列示的逆回购协议指收缩流动性的逆回购协议（Reverse Repurchase Agreements），与资产部分释放流动性的回购协议相对应。2021 年之后，美联储逆回购协议规模快速增加，2022 年 7 月美联储逆回购协议规模约为 2.5 万亿美元，相比 2020 年同期大幅增加近 2.3 万亿美元，目前是美联储第二大负债规模，约占美联储总负债的 30%。

4. 美联储其他负债类项目及资本账户

主要包括其他负债、实收资本（Capital Paid-in）以及资本账户结余（Surplus）等。

相比之下，中国人民银行和美联储负债均以存款性机构的存款为主，占比均在 50% 附近。区别在于，人民银行将自有资金单独作为资本账户列示，美联储自有资金并入负债部分列示，金额计入总负债。

第二节 中美货币投放机制及渠道比较研究

一、央行创造货币并投放到社会的方式

（一）增加基础货币

1. "外汇—货币"发行机制

央行通过在外汇市场购买外汇，创造本币并投放到社会。外汇市场的外汇来源途径有两种：一种是本国企业出口获得外汇，另一种是海外企业直接投资到国内市场带来外汇收入。

在外汇市场上，若本国外贸顺差，外汇流入增加，市场将出现外币贬值的压力。若央行为维持本国外贸顺差，将出手购汇，本币流通量增多，相应外币流通量减少，市场出现本币贬值的压力。如果增发的货币能够及时退出流通市场，通过各种投资途径转变为其他资产或者商品，或者未来市场上能够生产出更多的商品来消耗这些增发货币，则本币贬值的压力得以缓解。不断增大的外汇也将迫使央行将外汇储备进行合理的海外投资，以保证外汇储备的保值。

2. "国债—货币"发行模式

当经济形势低迷且政府财政赤字严重时，央行需向市场投放流动性，其中一种财政性的货币发行手段就是央行在二级流通市场上进行公开市场操作，如购买短期国债等，从而将货币投入市场，同时向中央政府提供短期融资。这种情况下，央行通过公开市场操作所创造的流动性，从财政角度来看就是政府的负债，是以未来的政府税收收入作为担保的，所以一般货币的发行是按照财政赤字总量的一定比例来发行的。

3. "基金—货币"发行机制

在全球范围内，外汇基金仍是许多国家用来调节外汇市场的储备金。根据各国政策和情况的不同，它一般是由黄金、外汇、本国货币组成，可能还存在外币证券、特别提款权、在 IMF 的头寸等。中央银行为了维持外汇基金的稳定，通过购买或销售外币资产、向政府提供或要求偿还贷款、认购政府发行的债券、货币互换协议等方式，不断释放或是回笼基础货币。

具体而言，每个国家（地区）的具体制度不同，有些国家（地区）的中央银行"基金—货币"发行渠道受制于政府的意愿，所以其货币投放渠道和货币回笼渠道均不是市场自主发起的，而对于中央银行独立性很强的国家（地区）来说，其货币投放和回笼则是由外汇基金当局所持有的外汇资产价格和市场上外

汇资产价格之差的刺激自行发起的。

4. "票据—货币"发行机制

中央银行垄断着一国货币的发行权,同时也是市场上货币流通量的调节者。商业银行的贷款规模决定着市场上货币的供应量,而中央银行作为"最后贷款人"又决定着商业银行的贷款规模。因此,中央银行对商业银行的贷款规模决定着全社会的货币供应数量。

商业银行会通过商业票据的贴现来向市场投放流动性,中央银行在此基础上,通过对商业银行贴现的商业票据进行再贴现向商业银行发放贷款。最终,在银行信用基础上的票据再贴现决定着商业信用基础上的社会市场货币投放量。

央行对商业银行已贴现未到期的商业票据再次贴现,同时起到一定的公示效应。当央行提高再贴现率时,商业银行再贴现意愿下降,对市场上投放的贷款量也会收缩;反之,央行可以通过下降再贴现率间接向市场投放更多的流动性。

(二)调控货币乘数

1. 法定存款准备金率

当中央银行降低法定存款准备金率时,商业银行可提供贷款及创造信用的能力就上升。法定存款准备金率降低,货币乘数变大,从而提高了整个商业银行体系创造信用、扩大信用规模的能力,其结果是社会流动性充裕,货币供应量扩大。

2. 超额存款准备金利率

当中央银行降低超额准备金利率时,商业银行将资金存入央行的动机减弱,对外贷款等的意愿相应增加,也能在一定程度上提高货币乘数。

二、中国货币发行机制

(一)中国货币发行机制介绍

央行通过增加资产规模来实现基础货币发行主要有三种方式:一是通过增加对商业银行的债权规模来发行基础货币,如再贷款和再贴现等。这种情况下,央行资产负债表资产端增加"对其他存款性公司债权",同时负债端增加"货币发行",这种方式在近年中国外汇占款减少的情况下被越来越多地使用。二是通过增加对政府债权、增加基础货币投放,比如在公开市场购买国债,反映在央行资产负债表上就是资产端增加"对政府债权",但中国央行较少使用这种方式发放基础货币,只是作为对市场流动性的短期调整的政策工具。三是通过增加外汇、黄金储备等规模实现基础货币投放,这是中国长期以来发行基础货币的主要方式,但近年来因为外汇占款的减少,其重要性有所下降。另外,在实际操作中,因黄金储备的特殊性,在基础货币投放过程中很难被央行采用。

其中,前两种方式下,央行可以自主控制货币供给规模,属于主动调控,而外汇则是由于贸易顺差产生，主要是受国际经济环境的影响，属于被动调控。可以看到，无论是主动投放还是被动投放，央行都是以资产端科目为支撑，实现负债端的基础货币投放。

另外，由于对存款准备金率的调整只是影响储备货币在"货币发行"和"其他存款性公司存款"之间的分配，并不影响基础货币的发行总量。但是央行通过调整存款准备金率来调整货币乘数，从而调整货币供给量，存款准备金率也是中国央行调整货币供给的重要方式。

2010 年与 2022 年中国央行资产端构成对比见图 3-8。当前，中国货币发行机制正由购买外汇发行货币转向增加对其他存款性公司债权，使用创新型货币政

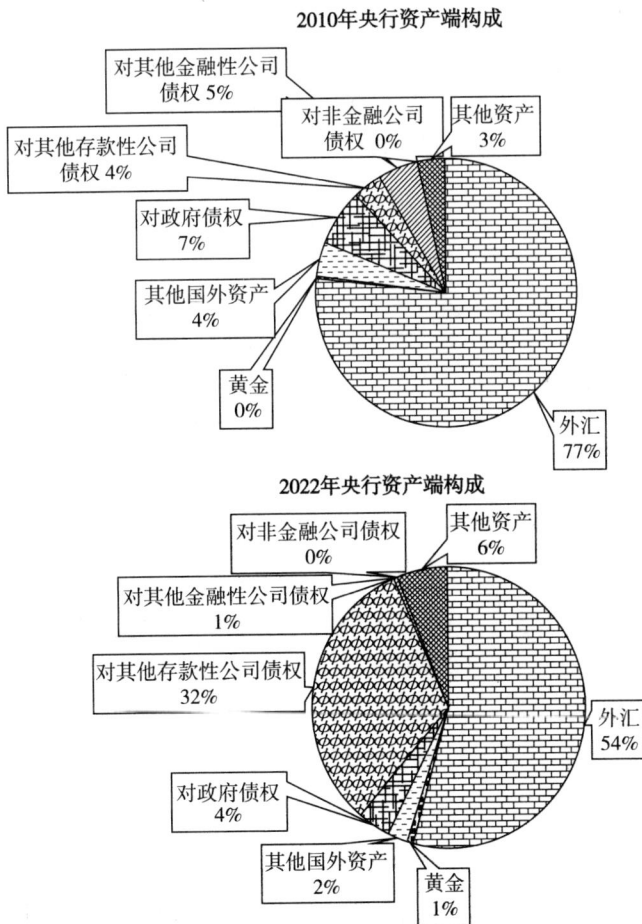

2010年央行资产端构成

- 对其他金融性公司债权 5%
- 对非金融公司债权 0%
- 其他资产 3%
- 对其他存款性公司债权 4%
- 对政府债权 7%
- 其他国外资产 4%
- 黄金 0%
- 外汇 77%

2022年央行资产端构成

- 对非金融公司债权 0%
- 其他资产 6%
- 对其他金融性公司债权 1%
- 对其他存款性公司债权 32%
- 外汇 54%
- 对政府债权 4%
- 其他国外资产 2%
- 黄金 1%

图 3-8　2010 年与 2022 年中国央行资产端构成对比

资料来源：中国人民银行官网。

策工具投放货币，并辅以降低存款准备金扩大货币供给。2004~2014 年，双顺差带来的外汇占款成为中国基础货币的主要投放渠道。央行被动购买外汇，资产负债表迅速扩张，从而实现了货币的大量投放。2014 年外汇占款达到峰值，之后开始下滑，中国货币发行方式开始转变（见图 3-9）。外汇占款占基础货币余额比例由 2013 年底的 98% 下降到 2019 年底的 65%。2014 年以来，中国央行对其他存款性公司债权增多，外汇占款减少，基础货币投放强化了再贷款和四种创新型货币政策工具（SLF、MLF、TMLF、PSL）的使用，扩表速度较外汇货币发行机制下有所放缓，基础货币增长较慢，为了维持货币供给的稳定，央行同时通过调低存款准备金率，提高货币乘数，扩大货币供给。2020 年 9 月，外汇占款占基础货币比例下降为 67%，对其他存款性公司债权占基础货币比例上升至 39%，对其他存款性公司债权成为央行投放货币的重要方式。其中四种创新型货币政策工具在"对其他存款性公司债权"中的比重在 2019 年底达到了 69.23%，并在 2020年 2 月底升至 79.11%，创新型货币政策工具越来越成为基础货币投放的重要机制，其弥补了外汇占款的被动减少进行主动扩表，增强了货币政策的自主性。

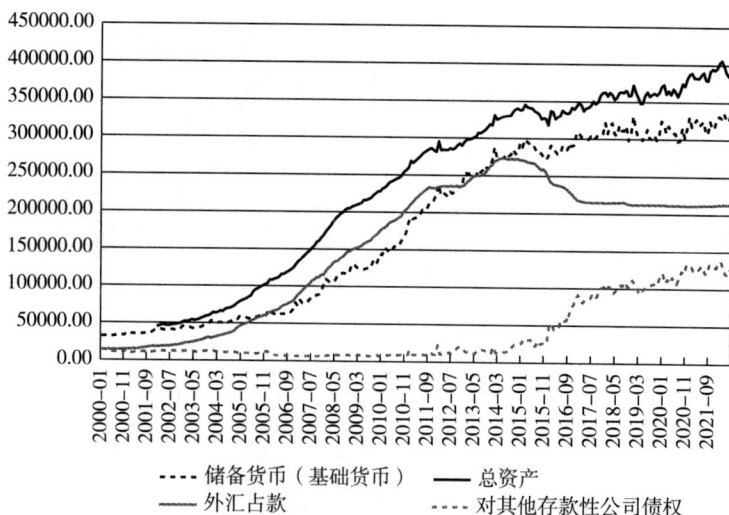

图 3-9　中国储备货币及央行资产变动

资料来源：中国人民银行官网。

1. 外汇占款投放货币

外汇占款的货币投放制度，主要指金融和经常账户下流入的外汇，经过商业银行向央行结汇，央行以外汇占款作为资产，被动地向市场投放人民币形成基础货币。外汇占款的货币投放机制见图 3-10。

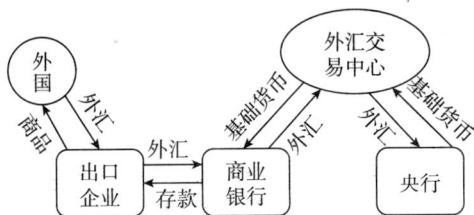

图 3-10　外汇占款的货币投放机制

外汇获得途径有两种：一是国家商品出口获得外汇；二是海外企业直接到国内市场进行投资，带来外汇收入。央行在外汇市场购买外汇，从而向市场进行货币投放。在此投放过程中，创汇企业和个人向其联系的商业银行出售外汇（记账为创汇主体在银行的人民币存款），而商业银行在外汇市场将其获取的外汇出售。当外汇市场上外币增多，本币有升值压力时，央行将外汇全部买入，以维持汇率的稳定。央行通过买入商业银行的外汇将人民币的基础货币投放给商业银行（记账为商业银行在中央银行的准备金存款）。

外汇占款投放货币是中国长期以来发行货币的主要方式，虽然近五年其占基础货币的比例有较大下降，但 2019 年占比依然大于 60%。

2. 再贷款

在 2000 年以前，再贷款是中国投放货币的主要渠道。实践中，再贷款投放基础货币的流程如下：首先，中央银行向商业银行发放贷款，并形成基础货币投放。对中央银行而言，资产方对其他存款性公司债权增加，负债方其他存款性公司的存款也相应增加。对商业银行而言，在中央银行的准备金增加，可贷资金增多。其次，商业银行再将从央行获得的再贷款转贷给企业，进而形成基础货币派生能力。在这个过程中，银行的贷款行为派生存款并创造货币，形成广义货币供给。

3. 创新型货币政策工具

2014 年之后，中国逐渐强化了四种创新型货币政策工具的使用，包括短期流动性调节工具（SLO）、常备借贷便利工具（SLF）、中期借贷便利（MLF）、抵押补充贷款（PSL）。2020 年 2 月，四种创新型货币政策工具在"对其他存款性公司债权"中的比重达到了 79.11%，成为重要的货币投放渠道。这四种工具的特点见表 3-3，借助这些工具，央行直接面向作为交易对手的商业银行发放了各类期限长短不一的贷款。

新型货币投放工具有四个特点：第一，主动型基础货币投放主要是在外汇占款放缓甚至负增长的时候使用的货币投放方式，央行投放基础货币的主动性和灵活性增强；第二，定向性强，符合国家统一的结构调整政策；第三，创设和运用比较谨慎，符合经济增长新常态下货币政策不断调整纠偏试错的特征，而且容易反向操作，灵活对冲；第四，央行的货币政策要兼顾多个目标，在新的工具选择上，顺应货币政策由数量型向价格型转化的趋势，借新工具尝试建立利率的期限结构曲线。

表3-3　创新型货币政策工具特点

	SLO	SLF	MLF	PSL
开启时间	2013年1月	2013年1月	2014年9月	2014年4月
本质	公开市场操作补充		再贷款创新	再贷款创新
期限	7天内	1~3个月	3~12个月	3~30年
对象	部分公开市场业务一级交易商（40多个）	政策性银行、全国性商业银行、部分中小金融机构	符合宏观审慎管理要求的商业银行、政策性银行	国家开发银行、部分股份制银行、大型商行
利率	市场化利率招标	一对一交易决定	一对一交易决定	低于同期市场利率
抵押品	无	高信用评级债券及优质信贷资产	国债、央行票据、政策性金融债、高等级信用债	银行贷款与债券
预期引导	短期资金供给调节短期市场利率调整	补充市场流动性，缓和市场利率波动	发挥中期政策利率引导作用，引导金融机构加大薄弱领域支持	为基础设施提供定向融资支持，调控市场中长期利率

4. 调整存款准备金率

2014年之后，在外汇占款减少、基础货币增长减慢的背景下，为了保持货币供给的稳定，央行通过降低存款准备金率来调高货币乘数。中央银行通过调整存款准备金率，可以影响金融机构的信贷扩张能力，从而间接调控货币供应量。当中央银行降低存款准备金率时，金融机构可用于贷款的资金增加，社会的贷款总量和货币供应量也相应增加。中国存款准备金率变化见图3-11。

（二）中国货币发行机制成因

外汇占款发行渠道的形成与中国对外贸易发展阶段、人民币汇率机制、外汇管理体制等因素密切相关。如图3-12所示，2014年之前，由于较大的成本优势，特别是人力成本优势，中国大量出口，资本和经常项目双顺差特别是经常项目的大量顺差导致了大量外汇流入，在结售汇制度下，个人不能持有外汇，市场上外汇增多，本币有升值压力。而中国实行有管制的浮动汇率，对汇率的稳定有较强的干预，加上中国是出口导向型经济，需要维持人民币的稳定，刺激出口。

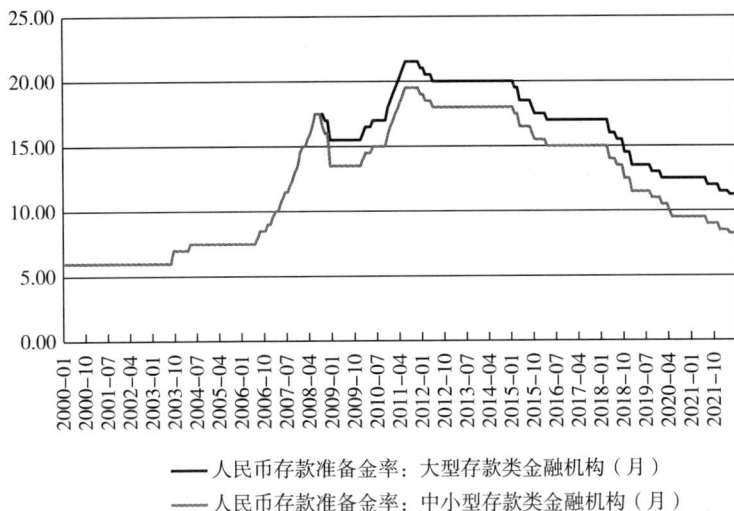

图3-11 中国存款准备金率变化

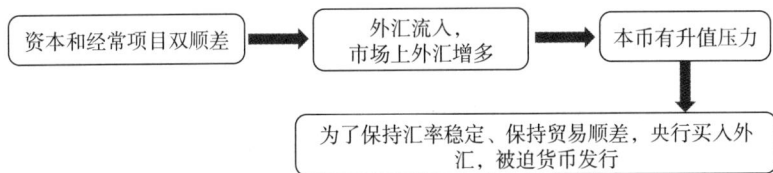

图3-12 2014年之前采用外汇货币发行机制原因

因此，为了保持汇率稳定，维持贸易顺差，央行买入市场上的外汇，扩张资产负债表，被迫大量投放货币。外汇数量不断增加，央行的外汇占总资产的比重不断攀升，外汇占款成为中国基础货币投放主渠道。2015年汇改之后，央行推出人民币浮动汇率机制，市场因素成为影响中国外汇储备和外汇占款的重要因素。

如图3-13所示，2014年之后，随着国际贸易顺差的减少和资本外流的增加，原本大规模的双顺差逐渐收缩，外汇流入减少，加之2000年后中国逐步放开并于2011年取消强制结汇制度，使市场上外汇进一步减少。此外，中国对汇率的管控有所放松，出口导向型战略有所改变，这使央行买入外汇阻止人民币升值的动机有所减弱，因此通过外汇占款发行货币占比减少，为了保持货币供应的相对稳定，央行开始主动创新基础货币投放渠道。但通过对商业银行贷款投放的基础货币较购买外汇少，央行资产负债表扩张减慢，基础货币增长放缓，因此，央行同时通过降低存款准备金率来增强商业银行的信用创造过程，扩大货币供给。

```
┌─────────────────────┐      ┌─────────────┐      ┌─────────────────┐
│ 经常项目顺差减少    │ ───> │ 外汇流入减少 │ ───> │ 外汇占款增长放  │
│ 资本项目逆差        │      │             │      │ 缓甚至减少      │
└─────────────────────┘      └─────────────┘      └─────────────────┘
                                                            │
┌───────────────────────────┐      ┌───────────────────────┐  │
│ 国债市场规模小,法律禁止央行认购、│      │ 为了保持货币供应的相对稳定,│ <─┘
│ 报销国债                  │ <─── │ 央行必须采取其他方式发行货币│
│ 以银行业为主的间接金融体系│      └───────────────────────┘
└───────────────────────────┘
            │
            v
┌───────────────────────────┐
│ 增加对其他存款性公司债权,│
│ 降低存款准备金发行货币    │
└───────────────────────────┘
```

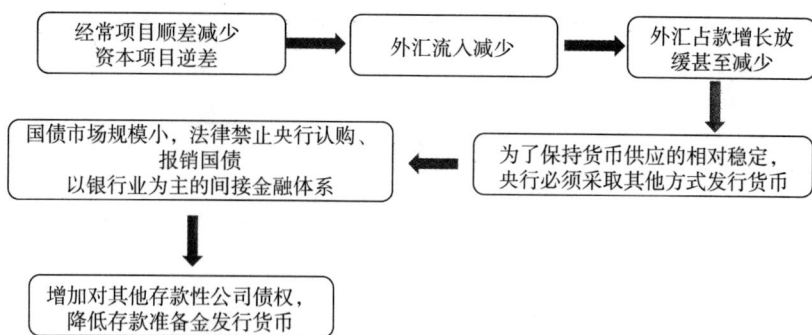

图 3-13　2014 年之后货币发放机制变化原因

此外,因为中国国债市场规模较小,且多以长期国债为主,加上《中华人民共和国中国人民银行法》第四章第二十九条规定,人民银行不得直接认购、报销国债和其他政府债券。因此,在外汇占款减少的情况下,央行难以采用购买国债方式发行货币。并且中国的金融体系是以银行业为主的间接金融体系,银行是金融体系最重要的组成部分,因此采取对商业银行贷款、降低存款准备金的方式扩大货币供给较为有效。此外,存款准备金率在 2012 年之前因为对冲外汇占款调高次数较多,有较大的降低空间,在外汇占款减少的情况下,央行采用了增加对其他存款机构债权和降低存款准备金的方式来发放货币。

(三) 中国货币发行机制弊端

1. 外汇占款制度使人民币被迫发行,导致通货膨胀

因为贸易顺差,市场上外汇较多,人民币有升值压力。为了维持人民币汇率的稳定,央行按目标价格购入外汇,从而被动投放了大量本币,本币流通量增多,产生通货膨胀压力(见图 3-14)。

2. "外汇—货币"投放机制缺乏自主的货币回笼机制

外汇占款的增加源于经常账户和金融资本账户的顺差,而影响经常账户和金融账户的因素分别是国外的总需求和对中国经济增速的预期,但这些因素都超出了一国央行可以控制的范畴。央行通过发行中央票据、提高存款准备金率等手段,回收通过外汇占款投放的人民币流动性,但这些手段只是暂时冻结过度投放的流动性,货币并没有退出流通市场。

3. 外汇占款成本较高

一方面,通过发行央票、提高存款准备金率等方法对冲外汇占款,央行需要支付央票和准备金利息。另一方面,商业银行被迫购买央票和缴存大量的存款准备金,导致大量可贷资金被冻结,为给予商业银行补偿,人民银行不得不维持较

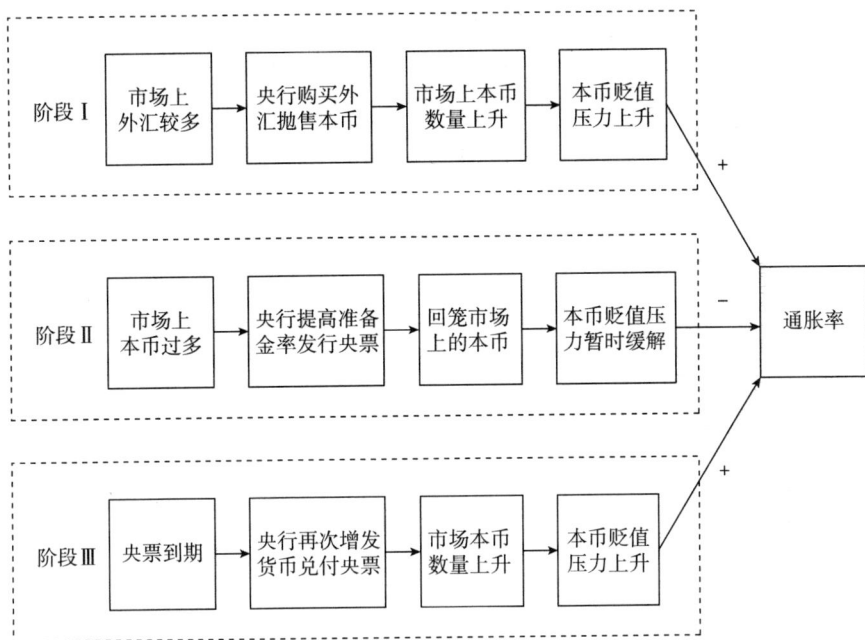

图 3-14 外汇—货币模式通胀难以控制

资料来源：朱虹《各国地区货币发行机制机理初探》。

高的存贷款利差，延缓中国利率市场化改革的同时，抬高了全社会的借贷成本。

4. 创新型货币投放工具有投放偏向问题

一方面，央行明确要求各类贷款的发放需要银行提供高质量的抵押品或质押品，包括国债、央行票据、政策性金融债券、高等级信用债券、优质信贷资产等，而全国性的大型银行相对于区域性的小型商业银行更有能力提供这些质押品；另一方面，央行也要求部分工具的交易对手为全国性商业银行或政策性银行，从而直接把区域性银行、小银行排除在交易对手之外。例如，SLO 要求发行对象是央行公开市场操作一级交易商中的部分银行，非一级交易商银行就被直接排除在该投放渠道之外；SLF 要求发行对象是全国性银行和政策性银行，如果是区域性的城商行或农商行，则直接被排除在该渠道之外；PSL 要求对象是政策性银行，非政策性银行无法通过该渠道获得基础货币。这种歧视是直接和刚性的，在新型货币政策工具的操作框架下，大银行相对小银行更容易通过与央行的贷款交易优先获得低成本的流动性。

（四）中国货币发行机制的变化对金融市场的影响

从外汇占款到再贷款投放渠道，两者机制存在较大的差别。在依靠外汇占款投放基础货币的情况下，商业银行先有存款（企业结汇），后有贷款（资金运用），也就是说存款创造了贷款。但在再贷款投放基础货币的情况下，商业银行先有贷款（资金来源是再贷款），后有存款，也就是贷款创造了存款。两种货币发行机制的不同会影响中国金融市场和货币政策的主动性（见表3-4）。

表3-4　不同货币发行机制对比

	购买外汇投放	对其他存款机构贷款投放
	商业银行先有存款（企业结汇）	商业银行先有贷款（再贷款）
银行贷存比	较低	较高
资金成本	较低	较高
期限	永久性	期限不等，大部分1年内
回收难度	较大	较小
面向对象	所有有结汇业务的商业银行	全国性商业银行或政策性银行
定向性	较弱	较强［小微企业和"三农"领域（MLF），国民经济重点领域、薄弱环节（PSL）］
主动性	主动性弱，被迫发行	主动性强

1. 影响银行贷存比

《中华人民共和国商业银行法》规定，商业银行的贷款余额与存款余额的比例不得超过75%，这也就是我们常说的贷存比。在以外汇占款为主要基础货币投放渠道的情况下，商业银行从企业或居民端购买外汇会直接导致商业银行存款增长，进而降低商业银行的贷存比。而在以再贷款为主要基础货币投放渠道的情况下，商业银行的准备金会增多，贷存比不变。因此，在基础货币投放渠道从以外汇占款为主向以再贷款为主的转变过程中，商业银行的贷存比会上升，进而制约商业银行的信贷投放能力。

2. 影响社会融资成本

基础货币派生渠道变化对社会融资成本的影响主要表现在以下三个方面：

一是直接影响企业贷款融资成本。在以外汇占款渠道投放基础货币的情况下，当企业将外汇资产换成人民币时，等于商业银行向企业发放了一笔贷款，但贷款利率为零，相当于企业"无偿"获得了可用资金。而在以再贷款渠道投放基础货币的情况下，商业银行是从央行获得贷款之后才投放信贷，企业须支付贷款利率。

二是通过银行资金成本影响社会融资成本。在以外汇占款为主要基础货币投放渠道时，商业银行的资金来源是企业的结售汇资金，商业银行的资金成本较低；而在以再贷款为基础货币投放渠道时，商业银行的资金来源是中央银行的再贷款，利率明显高于存款利率。因此，当基础货币投放主渠道从外汇占款向再贷款转变过程中，银行资金成本会上升，资金价格中枢也将相应提高。

三是通过货币供给影响市场利率。在以外汇占款为主要基础货币投放渠道时，商业银行在购汇过程中导致银行存款增多，进而表现为广义货币供应量 M_2 的增多，这也是近十多年来中国 M_2 增速较高的重要原因。而在以再贷款为基础货币投放渠道时，银行只有将获得的再贷款投放出去之后才会派生存款，存款增速放缓，这是 2014 年以来中国 M_2 增速放缓的重要原因。因此，当基础货币投放主渠道从外汇占款向再贷款转变过程中，M_2 增速会下降，进而抬升市场利率。

3. 加剧资金价格波动

从央行投放基础货币的期限来看，央行通过外汇占款投放的基础货币均为长期货币（永久性），而央行通过再贷款投放的基础货币最长不能超过一年。比如，中期借贷便利（MLF）一般为 3 个月至 1 年，而常备借贷便利（SLF）期限更短，一般为 14 天左右。由于基础货币投放期限变短，面临到期再投放的问题，容易加剧市场利率的波动。

4. 增强了货币政策的主动性

外汇占款下本国货币属于被动发行，加上外汇不存在到期期限，是永久性的，通过外汇投放的货币回收难度较大。因此，外汇发行机制下，货币政策的主动性较低。而创新型货币投放工具的期限较为灵活，且都是央行主动发行，加上央行某些创新型政策工具定向性较强，如 PSL 引导资金流入国民经济重点领域、薄弱环节。因此，从外汇占款转向创新型货币工具，增强了货币政策的主动性。

三、美国货币发行机制

（一）美国货币发行机制介绍

美国主要采用"国债—货币"的货币发行机制，但在 2008 年金融危机和 2020 年新冠肺炎疫情防控期间，采用了大量非常规的货币政策工具，包括量化宽松等各种结构性货币政策，通过直接购买抵押贷款支持债券、扩大再贷款、再贴现等方式向市场提供流动性。

美国政府在国债一级发行市场上增发债券，由一些证券承销商如银行、非银行金融机构、证券经纪人等对国债进行承购包销，央行同时在二级流通市场上进行公开市场操作买入国债，所持国债量上升，并最终实现货币投放。

2008 年金融危机前，美国国债始终是美联储最主要的资产项目，占比稳定在 90% 左右。2008 年金融危机后，美联储将近一半的资金用来购买 MBS，其主要资产项目也从单一的美国国债变为国债和 MBS，两项规模总计占美联储总资产比例维持在 95% 左右（见图 3-15）。

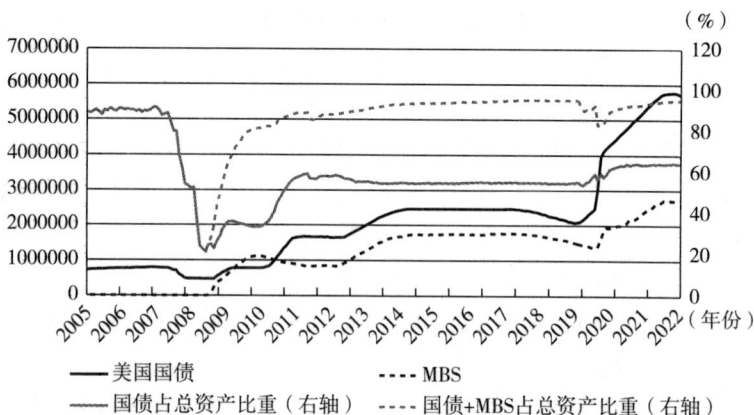

图 3-15　2005~2022 年美联储持有美国国债和 MBS 规模

1. 扩展再贷款、再贴现的功能

为应对 2008 年金融危机，加强对存款类金融机构的资金支持，美联储新增了一级贷款机制和二级贷款机制，为不同信用等级的金融机构提供再贷款。同时，开启贴现窗口融资并延长贴现窗口融资期限，贴现窗口利率也进行了下调，整体下调幅度大于联邦资金目标利率，二者差距由危机前的 100bp 缩减到 25bp。在延长贴现窗口期限方面，美联储先将融资期限由隔夜延长至 30 天，因贝尔斯登事件再延长至 90 天。2010 年之后，鉴于市场资金有所改善，将期限逐步缩短至隔夜。

2. 创新流动性宽松工具

流动性宽松工具指央行不仅在金融机构间的货币市场，还在更加广泛的金融市场执行最后贷款人的职能。美联储先后推出了定期招标工具（TAF）、一级交易商信贷工具（PDCF）、定期证券借贷工具（TSLF）等。

3. 创新定向基础货币投放工具

为向信用市场提供短期流动性，缓解信贷收缩，美联储创设资产支持商业票据货币市场共同基金流动性工具（AMLF）、商业票据融资工具（CPFF）、货币市场投资者融资工具（MMIFF），以及为扩展中长期信用的货币政策工具，如定期资产支持证券信贷工具（TALF）、中长期证券购买计划等。

新型货币投放方式的创新之处在于：一是央行对融资后的货币投向作出要求；二是央行出资设立专门机构用于购买票据或其他资产；三是央行向新的专门机构提供再融资；四是允许央行直接在市场上购买公司债券；五是允许金融机构以信贷资产质押向央行再融资；六是为定向支持某些领域的贷款提供长期的再融

资。这些工具既扩大了央行资产负债表规模，又改变了资产负债结构，并新增了资产端新的子科目。

4. 其他贷款项目

为提高金融机构应对风险的能力，美联储向金融机构提供应急贷款援助，财政部则通过购买金融机构股权来充实其资本金。美联储通过创新货币政策工具购买了大量私人部门证券，同时通过 Maiden Lane 公司购买持有贝尔斯登、AIG 的资产组合。另外，财政部通过发行国债为救助计划筹资，并为市场注入了大量高流动性的无风险资产。

5. 量化宽松

美联储通过量化宽松直接购买国债和其他债券，稳定资产价格，稳定金融市场信心，并为市场提供流动性。通过量化宽松，美联储投放了大量基础货币。与原有公开市场操作的不同之处在于，量化宽松规模巨大，美国基础货币总量成倍增长，同时，购买的交易品种由原来的国债或政府债券扩展到一些其他信用评级较高的债券。

20 世纪，美联储基本上坚持稳定投放基础货币的政策，基础货币平均月度增长率约 5% 左右。但进入 21 世纪后，美联储开始放弃这一政策，货币月度增长率高出历史平均值 70% 左右，基础货币投放增幅远远高于常规水平，从图 3-16 可以看出美国 M_0 在 21 世纪大幅上涨，特别是 2008 年金融危机后，美联储通过量化宽松向市场投放了大量基础货币。

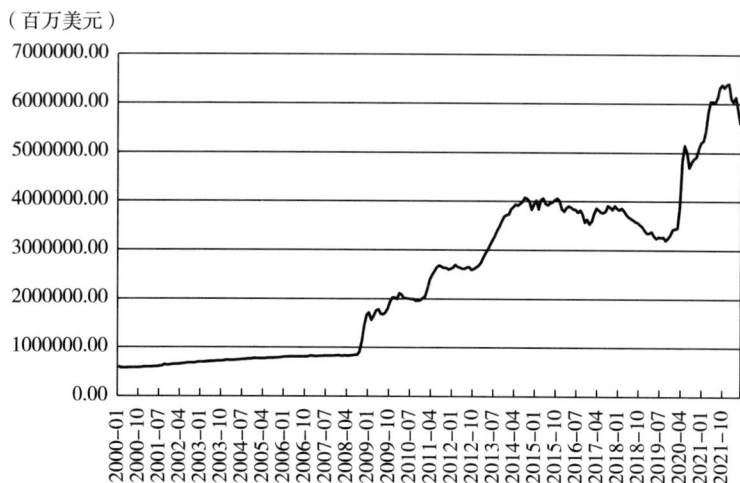

图 3-16 美国 M_0 变化走势

资料来源：Trading Economics。

（二）美国货币发行机制成因

进入 21 世纪后美国政府负债急剧膨胀。1776~2000 年的两百多年间，美国联邦政府一共积累了 1 万亿美元的债务，而布什政府在 2001~2008 年的 8 年时间内就积累了 1 万亿美元的债务。2009 年奥巴马就任总统后，国会已经三次提高债务上限。化解财政赤字的根本手段是开源、节流。从开源方面看，在美国目前的政治框架下，增加税收是一件异常困难的事情。美国普通百姓不会轻易给政府债务埋单，尤其是秉承"小政府、大社会"理念的共和党人，一直极力反对高税收政策。从节流方面看，美国政府开支中，军费、养老保险和医疗保险分别占了绝大部分，随着"二战"后婴儿潮一代逐渐进入退休年龄，美国政府的医保和退休金计划开支进入大幅上升期，社保体系将出现日益严峻的支付问题。

1970 年以来，美国政府债务/GDP 的比重整体呈上升趋势，尤其是 2008 年金融危机以来，从 80% 上升到了 2021 年末的超 140%。此外，美国财政支出的规模自 1998 年以来也逐年提升，并在 2020 年新冠肺炎疫情防控期间出现了明显的跃升（见图 3-17、图 3-18）。

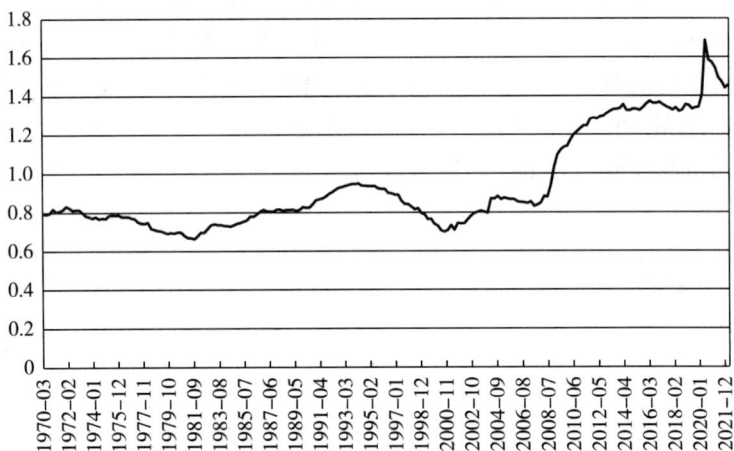

图 3-17　美国政府负债/GDP 走势

资料来源：Trading Economics。

美国政府既然无法从根本上解决财政困境，只好寻求一种隐蔽且阻力小的方式来减轻其财政压力，量化宽松货币政策则是达到这一目的有效手段。2008 年，美国房价下跌、次级贷大量违约，以房贷为基础资产的证券化资产价格暴跌导致金融市场流动性大幅紧缩。同年 12 月，美联储将联邦基金目标利率下调到 0~0.25%，常规货币政策面临零利率下限，通过常规货币政策来影响短期利率不再奏效，只能转向量化宽松的货币政策，向市场投放流动性。

（百万美元）

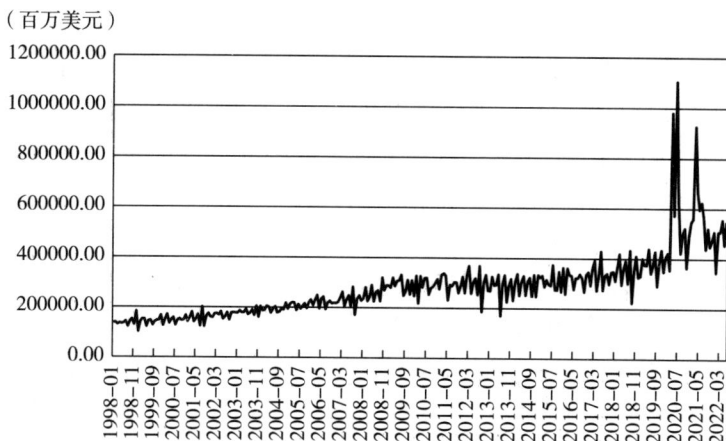

图 3-18 美国财政支出走势

资料来源：Trading Economics。

美联储使用 QE 短期内能够稳定金融市场与房地产市场，防止其进一步恶化；促使美元贬值，提振自身出口；稀释自身债务，转嫁危机损失；为政府庞大财政赤字融资，降低融资成本。由于美国实体经济存在诸多深层次的问题，主要是高消费低储蓄、制造业空心化、国际收支与财政双赤字、金融创新过度和信用膨胀。因此从长期看，QE 扭曲了市场机制，造成全球流动性泛滥，抬升大宗商品价格，加剧全球通货膨胀。

另外，以美国强大综合国力支撑的美元霸权体系是美国推行量化宽松的坚强后盾。美元霸权体系使美国获得巨大的货币金融优势，向全世界征收铸币税，为其财政赤字、经常账户赤字和国际收支赤字这三大赤字融资。如果算上美元贬值引起的美国政府债务冲销与外债贬值以及出口竞争力的增强，美国的经济收益更加巨大。同时，美国政府借助国际动荡和战争危险刺激投资者的避险情绪，化解美元危机，维护美元霸权地位。美元霸权体系的存在助长了美联储量化宽松货币政策的常态化。

（三）美国货币投放机制影响

1. 对本国的影响

美国实行的量化宽松货币政策可能给美国自身带来通胀风险，并导致全球流动性泛滥和通货膨胀。过多的流动性使金融机构和企业端的资金增加，导致金融机构和企业将资金投向房地产和股市等金融资产，可能造成房价和股价暴涨，形成资产价格泡沫。

2. 对其他国家的影响

美联储的量化宽松货币政策压缩了其他国家的货币政策操作空间及货币政策

独立性。

（1）输入型通货膨胀。美国量化宽松政策向金融体系释放了巨额流动性，美国本土利率维持在低水平，促使资本开始流向其他国家，尤其是新兴发展中国家。花旗银行 2012 年 10 月的《每周资本流向跟踪报告》显示，自 QE3 推出之后，北美流出的资本占到全球资本流出总量的 90% 以上。

（2）升值压力与外汇资产损失。量化宽松导致美元贬值而使其他货币面临升值的压力，致使全球其他国家中以美元储备为主的外汇资产及美元债权价值严重缩水，美国政府债务相应实质性减少。

（3）美国政策逆转时受到冲击。美国货币政策转向是导致新兴经济体大规模资本流动逆转的关键因素。当美国收紧货币政策时，其他国家尤其是外债比例高、赤字率高、短期国际资本流入较多的新兴经济体将受到冲击，国际资本大量流出，导致本国资产价格下跌，货币汇率贬值，汇率波动增大。

四、中美货币发行机制差别及原因

美国发行货币主要以购买国债和 MBS 为主，中国发行货币主要以购买外汇和向商业银行贷款为主。中国购买国债比例较小，发行货币受到外汇占款影响大。

但单纯效仿目前美国的货币发行模式，对中国来说存在一定的现实困难。首先，中国的国债市场规模较小，央行整体可操作的空间不大（见图 3-19）。其次，中国发行的国债当中，1 年期以上的中长期国债占比较大，与美国的情况正相反。而短期国债更适宜进行公开市场操作，能迅速从市场中回笼货币，如果强行照搬美国的货币发行机制，央行将会面临没有短期国债可买的尴尬局面。中美国债发行结构见图 3-20。

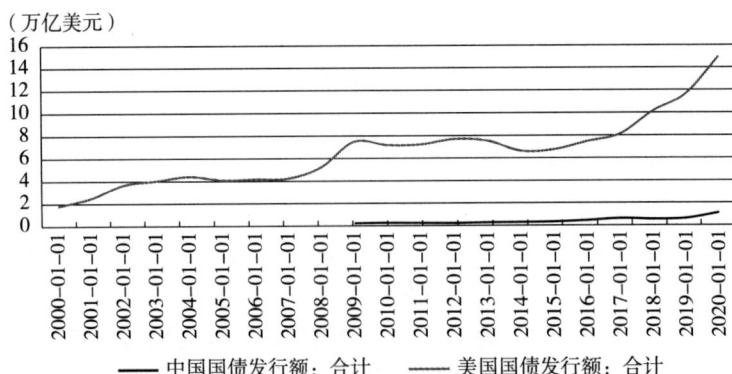

图 3-19　中美国债发行额

资料来源：Wind 数据库。

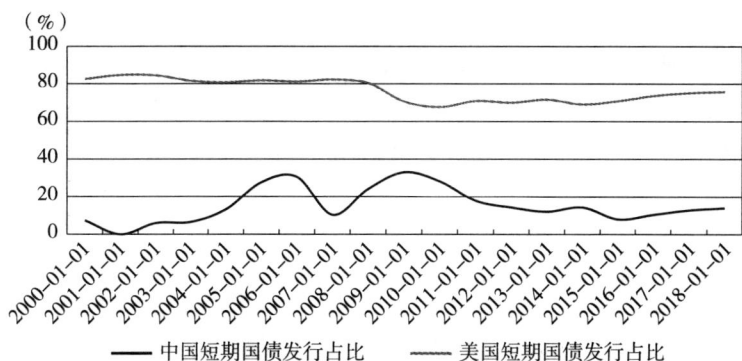

（%）

图 3-20　中美国债发行结构

资料来源：Wind 数据库。

第三节　中美货币回收机制比较研究

货币回收，一方面指央行对流通中的基础货币 M_0 的回收，另一方面指通过收缩资产负债表降低货币供应量的扩张速度及货币乘数，从而减少流通中的 M_2。基础货币的回收是基础货币投放的逆向操作，根据不同国家采用的基础货币投放的策略有所区别。

一、货币回收的机制类型

1. 国债型货币发行机制——以美国为代表

国债型货币发行机制下，货币的回收主要是通过国债到期时国家财政偿还款项进行，而财政的款项则是通过税收以及国家贸易等方式回笼。

2. 外汇型货币发行机制——以中国为代表

外汇型货币发行机制下，货币的回收是通过准备金率的调整或发行央行票据进行的。提高准备金率可以通过货币乘数影响市场中流通的 M_2，进而达到货币回收的效果；而发行央行票据则是对基础货币的直接回收。

3. 基金型货币发行机制——以中国香港为代表

以中国香港为例，联系汇率制下，香港外汇基金持有支持香港纸币发行的储备，货币当局可以通过外汇基金，以固定汇率卖出外汇或是发行外汇基金票据及债券的方式直接回收货币。

4. 票据型货币发行机制——以英国为代表

与国债的到期偿还类似，票据型货币发行机制中，货币回收主要通过再贴现票据的到期偿还。此外，央行可以通过调整再贴现率控制货币总量。

四种货币回收机构的比较如表3-5所示。

表3-5 四种货币回收机制的比较

		货币回收机制	对应货币发行机制	可能存在的问题
国债型	美国	国债到期，财政当局偿还	央行购买国债以投放基础货币	央行根据自有资本进行认购，财政当局不能超发国债；近年来采用多元化的货币投放渠道
外汇型	中国	提高存款准备金率；发行央行票据	央行购买外汇，并发行本币	外汇储备的上升影响央行的货币投放，造成货币超发；货币发行的渠道难以作为货币回收的渠道
基金型	中国香港	本币贬值时，发钞行买入，高价卖给货币局	本币升值时，发钞行从货币局买入货币，高价卖给市场	本币与外币汇率锁定，依靠发钞行完全根据市场进行货币投放与回收，缺少央行的统一管理
票据型	英国	再贴现票据到期后，商业银行进行偿还	央行对商业银行对企业的贴现票据再贴现	企业超发票据影响商业银行的贴现额，进而影响到央行的再贴现政策

二、中国货币回收机制

（一）中国的货币回收机制

在中国"买外汇、发货币"的货币发行机制下，央行对货币的回收主要包括三个方式：减少外汇储备、调整法定存款准备金率、公开市场操作。在货币投放部分提到，人民币超发的一个重要原因在于外汇占款较多，在购买外汇的过程中，央行会被动向市场上投放大量本币。因此，央行需要通过调高法定存款准备金率，发行央票等货币工具，暂时回收和冻结市场上过多的流动性，以缓解本币贬值和通货膨胀的压力（见图3-21）。

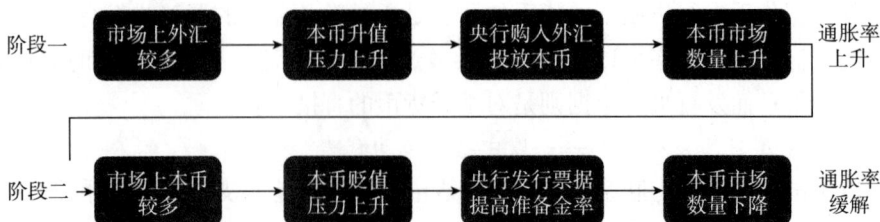

图3-21 中国货币回收机制

与以国债为基础的货币发行机制不同，外汇在进入央行资产负债表后不存在到期偿付的问题，也就是说，以外汇为基础的货币发行机制中，没有自主性的货币回收机制，而是需要央行主动应用各种方式和渠道回收通过购汇发行的人民币。然而，这些举措并没有使人民币从市场上消失，只是暂时退出了流通领域，本质上，超发基础货币的情况仍然存在。

1. 减少外汇储备

央行通过购买外汇，向市场投放本币；反之，通过出售外汇，回收本币。减少外汇储备直接影响央行资产负债表的资产端，进而从负债端影响基础货币的总量。然而，由于对外贸易在中国经济组成中占据重要的比重，如果采用减少外汇储备的手段回收本币，出售外汇可能会引发本币升值，造成人民币汇率波动，对出口相关行业造成负面影响。

2011 年强制结售汇制度全面取消，2015 年央行宣布调整人民币汇率中间价报价机制，人民币汇率定价向市场化迈出了一大步。央行外汇占款也几乎在同期达到 27 万亿元的历史高点，随后开始逐步下降并稳定在 21 万亿元附近。央行资产负债表中的外汇占款占比也逐步下行，外汇占款的下降实现了一部分基础货币的回收。目前，外汇买卖已经不再是人民币发行和回收的主要手段。

2. 调高存款准备金率

存款准备金率，包括法定存款准备金率与超额存款准备金率两个部分，对央行资产负债表的资产端没有直接的影响，而是通过货币发行项目等负债端项目影响央行的资产负债表。存款准备金率通过货币乘数对市场上的货币总量产生影响。提高存款准备金率，货币流动性的传导在商业银行环节被约束，能够降低商业银行货币创造能力，达到回收市场中货币供应量的目的。不过这些货币只是在商业银行体系中暂时冻结，退出流通领域，并没有实际回到央行，超发的基础货币仍然存在于商业银行中。

3. 公开市场出售有价证券

与进行货币投放时的公开市场操作相对应，货币回收同样可以采取公开市场买卖的方式。公开市场操作的主要标的包括国债、政府债券、金融债券等，对央行资产负债表的资产端产生影响。中国人民银行自 1998 年开始建立公开市场业务一级交易商制度，目前共有一级交易商 49 家，包括内外资银行、政策性银行和证券公司。央行向一级交易商卖出有价证券，调节商业银行的货币量，以此来实现货币回收的目的。近年来，公开市场操作逐渐成为央行最重要的货币回收的途径，随着 SLF、MLF 等创新型货币发行机制的应用，央行通过各类票据、有价证券等货币工具的发行从而回收货币的手段逐渐丰富。

（二）中国货币回收的历史实践

1. 1994~1998 年：外汇储备增长，再贷款为央行调控的主要工具

1994 年中国国际收支双顺差确立，外汇储备增长。1994~1998 年，央行货币回收的主要渠道是通过提高再贷款利率，减少商业银行的贷款与再贷款规模。随着存款类机构的扩张和居民储蓄的增加，再贷款作为货币投放与回收工具的效果降低，央行逐渐转向间接调控模式，再贷款不再作为央行货币回收的常规渠道。

2. 1998~2006 年：央票为主的公开市场操作成为主要工具

中国加入 WTO 后净出口高速增长，形成外汇—本币的货币发行模式。央行开始以发行央票、公开市场买卖政府债券作为货币回收的主要途径。2002 年，央行将大量未到期的回购协议转化为央行票据，自此之后央票成为主力冲销手段。2004~2006 年，央票发行量从 15000 亿元上升到 32000 亿元，平均发行期限维持在 1 年左右（见图 3-22）。

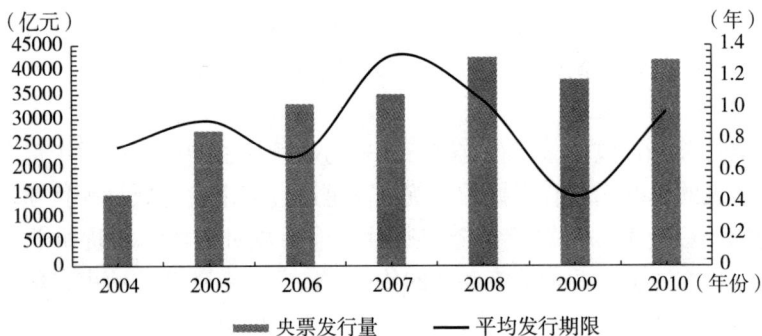

图 3-22　中国人民银行央票发行量与发行期限变化趋势

资料来源：中国人民银行。

3. 2007~2012 年：高通胀时期，存款准备金率多次提高

2006~2008 年，中国经历高通货膨胀时期，央票的发行成本大幅提高至 3%。如图 3-23 所示，2006 年，央行时隔两年再次上调存款准备金率，2007~2008 年这两年间，央行先后 16 次提高存款准备金率，抑制经济中的投资过热现象，回收超发货币。2011 年，中国法定存款准备金率已达到 21.5%，远高于 2007 年底 14.5% 的水平（见图 3-24）。根据当时央行的资产负债表规模测算，提高 0.5% 的存款准备金率能够回收 3000 亿~4000 亿元的货币总量。

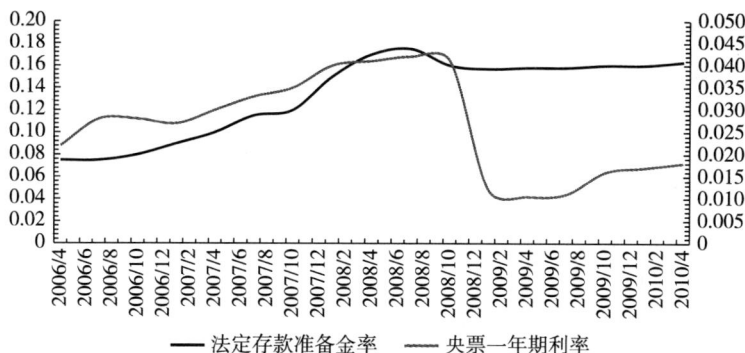

图 3-23 2006~2010 年法定存款准备金率与央票一年期利率对比
资料来源：Wind 数据库。

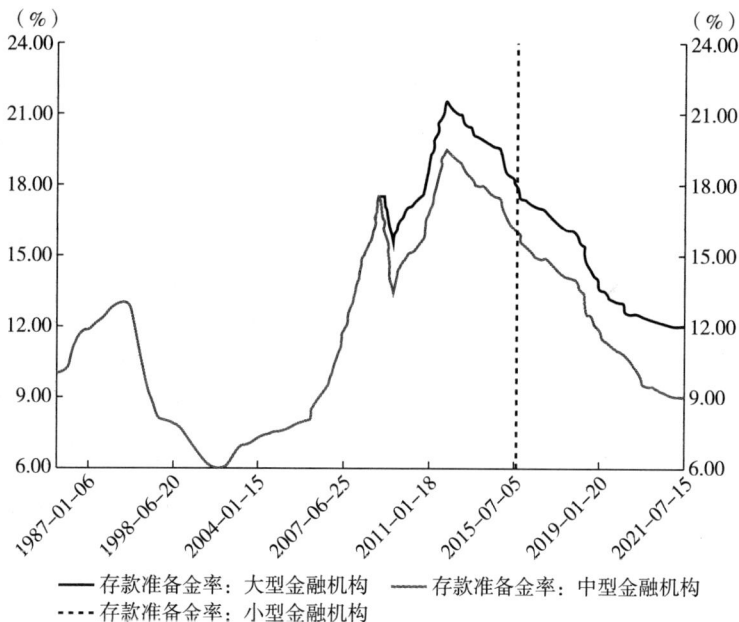

图 3-24 1987~2021 年法定存款准备金率变化情况
资料来源：Wind 数据库。

4. 2015~2017 年：央行两次缩表

央行第一次缩表发生在 2015 年。2015 年 2~12 月，央行的资产规模从 34.5 万亿元降至 31.8 万亿元，这主要是由 2014 年开始的外汇占款降低引发的，是被动的缩表。为缓解此次缩表对市场流动性造成的影响，央行在 2015 年 5 次调低准备金率，为市场提供流动性。

央行第二次缩表发生在 2017 年。2017 年第一季度，央行资产负债表分别在 2 月末和 3 月末相较 1 月末下降 0.32 万亿元和 1.1 万亿元，引发市场担忧。但此次央行资产收缩中仅有 1128 亿元是由于外汇占款降低导致的，2017 年所谓缩表主要与现金投放的季节性变化及财政存款大幅变动有关。

三、美国货币回收机制

（一）美国货币回收机制介绍

美国的货币回收主要通过收缩美联储资产负债表和提高联邦基金利率实现，而贴现率和存款准备金率使用得相对较少。

在美联储的货币政策工具中，贴现率的重要性逐渐降低。起源于 20 世纪 30 年代的贴现率是美联储最早应对通货膨胀和经济增长所运用的工具，美联储通过调整贴现率，进而影响市场上不同期限利率的变动以及货币供应量的变动。但是随着时间的推移和经济形势的变化发展，贴现率的重要性逐渐降低。相比从美联储再贴现，美国的商业银行更倾向于从银行间市场贷款。银行向美联储再贴现，暗示其本身的经营出现了问题，对市场是一种不利的信号，从而使公众失去信心，出现挤兑。另外，贴现率的变动只能影响那些符合再贴现资格的商业银行，但是能够获得再贴现资金的商业银行有限，这就限制了贴现政策的作用广度和力度，贴现率的调整影响不如联邦基金利率的调控更为直接有效。

同时，美联储对存款准备金的使用极为克制。从历史上看，20 世纪 80 年代之后，美联储基本不再使用存款准备金率作为其货币政策工具，仅在 2020 年新冠肺炎疫情防控期间将存款准备金率降为 0。此外，在 2008 年金融危机之后，美国通过量化宽松向市场投放了大量的流动性，美国银行体系的超额准备金大幅提升。此时，除非将存款准备金率大幅提高至超出当前超额准备金水平，否则提高法定存款准备金率实现货币回收的现实意义不大。

美联储目前主要的货币回收手段包括以下两种。

1. 提高联邦基金利率

联邦基金利率是美国银行间市场的基准利率，是具备超额准备金的银行借给需要准备金银行所收取的利率。当美联储开启紧缩货币政策时，联邦基金利率上升，其他市场利率也会随之相应抬升。

金融危机之后，美联储通过量化宽松政策向银行体系注入大量流动性，市场上准备金充足。为了在准备金充足的环境下建设利率走廊机制，美联储创设了超额准备金利息（IOER）和隔夜回购便利（ON RRP），分别构成美国新的利率走廊上限和下限。其中，超额存款准备金利率制度只对存款机构有效，隔夜回购便利协议适用于具备相应资质的货币市场基金、GSEs 等非银行机构。当美联储开启紧缩货币政策后，利率走廊中枢上移，带动整个利率体系上升，减少货币需求，货币供应量扩张速度减缓，从而使流通中的 M_2 减少，最终实现货币回收。2015~2021 年美国联邦基金利率走廊见图 3-25。

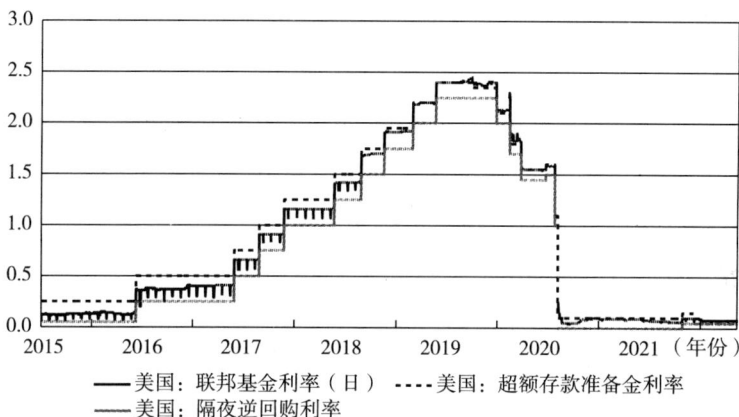

图 3-25 2015~2021 年美国联邦基金利率走廊

资料来源：Wind 数据库。

2. 公开市场操作缩表

在"买国债、发货币"的机制下，美元的回收路径是在美国国债到期时，美国政府用税收向美联储偿还其持有的国债本金和利息。但通常美联储并不会持有国债至到期，而是会在市场上出售国债实现货币回收。

2008 年金融危机以前，美联储资产负债表结构较为精简，规模相对稳定，美联储资产负债表体现了中央银行执行货币政策结果的反映，如实施的正/逆回购、债券购买、储备对冲等操作都会直接反映在资产负债表上，反映的结果也为后续货币政策的制定、调整提供决策依据。具体来看，在资产端，主要是美联储持有的美国国债；在负债端，主要是流通中的货币。金融危机后，美联储资产负债表急剧扩张，从 2007 年底的不到 9000 亿美元，膨胀到 2017 年底的 4.5 万亿美元。2017 年 10 月，美联储正式开启缩表进程，持有的债券到期后减少再投资规模，逐步回归常态化的货币政策，回收金融危机期间投放的大量流动性。

（二）美国货币回收的外溢效应——对中国经济的影响

在美联储回收货币投放的过程中，其货币政策不仅对美国国内的宏观经济和微观市场主体造成影响，也会对其他经济体产生溢出效应。我们重点关注其对中国所带来的影响。

1. 汇率渠道

美联储加息缩表过程中，美国金融市场流动性趋紧，利率中枢抬升，美元无风险利率提高，将吸引资本向美国回流。同时，美联储采取紧缩性的货币政策表明美国国内经济状况较好，经济前景较为乐观，投资机会较多。两种因素共同作用下，美元需求增加将导致美元升值，对人民币带来贬值压力，从而影响中国进出口贸易，对中国的经常账户造成影响。

2. 资本渠道

美联储的紧缩政策同时也会对中国的资本账户造成影响。紧缩的货币政策表示美国宏观经济运行情况较好，美元无风险收益率提高和美国国内投资机会的增加都会导致国际资本回流美国。美国资本回流也就意味着中国的资本外流，一方面，大量资本流出会引起人民币汇率波动，对人民币币值的稳定性造成影响；另一方面，资本外流也将导致中国国内资产价格下降，包括股票债券市场、房地产市场等，将对中国的经济增长、消费等产生一定的负面影响。

（三）美国货币回收机制的历史实践

我们以 2008 年金融危机之后美联储的货币正常化过程来考察美国最新的货币回收实践。

2010 年 9 月，美国国家经济研究局宣布美国经济在 2009 年 6 月已经开始复苏，标志着"二战"后美国最长的经济衰退结束。2010 年，美国实际 GDP 同比转正，失业率逐步下降（见图 3-26）。2012 年最后一轮量化宽松开启，美国经济进一步复苏。2013 年底，美国标普 500 已经回升至金融危机前高点水平，失业率从金融危机期间 10% 的高位逐步回落至 6.7%。经济数据的好转为美联储开启货币正常化创造了条件。同时，金融危机后的三轮量化宽松也使美联储资产负债表急剧扩张，美联储对缩表有着较为迫切的需求，以便为未来的货币政策预留空间。

2014 年 9 月，美联储 FOMC 发布了《货币政策正常化的原则和计划》，将主要通过逐步提高联邦基金利率目标范围与逐步减少美联储的证券持有量以实现货币正常化的目标。在利率方面，美联储主要通过调节超额准备金利率，并根据需要使用隔夜逆回购协议便利和其他辅助工具，来帮助调控联邦基金利率在既定目标范围内运行。美联储同时表示隔夜回购的使用将限制在合理范围，并将在不再需要时逐步撤回。总体来看，美联储选择采用"先加息、后缩表"这种谨慎的方式，确保美联储能够使用最成熟的工具——联邦基金利率的提升，以缓冲未来可能的负面冲击。

2014 年 10 月，第三轮也是为应对金融危机的最后一轮量化宽松（QE3）结

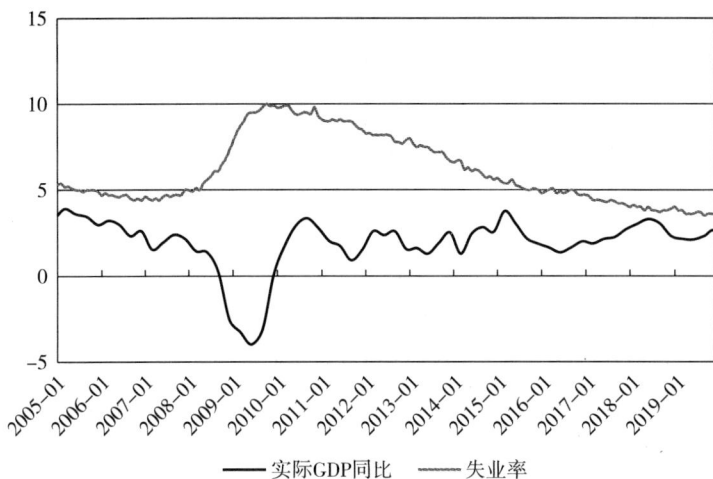

图 3-26 美国 GDP 及就业率情况

资料来源：Wind 数据库。

束。2015 年 12 月，美联储调高联邦基金利率 25bp，为金融危机后的首次加息，正式结束了实施近七年的零利率政策。

由于美国劳动力市场从金融危机中恢复得相对缓慢，被经济学家称为"失业型复苏"（Jobless Recovery）。因此，美联储耐心地等待更多劳动力市场复苏的积极信号，加息节奏控制得极为缓慢。时隔一年之后，2016 年 12 月，美联储才再次加息 25bp。经过 2017 年（3 次）和 2018 年（4 次）共 7 次加息（每次 25bp），截至 2018 年底，联邦基金目标区间升至 2.25%~2.5%（见图 3-27）。

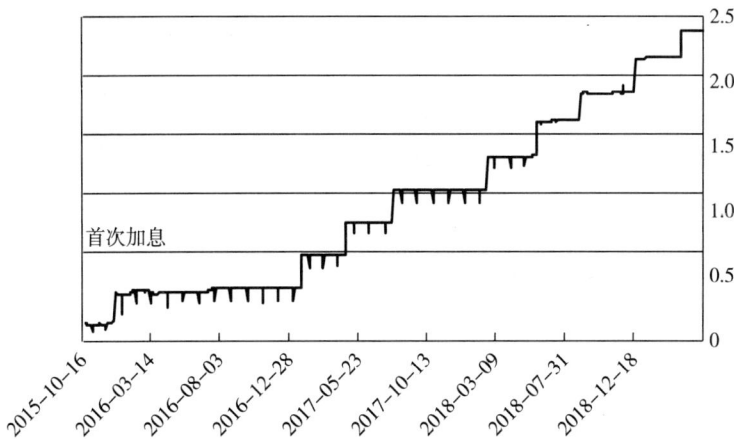

图 3-27 美联储加息进程

资料来源：Wind 数据库。

在经历了 2015 年和 2016 年两年缓慢的加息后，美国经济数据全面修复，失业率已经降至危机前水平，通胀水平也稳定在 2% 的目标区间，房价也已回升至危机前高点。随后，美联储加快加息节奏并开启缩表进程。2017 年 6 月，联邦公开市场委员会宣布了关于实施货币政策正常化的计划方法的更多细节，委员会计划逐步提高减持公开市场账户持有的证券本金到期再投资的上限，从而逐渐减少美联储的证券持有量。委员会同时强调，调整联邦基金利率的目标范围是美联储货币政策工具的主要手段。

2017 年 10 月，美联储启动缩表进程：每月减持的国债规模的起点是 60 亿美元，每季增加 60 亿美元，直至 300 亿美元上限；MBS 的初始规模是 40 亿美元，每季增加 40 亿美元，上限为 200 亿美元。2018 年 10 月，美联储开始按 500 亿美元/月的上限缩表。截至 2019 年 9 月美联储停止缩表前，美联储持有债券合计从 2017 年 10 月的 4.24 万亿美元下降至 3.58 万亿美元。其中，国债从 2.47 万亿美元降到了 2.1 万亿美元（即减少了约 3700 亿美元），MBS 从 1.77 万亿美元降到了 1.47 万亿美元（即减少了约 3000 亿美元），准备金规模也从 2.3 万亿美元降到了 1.46 万亿美元（即减少了约 8400 亿美元）。

2017 年第四季度以来，美联储对国债和 MBS 的减持量如图 3-28 所示。

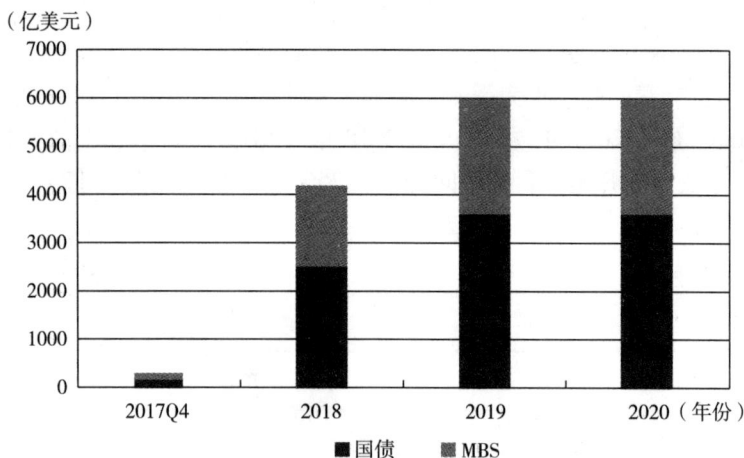

图 3-28　美联储国债及 MBS 减持量

资料来源：Wind 数据库。

四、中美货币回收机制比较

中美两国的货币回收机制都可以分为两种，一种不改变资产负债表规模，如人民银行通过发行央票回收基础货币，因为两者都是负债端科目，所以央行负债总规模不变。类似地，美联储提高超额存款准备金利率，进而提高联邦基金利率，抬升整体利率曲线，商业银行信用货币创造能力下降，货币供给减少。另一种则会改变资产负债表规模，人民银行可以通过公开市场操作出售有价证券回收人民币。除央行主动发起的调控方式外，人民银行还受到外汇储备减少的影响被动缩表，且这种变化的规模不受央行的自主控制。美联储也可以通过公开市场操作出售国债和 MBS，通过降低资产负债表规模回收市场上流通的美元。

从机制选择上看，由于中国尚处于由"数量调控"向"价格型调控"转型的过程中，利率渠道的反应机制尚未完全建立，所以人民银行通常采用公开市场操作与 MLF、SLF 等创新工具来投放回收货币；而美国利率市场建设相对完善，利率渠道调控效果较好，所以更倾向于采用利率工具进行货币供应调控。中美货币回收机制对比见表 3-6。

表 3-6 中美货币回收机制对比

	美国		中国	
	非缩表	缩表	非缩表	缩表
货币回收机制	调整联邦基金利率区间	OMO/再贴现	提高存款准备金率；发行央票	被动缩表：外汇减少 主动缩表：OMO/再贴现
回收效果	不影响基础货币投放量，减少货币供给	减少基础货币投放量	存款准备金率不影响基础货币投放量，央票回收基础货币	减少基础货币投放量
回收实践	2015~2018 年 9 次加息；2017 年开启缩表		被动缩表（2015 年全年） 主动缩表（2017 年第一季度）	
原因比较	利率市场建设相对完善，利率渠道调控效果较好；2008 年金融危机后商业银行信贷意愿普遍不高，信用创造渠道不畅，通过量化宽松进行流动性直接投放		2015 年之前多采用央票对冲通过外汇占款投放的基础货币，2015 年之后外汇占款比例下降，采用公开市场操作与创新工具投放和回收货币	

第四章 中美利率体系与利率传导机理比较研究

第一节 中美利率体系

中美两国的利率体系总体上可分为政策利率和市场利率。政策利率即货币政策利率，是中央银行通过货币政策工具设定的利率，也是央行与银行间资金融通形成的利率。政策利率对银行间市场、金融市场等利率产生影响，是其他利率的基础，所以又被称作基准利率。市场利率则是指由市场资金供需决定的利率。

一、中国利率体系

中国的利率体系可分为政策利率和市场利率，具体如图 4-1 所示。

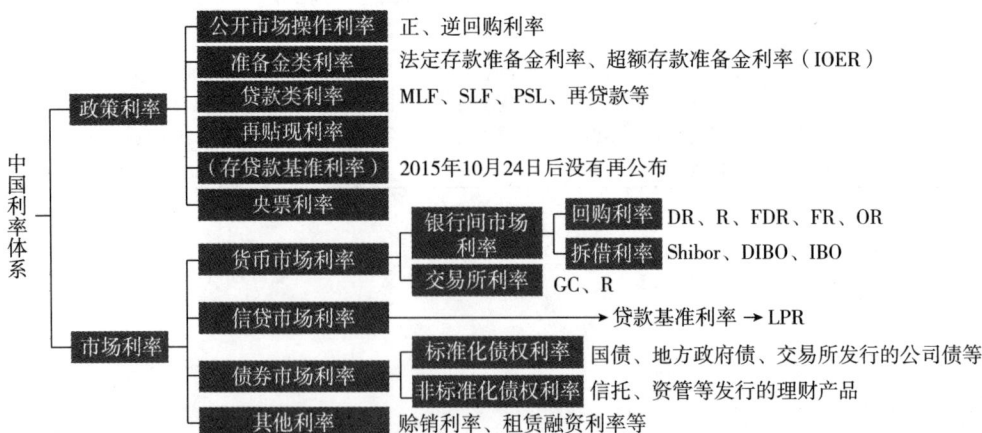

图 4-1 中国利率体系

（一）政策利率

中国的政策利率主要包括公开市场操作利率、准备金类利率、贷款类利率、再贴现利率、存贷款基准利率、央票利率六种。

1. 公开市场操作利率

公开市场操作是央行调节市场资金流动性的货币政策工具，通过吞吐基础货币来实现货币政策调控的目标。公开市场操作利率主要指公开市场操作 7 天期逆回购利率。

2. 准备金类利率

准备金类利率分为法定存款准备金利率和超额准备金利率，是央行对金融机构存在央行的准备金所支付的利率。

3. 贷款类利率

贷款类利率是指短期流动性调节工具、常备借贷便利、中期借贷便利、抵押补充贷款、临时流动性便利、临时准备金动用安排、定向中期借贷便利等货币工具的利率。

4. 再贴现利率

再贴现利率是指商业银行用已贴现未到期的合格商业票据向中央银行再贴现时所支付的利率。再贴现是中央银行对商业银行提供贷款的一种特别形式，也是中央银行控制信贷规模和货币供给量的一个重要手段。

5. 存贷款基准利率

存贷款基准利率是央行发布的存贷款指导性利率。随着 2015 年利率管制完全放开，央行对存贷款利率浮动限制取消，不再公布存贷款基准利率。

6. 央票利率

央行通过发行央行票据控制基础货币的投放，并通过调整央票发行利率引导市场对货币政策边际变化的预期。央票在 2007~2010 年作为央行较为常用的货币政策工具，主要用于吸收商业银行部分流动性，减少商业银行可贷资金，2017 年后基本不再使用。

（二）市场利率

中国的市场利率主要可分为货币市场利率、信贷市场利率和债券市场利率。

1. 货币市场利率

一方面，根据不同主体间产生的利率可把货币市场利率分为银行间市场利率和交易所利率；另一方面，按照有无担保品可将利率分为拆借利率和回购利率。

（1）银行间市场利率：在银行间市场形成的银行机构间、银行机构与非银行金融机构间的资金融通利率，按是否有质物担保划分，可分为回购利率和拆借利率。由于拆借利率无担保物，信用风险更高，所以一般拆借利率高于回购利率。

回购利率包括银行间质押式回购利率（R）、存款类机构质押式回购利率（DR）、回购定盘利率（FR）、银行间回购定盘利率（FDR）、买断式回购利率（OR）。其中，

R：银行间金融机构质押式回购的加权平均利率。

DR：存款类机构质押式回购的加权平均利率。

FR：每个交易日上午银行间金融机构质押式回购利率的中位值。

FDR：每个交易日上午存款类机构质押式回购利率的中位值。

OR：银行间金融机构买断式回购的加权平均利率。

拆借利率包括银行间同业拆借利率（IBO）、存款类同业拆借利率（DIBO）、上海银行间同业拆放利率（Shibor）。其中，

IBO：银行间金融机构信用拆借的加权平均利率。

DIBO：存款类机构信用拆借的加权平均利率。

Shibor：由信用等级较高的银行组成报价团，将自主报出的同业拆借利率计算出的算术平均利率。

（2）交易所利率：银行间市场外，由非银机构与合格投资者间的资金融通形成的利率。交易所市场禁止信用拆借，因此短期资金融通只能以回购形式进行，主要包括上交所的回购利率，如上交所质押式国债回购利率（GC、FRGC）；深交所的回购利率，如深交所质押式国债回购利率（R、RC）。

2. 信贷市场利率

信贷市场利率主要是指存贷款利率。存贷款利率是存款类机构和非金融企业、居民发生存贷业务的利率。目前，银行存款仍然是中国最重要的金融资产，银行贷款也仍然是中国最重要的融资渠道，因此，存贷款利率是中国利率体系中对实体经济直接影响最广泛、最深刻的利率指标。2019 年 8 月前，存贷款利率是在央行公布的存贷款基准利率上浮动形成的。2019 年利率改革后，贷款利率是由 MLF 加点形成贷款市场报价利率（Loan Prime Rate，LPR），使贷款利率的形成更加市场化。

3. 债券市场利率

债券市场利率根据债券是否在银行间市场或交易所市场发行可分为标准化债权利率和非标准化债权利率。

（1）标准化债权利率：金融机构与非金融机构在银行间市场或交易所市场发行监管机构认可的标准化债券支付的融资利率。如国债、地方政府债、在交易所发行的公司债等。

（2）非标准化债权利率：金融机构与非金融机构不在银行间市场或交易所

市场发行监管机构认可的标准化债券所支付的融资利率。如信托、资管发行的理财产品等。

4. 其他利率

除上述利率外，经济运行中仍存在许多其他利率指标，如由财政部与央行共同决定的国库定期存款的中标利率；央行向国库存款支付的利率；企业之间商业往来通过赊销预付等方式相互融资隐含的赊销利率；小贷公司和普通居民之间的民间借贷利率；融资租赁业务隐含的融资利率等。

二、美国利率体系

美国利率体系同样可分为政策利率和市场利率，具体如图4-2所示。

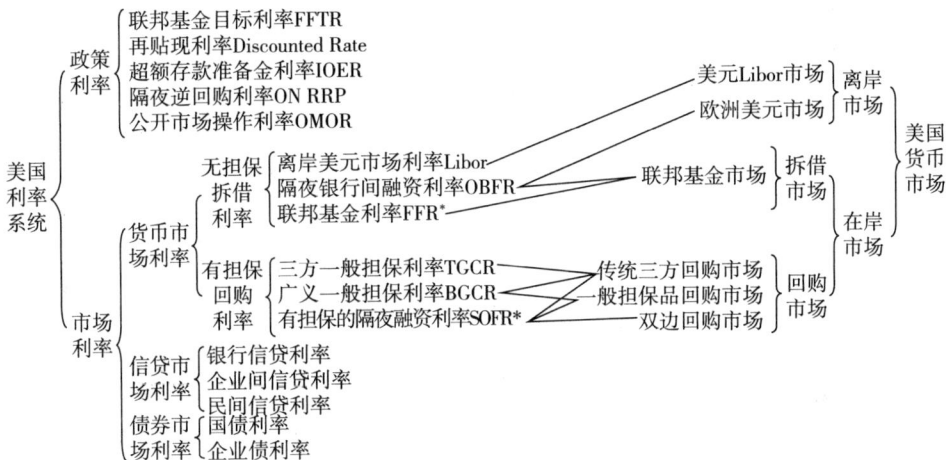

图4-2 美国利率体系

（一）政策利率

美国的政策利率大致可分为4种，其中联邦基金目标利率（Federal Funds Target Rate，FFTR）是政策利率的核心，它是联邦公开市场委员会（FOMC）希望联邦基金利率（Federal Funds Rate，FFR）达到的目标利率。联邦基金（Fed Funds）是美国商业银行等存款机构存放在联邦储备银行的准备金，包括法定准备金和超额准备金。这些资金可以拆借给其他成员银行，以满足监管要求，拆借的隔夜利率称为联邦基金利率。日常谈论所说的加息、降息即主要指此利率。

另外3种政策利率都是曾经或者当前利率走廊的重要组成部分：①再贴现利率（Discounted Rate）是商业银行向美联储借入资金时所承担的利率；②超额存

款准备金利率（Interest on Excess Reserves，IOER）是美联储向商业银行存放的超额准备金所支付的利率；③隔夜逆回购协议利率（Overnight Reverse Repurchase Rate，ON RRP Rate）是美联储进行期限为一天的逆回购交易的利率，隔夜逆回购属于公开市场操作的一种。

（二）市场利率

美国的市场利率种类繁多，主要可分为货币市场利率、信贷市场利率和债券市场利率。其中，美国的货币市场又分为与国外美元交易的离岸市场和与国内美元交易的在岸市场。离岸市场主要是指欧洲美元市场。

1. 货币市场利率

美国货币市场利率按有无担保，可分为无担保拆借利率和有担保回购利率。

无担保拆借利率包括离岸美元市场利率 Libor（London Inter-bank Offered Rate）、隔夜银行间融资利率（Overnight Bank Funding Rate，OBFR）和联邦基金利率 FFR。美元 Libor 由 18 家全球大型银行的平均报价形成，OBFR 由欧洲美元市场和联邦基金市场共同形成，FFR 在联邦基金市场形成。

有担保利率包括三方一般担保利率（Tri-party General Collateral Rate，TGCR）、广义一般担保利率（Broad General Collateral Rate，BGCR）和有担保的隔夜融资利率（Secured Overnight Financing Rate，SOFR）。TGCR 即传统三方回购市场的隔夜交易利率，不包括一般担保品回购市场；BGCR 包括传统三方回购市场和一般担保品回购市场；SOFR 包括三方回购市场和由美国固定收益清算公司清算的双边回购市场。三个利率指标的涵盖范围依次递进，且均不包括以美联储为对手方的交易，仅衡量机构之间的交易利率情况。

有担保利率在回购市场形成，其中回购市场需要抵押品的资金借贷市场。回购市场的资金借入方包括证券交易商和对冲基金等金融机构，资金贷出方包括银行、货币基金、保险公司等金融机构。按照交易方式的不同，回购市场可以分为双边回购市场和三方回购市场。双边回购是指资金借入方直接将抵押品交由资金贷出方管理，并获得借贷资金的回购模式。三方回购是指资金借入方和资金贷出方将抵押品和借贷资金委托给独立的第三方托管机构，由该机构管理抵押品并清算资金的回购模式。三方回购在双边回购的基础上，引入负责抵押品托管、交易结算、证券估值和确保保证金交付等业务的中介机构。

2. 信贷市场利率

依据债权债务主体的不同，美国的信贷市场可分为银行信贷利率、企业间信贷利率、民间信贷利率。

3. 债券市场利率

美国债券市场债券品类繁多，包括国债、企业债各种证券化产品，并相应形成各自的利率。

三、中美利率体系及利率市场化比较

（一）中美各层次利率比较

通过上文对中美两国利率体系的描述，可以总结出两者以下的共同点和不同点：

共同点：①超额准备金利率、再贴现利率和公开市场操作利率是中美两国共同的政策利率，原因是这三种政策利率代表着存款准备金制度、再贴现政策和公开市场操作三大传统货币政策工具；②市场利率的构成基本相同，分为货币市场利率、信贷市场利率和债券市场利率；③在拆借市场和回购市场，中美两国都有较为明确的基准利率，能够较好地带动和影响其他利率，体现货币政策的意图，实现利率的有效传导。

不同点：①美国政策利率的细分种类更少，市场利率的细分种类更多，而中国正好相反；②美国政策利率的核心是联邦基金目标利率，而中国目前尚未明确单一的核心政策利率；③美国债券市场利率种类更多且更市场化，而中国融资方式仍以间接融资为主，债券发行规模远小于美国，且多为国债和政府债券，企业债比例小；④中国信贷市场的贷款基准利率 LPR 由 18 家报价行通过在 MLF 基础上加点报价得出，而美国贷款最优惠利率（Prime Rate）则是基于联邦基金利率实际交易形成的，因而市场化程度更高。

总体上，美国利率体系相较于中国利率体系其利率种类更多、更加市场化。

（二）中美基准利率比较

目前，中国和美国在货币市场、信贷市场、债券市场、衍生品市场等都已培育了具备一定公信力、权威性、市场认可的指标性利率，绝大部分基准利率形成于银行间的货币市场，还有少部分基准利率取决于政策利率。具体如表 4-1 所示。

表 4-1　中美基准利率对比

	中国	美国
货币市场	Shibor、DR	美元 Libor、SOFR、FFR
信贷市场	贷款基准利率→LPR	FFR
债券市场	Shibor→DR	美元 Libor→SOFR

中国货币市场交易以回购为主，其中银行间质押式回购占比最高，最具代表性的利率为 DR，而银行间拆借市场较为重要的利率是 Shibor。美国货币市场中具有指导性的利率是回购市场中的 SOFR、拆借市场中的美元 Libor 和 FFR。

中国信贷市场的基准利率是政策利率。在 2019 年以前，中国贷款利率以央行公布的贷款基准利率为基础上下浮动得到，LPR 改革后，则是在 MLF 基础上加点形成。美国的最优惠贷款利率一般由联邦基金利率上浮 3% 得到。

中国债券市场债券的定价多以 DR、Shibor 为基准定价，目前，中国鼓励发行以 DR 为基准的浮息债，进一步培育以 DR 为代表的银行间基准利率体系。在 2008 年金融危机期间爆发 Libor 操纵案后，Libor 利率正逐渐淡出历史舞台，美国债券的定价基准已由原来的美元 Libor 转变为有担保的隔夜融资利率 SOFR。

（三）中美利率市场化比较

美国于 1970 年开始利率市场化改革。从放松利率管制、设立货币市场基金等四个方面推进，至 1986 年废除"Q 条例"，标志着利率市场化基本形成。

中国在进行利率市场化改革之前，长期处于人为压低利率的利率管制时代。2015 年存款利率浮动上限的放开，标志着中国利率市场化初步完成。2019 年 8 月，央行决定完善贷款市场报价利率（LPR）形成机制，中国利率市场化改革向前又迈进了一大步。

对比中美利率市场化的进程，主要可以得出以下结论：

（1）中国利率市场化开始的时间晚于美国，且持续的时间要长。这是因为中国市场经济形成与发展较晚，因此对市场化的利率需求出现也较晚。另外，中国利率市场化的基础较差，且改革较为谨慎，总体遵循"先外币、后本币；先贷款、后存款；先长期、大额，后短期、小额"的改革思路，因此中国利率市场化所需要的时间更长。而美国市场化经济较为成熟，贷款利率市场化基础较好，其利率市场化改革更注重对存款利率市场化的改革。

（2）目前，中国利率市场化尚不彻底，虽然名义上放开了存款利率限制，但银行业内仍存在市场利率定价自律机制。市场利率定价自律机制通过协调和约束行业内主体，一方面避免了恶性竞争，另一方面也导致了实质上的存款价格上限，形成了事实上的存款利率上浮"天花板"。2021 年 6 月，利率自律机制将存款利率自律约定上限，由存款基准利率上浮一定比例改为加点确定，进一步规范了存款利率竞争秩序，为接下来推进利率市场化改革营造了良好环境。

第二节　中美利率走廊构建与对比

一、利率走廊的含义与构建目的

利率走廊是中央银行用于调控基准利率的一种货币政策操作模式，主要包含走廊上限、下限和调控目标利率这三个基本要素。

通常而言，利率走廊的上限为中央银行对商业银行的贷款利率（即中央银行的再贷款利率或者常备借贷便利利率）；利率走廊的下限为中央银行对商业银行的存款利率（通常是中央银行的超额存款准备金利息率或者常备存款便利利率）。目标利率通常是中央银行调控的目标，即商业银行间同业拆借利率。

金融机构在中央银行的存款是无风险的，且流动性强，所以在相同的条件下，金融机构更愿意把资金存在中央银行。也就是说，金融机构不愿意以低于中央银行存款利率的价格借出资金，因此中央银行存款利率形成了利率走廊的下限。同样地，金融机构不愿意以高于中央银行贷款利率的价格借入资金，因此中央银行贷款利率形成了利率走廊的上限，具体如图4-3所示。

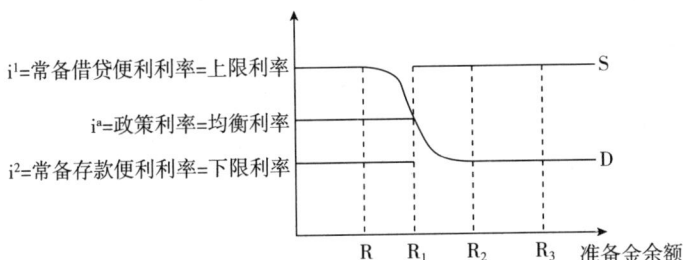

图4-3 传统利率走廊

中央银行通过设置政策利率的区间，可以影响金融市场的短期基准利率（如银行拆借利率），并进一步引导短期零售利率（如短期存贷款利率），进而通过影响实体经济中的消费、投资等变量，最终实现货币政策目标。同时，利率走廊的设定也能实现央行从数量型货币政策到价格型货币政策的转变。

二、中国利率走廊构建的历史与现状

（一）中国利率走廊上下限的形成

央行在2013年创设常备借贷便利（Standing Lending Facility，SLF），相当于美联储的贴现窗口（Discount Window）和欧洲央行的边际贷款便利（Marginal Lending Facility），旨在成为本国利率走廊的上限。2015年央行明确表示"探索常备借贷便利利率发挥利率走廊上限的作用"。

但中国利率走廊下限的确定一度较为模糊：一方面，超额存款准备金利率自然而然地承担着利率走廊下限的职能，但2008年国际金融危机后，中国超额存款准备金利率始终为0.72%，与实际的资金利率差距较大；另一方面，2016年后，央行屡次进行公开市场操作，因此实践中投资者更多将OMO利率即7天逆回购招标利率作为隐性的利率走廊下限。毕竟在外汇占款体系性减少后，央行对流动性投放拥有绝对的主导权，将7天逆回购利率作为利率走廊下限有助于央行保持其掌控力。而2018年下半年以来，货币市场利率经常向下突破7天逆回购政策利率，市场才开始更多地关注到超额存款准备金利率作为利率走廊下限的作用。2018年央行易纲行长明确超额存款准备金利率构成利率走廊的下限。

（二）中国利率走廊目标利率的形成

中国隐性的利率走廊调控目标，一般是指银行间存款类金融机构以利率债为质押的7天期回购利率（DR007）。在2016年第三季度货币政策执行报告中，DR007被认为"对培育市场基准利率有着积极作用"，因此是中国利率走廊的调控目标、市场基准利率。

在DR007被官方确认、市场认可之前，市场基准利率一般是指银行间市场7天期回购移动平均利率（R007）。R007与DR007的不同在于，DR007的交易主体只有存款类金融机构，目标的资产是利率债，而R007不限定交易主体和标的资产。因此，DR007相比R007风险更低。DR007反映的是存款类金融机构的融资成本，R007更多反映非存款类金融机构的融资成本。因此，R007一般高于DR007，但二者具有较大相关性，走势基本一致。中国以常备借贷便利（SLF）利率、超额存款准备金利率及存款类金融机构7天期质押式回购利率（DR007）构成的利率走廊如图4-4所示。

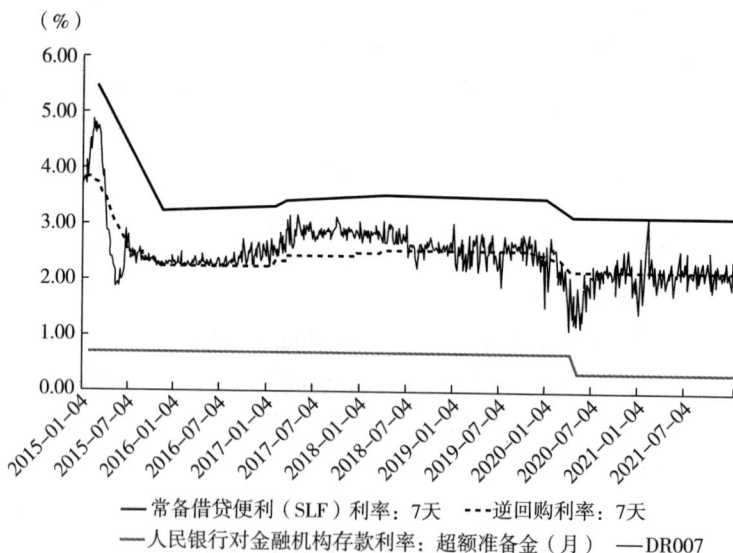

图4-4　2015年以来中国隐形利率走廊逐渐成形

资料来源：Wind数据库。

（三）中国利率走廊现状与效果

相比国外成熟的利率走廊构架，中国的利率走廊正处于初创阶段，但短期货币市场利率的波动率近年来明显降低，表明利率走廊至少是隐性存在的。

央行研究局的文章《利率走廊、利率稳定性和调控成本》中提出建立完备利率走廊的可能路径，该路径分为三个阶段：第一阶段逐渐建立隐性的利率走廊；第二阶段收窄隐性利率走廊；第三阶段建立正式的利率走廊。中国目前正处于第一阶段，但隐性的利率走廊已经开始发挥作用。

1. 利率走廊有助于降低利率波动

构建利率走廊的初衷之一是降低利率的波动，并帮助化解暂时性流动性冲击和缓解市场流动性"预防性需求"。假设利率没有被框定在一个明确区间内，则为了应对无法预测的流动性冲击，银行等金融机构往往存在囤积流动性的预防性需求。

此外，只有明显降低短期利率的波动性，商业银行才有意愿使用某种短期利率作为定价基础，才可能培育出未来的政策利率。表 4-2 分别展示了 2009~2013 年和 2014~2019 年 Shibor 的描述性统计，可见在 2013 年后，随着中国利率走廊的建设，Shibor 的波动率有了明显的下降。

表 4-2　2009~2019 年上海银行间同业拆放利率（Shibor）数据描述性统计

统计量	2009~2013 年	2014~2019 年
均值	2.4287	2.3812
标准差	1.3192	0.5147
最小值	0.8008	1.0270
最大值	13.4440	4.8477
变异系数	54.3182%	21.6159%

2. 利率走廊有助于降低货币政策的操作成本，提高货币政策透明度

利率走廊体系下，央行只需对走廊的边界进行调整即可实现货币政策的调整，而不需要频繁地进行公开市场操作。因此，利率走廊有助于降低货币政策的操作成本。此外，与公开市场操作相比，利率走廊这一调控模式更加简单透明，更容易被市场理解，有利于稳定和引导市场预期。

3. 利率走廊是货币政策从数量型调控向价格型调控转型的要求

货币政策从数量型调控向价格型调控转型的一个重要基础就是培育政策利率，而这与利率走廊的建立密不可分。因此，在货币政策调控机制转型前后，许多国家都采用了利率走廊的操作模式。中国长期以来以数量型目标（M₂、社融

等）作为中介指标，利率走廊的建立是货币政策调控机制转型的重要标志。

三、中国利率走廊的特点

（1）中国利率走廊的区间较宽，走廊上限（SLF 利率）与下限（超额存款准备金利率）之差明显高于海外。与海外央行的利率走廊相比，中国利率走廊的宽度较大，SLF 利率与超储利率之差超过 300bp。因此，中国货币市场利率波动较大，经常受到缴准缴税、季末考核等因素扰动，尤其是在货币政策偏紧的时候波动更大。

（2）与其他国家利率走廊的变动不同，中国利率走廊要素的调整并不同步。在 2015 年后，中国的利率走廊体系初步形成。但从实际操作来看，中国利率走廊的三要素：上限、下限和基准利率的调整并不同步。目前，中国利率走廊调整的核心是政策基准利率，上限和下限的调整较不频繁。

（3）SLF 的走廊上限职能仍有待强化。由于担心向央行申请 SLF 之后可能存在负面影响，以及 SLF 本身核准严格、面向对象范围较小，SLF 创设之初只面向政策性银行和全国性银行，随后慢慢扩充到城商行、农商行等中小金融机构，而保险、信托等非银机构没有申请资质，因此，SLF 有时无法发挥利率走廊上限的作用，导致部分银行的回购利率经常会突破 SLF 上限。

四、美国利率走廊构建的历史与现状

（一）金融危机前：无明确的利率下限

20 世纪七八十年代，美国市场利率波动较大，间接导致 80 年代的储贷协会危机。1986~1989 年，由于存款付息成本上升，存贷款利差收窄，引发银行利润下降乃至破产倒闭。为了降低利率市场化带来的短期负面作用，美联储于 1994 年 2 月明确将联邦基金目标利率作为关键政策利率，以联邦基金利率（FFR）为操作目标，通过纽约联储买卖国债（即公开市场操作）调整商业银行准备金水平，进而形成对 FFR 的引导，逐步形成以公开市场操作为主的传统利率调控模式。

2003 年后，美联储的货币政策调控已经带有一定的利率走廊特色，直到 2008 年金融危机前，美联储虽并未明确利率走廊概念，但贴现利率可以看作隐性的利率走廊上限，联邦基金目标利率与其走势较为相近（见图 4-5、图 4-6）。

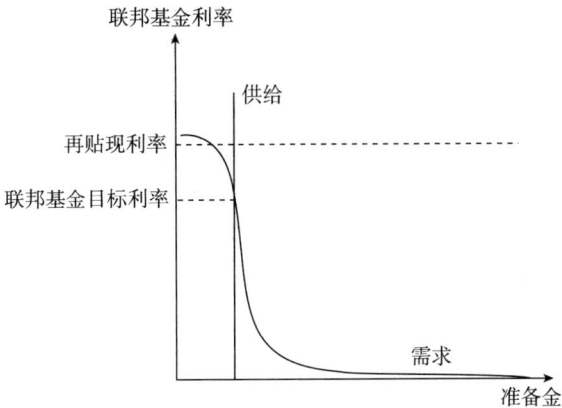

图 4-5　2008 年金融危机前美国传统框架下的货币政策

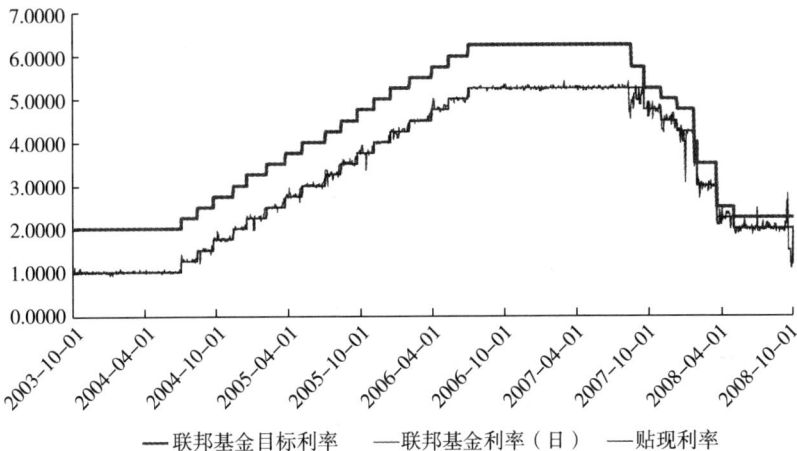

图 4-6　2003~2008 年美联储政策利率、利率走廊上限和 FFR

资料来源：Wind 数据库。

（二）金融危机后：利率走廊地板体系

2008 年金融危机后，美国创设了超额准备金利率，构成了实际的利率下限。同时，美联储逐渐采用利率走廊框架，其最初的构建思路为：将贴现利率作为利率走廊的上限，超额准备金率作为下限，联邦基金利率作为关键政策利率，形成对称的利率走廊。

但金融危机后，美联储启动量化宽松政策，商业银行拆借市场获得了大量流动性，导致准备金泛滥，因此准备金供给曲线右移，与需求曲线相交于利率下限部分。此时，政策利率等于利率下限，原来的利率走廊体系（Channel System）变成地板体系（Floor System）。由于超额准备金利率是央行针对商业银行机构提供的，不适用于同样在金融危机期间获得大量流动性的 GSEs 等非银行金融机构。GSEs 拥有的大量资金无法获得超额准备金利息收益，因此，他们会选择以低于超额准备金利率的价格向商业银行提供贷款，商业银行再将贷款存入央行获得套利，形成 FFR-IOER 套利。最终，导致超额准备金率逐渐高于联邦基金利率，并形成了事实上的利率走廊上限，美联储原先设想的利率走廊下限被击穿，形成"地板渗漏"（见图 4-7）。

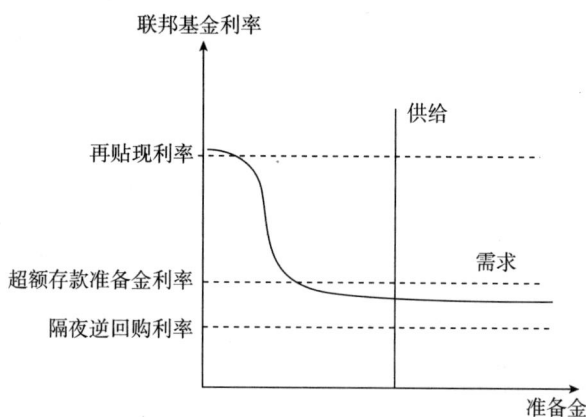

图 4-7　2008 年金融危机后美国地板体系下的货币政策

为了解决上述问题，美联储新增国债隔夜逆回购工具（ON RRP），以构建新的利率走廊下限。隔夜逆回购相比超额存款准备金涵盖的操作对象更广，将包括 GSEs 在内的机构纳入到交易中，所以逐渐成为了利率下限。联邦基金利率也基本在超额准备金率以及国债隔夜逆回购利率之间波动（见图 4-8）。

五、中美利率走廊对比

中国利率走廊的构建思路来源于美国、欧洲、加拿大等国家和地区，因此中美利率走廊的创建目的、原始作用机制是相似的。例如，中美两国构建利率走廊的最终目的都是稳定利率波动，化解市场流动性冲击，将货币政策从数量型调控向价格型调控转型。

但是，中国和美国利率走廊的模式却有差异。首先，美联储多次实施量化宽松政策后，利率走廊演化成了地板体系，而中国的利率走廊还处于隐性阶段和不

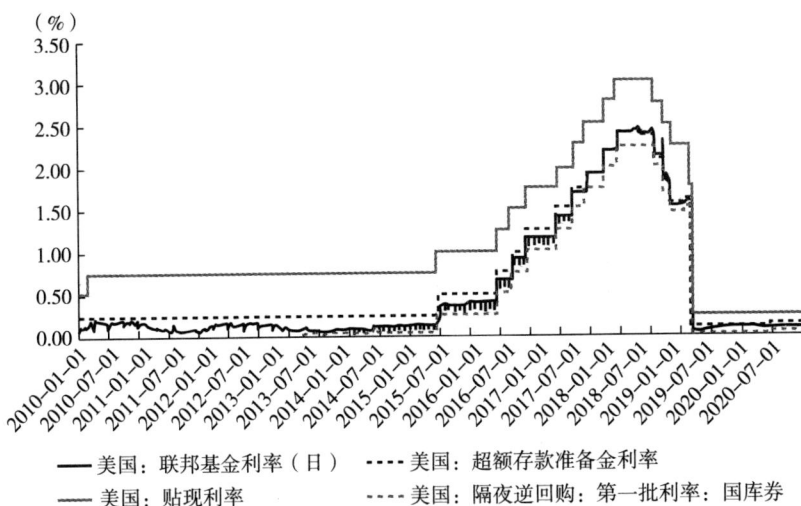

图 4-8　2008 年金融危机后美国不同利率走势

资料来源：Wind 数据库。

完善阶段。其次，利率走廊的上下限不同，中国利率走廊的上限是 SLF 利率，下限为超额准备金利率；美国利率走廊的上限为超额准备金利率，下限为 ON RRP 隔夜拆借利率。本质上，利率走廊的区别是由于两国货币政策的不同，即美国量化宽松的货币政策导致了持续的低利率，使利率走廊呈现地板模式。

此外，中美两国利率走廊因所处阶段的不同而差异巨大，如图 4-9 所示，中国当前隐性利率走廊的形态近似于美国 2008 年金融危机前的形态。

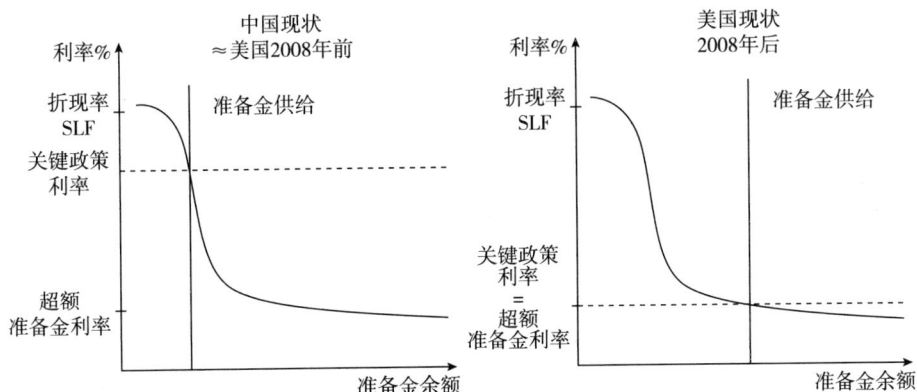

图 4-9　中美利率走廊处于不同阶段

第三节　中美利率传导机制与传导效率

一、中国利率传导机制与传导效率

（一）中国利率传导机制

中国政策利率向市场利率传导的机制可以总结为：央行通过执行货币政策形成政策利率，政策利率传导至短端市场利率（或称货币市场利率），再由短端市场利率传导至中长期市场利率（或称信贷市场利率）（见图4-10）。但目前，中国利率传导体系的最后一步传导较为不畅。

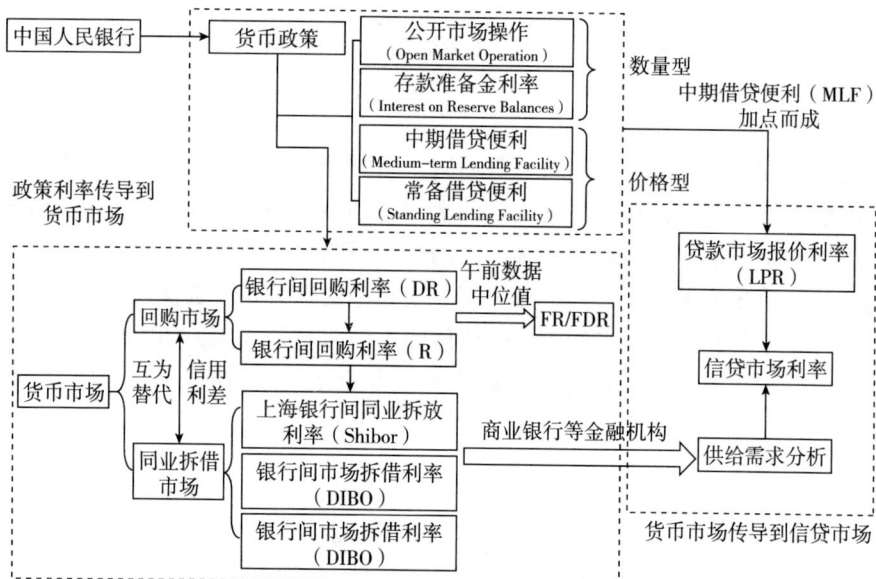

图4-10　中国利率传导机制

1. 政策利率向货币市场利率传导

随着金融市场深化和金融创新发展，中国货币供应量 M_2 的可测性、可控性以及与实体经济的相关性都在下降，央行的货币政策正逐步向价格型转型，即通过某一政策利率（MLF、SLF、OMO 等）向存贷款利率、债券收益率、金融产品收益率等直接影响居民和企业融资成本/投资收益的价格传导。

考虑到央行流动性的操作对象大多为银行，非银行金融机构必须间接通过银行才能获得资金，因此利率一般由 OMO 等政策利率向 DR 传导、再由 DR 向 R 传导。

2. 货币市场利率向信贷市场利率传导

同业拆借市场利率是商业银行等金融机构在同业拆借市场的融资成本，也是商业银行等机构对贷款进行定价的重要考量因素。2013 年 7 月，央行决定金融机构贷款利率下限取消，银行贷款利率全面放开，商业银行等金融机构可以根据市场上的资金供求状况自主决定其贷款利率。商业银行等金融机构的自主决定权越高，货币市场利率到信贷市场利率的传导就会越通畅。但现阶段，由于中国信贷数量管制或类似数量管制的规范仍然较多，加上银保监会对银行信贷投放设定目标并进行考核，利率从货币市场向信贷市场的传导有效性仍然欠缺。

（二）中国利率传导效率

随着中国政策利率向市场利率传导的效率逐渐提升，目前，金融机构新发放贷款已基本参考 LPR 定价，隐性利率限制逐渐被打破。

具体来看，政策利率向货币市场利率的传导效率较高，而政策利率向贷款利率传导、货币市场利率向债券市场利率传导的效率还较低，政策利率至非标准化债权资产利率的传导效率最低。

从现实情况来看，2018 年以来，在定向降准等政策影响下，同业存单发行利率、同业存单到期收益率逐渐走低，而大额存单收益率却有所上升，这说明银行间市场利率向存款利率的传导不通畅（见图 4-11）。

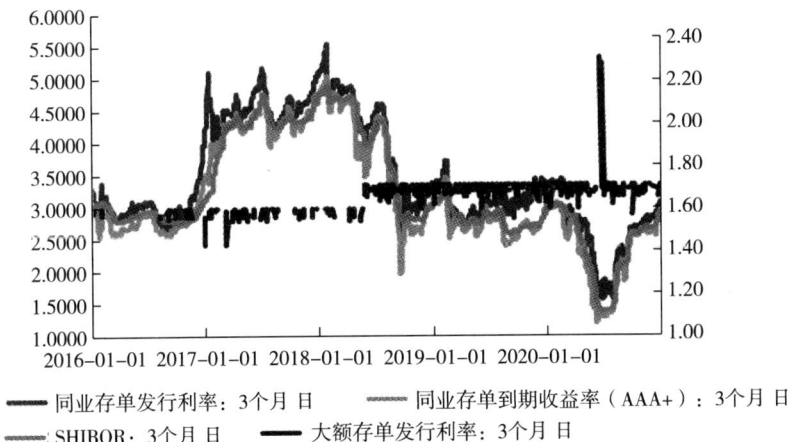

图 4-11 短期利率向存款利率的传导

自 2019 年 8 月 LPR 改革以来，利率传导效率有所提升。可以看到，LPR 改革后，DR007 下降时，LPR 也即贷款利率随之下降，显示出政策利率向信贷市场利率的传导已经初显成效。但是，当 DR007 上升时 LPR 并未随之上升，表明利率从货币市场向中长期利率的传导机制仍未完全打通（见图 4-12）。

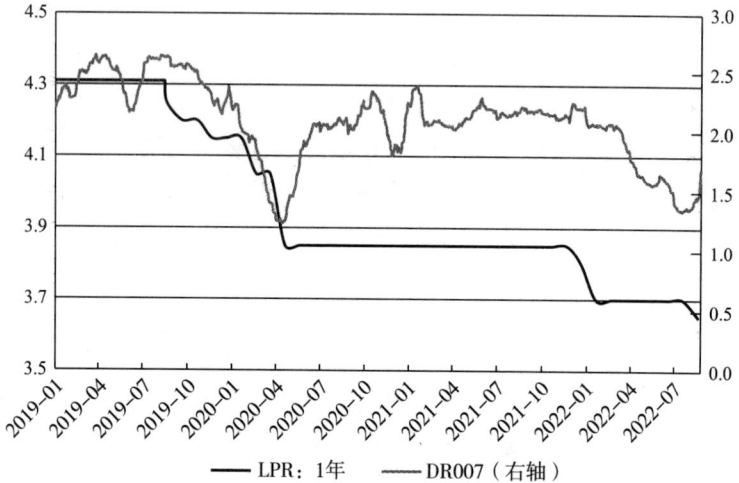

图 4-12　DR007 与 LPR1 年期的变动趋势

对短期利率与债券收益率的相关系数分析也支持了上述观点（见表 4-3、表 4-4）。整体上来看，政策利率与市场利率相关性均有所提升，尤其在短期利率向长期利率方面有比较明显的提升。

表 4-3　2005~2020 年中国短期利率与债券收益率的相关系数

	R007	DR007	Shibor	国债 3 个月到期收益率	国债 1 年到期收益率	国债 3 年到期收益率
R007	1					
DR007	0.8824	1				
Shibor	0.7812	0.7957	1			
国债 3 个月到期收益率	0.7530	0.7688	0.9265	1		
国债 1 年到期收益率	0.7721	0.8213	0.9027	0.9369	1	
国债 3 年到期收益率	0.7343	0.8031	0.8573	0.8928	0.9809	1

表 4-4　2015~2020 年中国短期利率与债券收益率的相关系数

	R007	DR007	Shibor	国债 3 个月到期收益率	国债 1 年到期收益率	国债 3 年到期收益率	公司债到期收益率（AAA）：3 年
R007	1						
DR007	0.9750	1					
Shibor	0.9243	0.8396	1				
国债 3 个月到期收益率	0.8052	0.8041	0.8922	1			
国债 1 年到期收益率	0.7803	0.7802	0.8747	0.9692	1		
国债 3 年到期收益率	0.6943	0.7110	0.8136	0.9098	0.9517	1	
公司债到期收益率（AAA）：3 年	0.7540	0.8056	0.8931	0.8791	0.9425	0.9484	1

注：公司债到期收益率（AAA）：3 年无早年间数据，故仅在 2015~2020 年表中表示。

二、美国利率传导机制与传导效率

（一）美国利率传导机制

美国政策利率向市场利率传导机制可以总结为：第一步，美联储宣布联邦基金利率目标区间作为政策利率，传导到联邦基金利率；第二步，联邦基金利率向货币市场短期利率传导，尤其是通过公开市场业务交易短期国债，使短期市场基准利率与官方基准利率同向变化；第三步，通过银行和投资者实现市场短期利率向长期利率的传导，最终影响实体经济（见图 4-13）。

1. 政策利率目标向联邦基金利率传导：利率走廊机制

美国政策利率目标的核心是联邦基金利率，联邦基金利率既是政策利率的调节目标，也是其他市场利率的基准。除此之外，政策利率还包括构成利率走廊的超额准备金利率、再贴现率、隔夜逆回购利率等。这些利率由美联储制定，并用来影响联邦基金利率。联邦基金利率调节机制变化如图 4-14 所示。

具体来看，为确保货币政策的有效实施，美联储会先设定一个政策利率目标，该目标利率由 FOMC 公布。FOMC 每年召开 8 次议息会议，制定关于公开市场操作的决策，并确定和公布政策利率目标水平。在确定政策利率目标后，美联储会通过公开市场操作与构建利率走廊，使美国联邦基金利率尽量向该目标利率靠拢或运行在目标利率区间内。

2. 联邦基金利率向货币市场传导

美国的货币市场主要包括同业拆借市场、回购市场和短期证券市场。

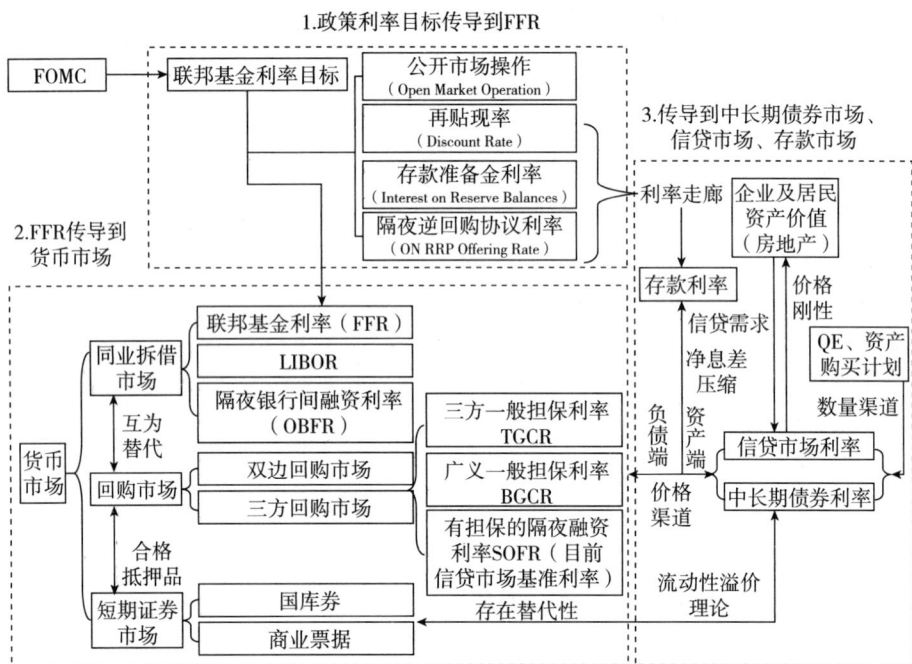

图 4-13　美国利率传导机制

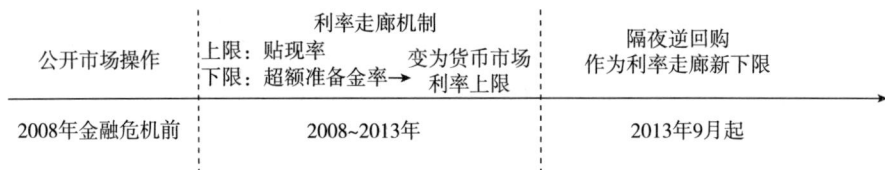

图 4-14　联邦基金利率调节机制变化

同业拆借市场的核心市场利率是联邦基金利率，此外还包括涵盖离岸美元市场的 Libor 与 OBFR。在美国，许多大型银行拥有跨国分支机构，可以用与联邦基金市场相近的成本在离岸市场进行交易，因此美元 Libor 作为联邦基金利率的替代品，其利率会紧跟联邦基金利率波动，从而将市场基准利率传导至美元同业拆借市场（见图 4-15）。

回购市场的参与方除银行和存款类金融机构外，还包括货币基金、保险、证券交易商等非银行金融机构。其中，银行等存款类机构为资金提供方；券商等非存款类机构为资金需求方，提供担保品并融入资金。回购市场的参考利率从 2018 年起发布，包括 TGCR、BGCR 和 SOFR，其中 SOFR 被美联储指定为用来衡量银

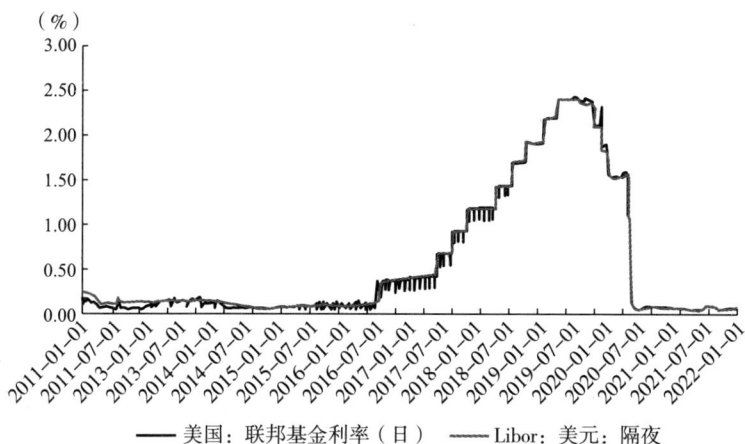

图 4-15 隔夜美元 Libor 与联邦基金利率

资料来源：Wind 数据库。

行融资成本的基准利率。

对银行而言，其交易对手方除银行等存款类金融机构外，还有众多的非存款机构，因此同业拆借市场与回购市场存在着替代性。当同业拆借市场利率降低时，银行会更加倾向于将手中盈余的头寸投向回购市场进行交易，回购市场供给增加，推动利率降低；反之亦然。因此回购市场利率往往围绕拆借市场利率波动（见图 4-16）。

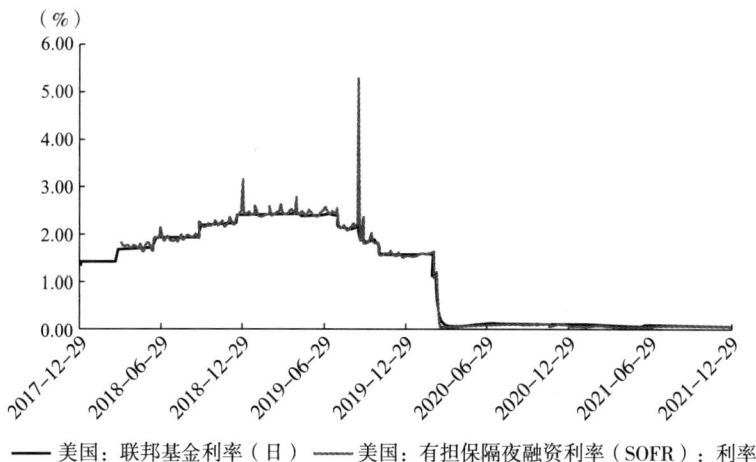

图 4-16 美国回购市场利率

资料来源：Wind 数据库。

在以国库券、商业票据为代表的短期证券市场中，交易方包括银行和各种其他金融机构。首先，短期证券市场与货币市场上的其他产品具有一定的替代性，因此，同业拆借市场、回购市场利率发生变化时，短期证券市场利率也会随之变化（见图4-17）。其次，短期证券作为进行回购的合格担保品，与回购产品存在一定互补效应。当参与者在回购市场投入资金时，必须持有合格的担保品，即国债或商业票据等，因此，回购市场利率变化会带动短期证券市场利率随之变化。

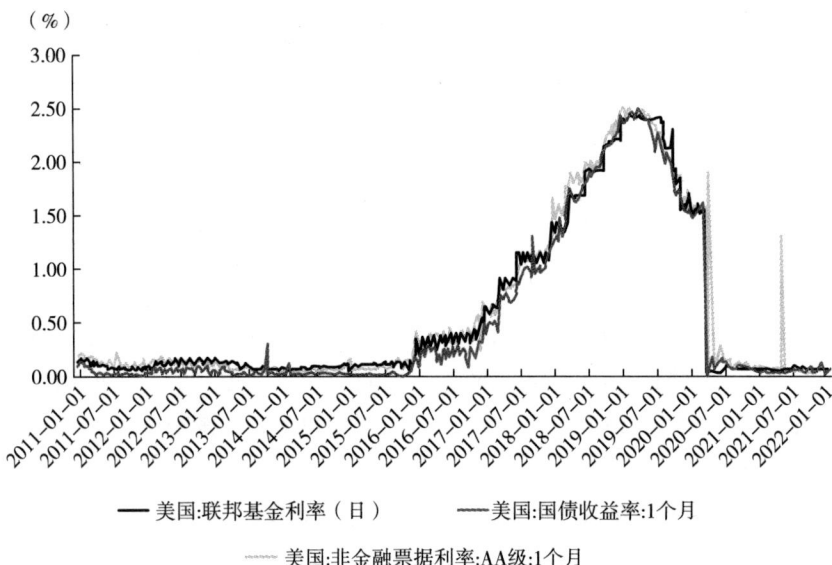

图4-17 美国短期证券市场利率

资料来源：Wind 数据库。

3. 货币市场利率向中长期债券市场、信贷市场利率传导

货币市场利率向中长期利率传导的前提为：①名义价格刚性，即通胀预期的变化是缓慢的，因此短期名义利率的变化可以影响实际利率，进而直接影响金融市场参与方的融资成本和收益；②利率期限结构理论中的预期理论与流动性溢价理论成立，即不同期限的债券存在着一定替代性，当短期利率下降时，市场中对中长期债券的需求会增加，进而推动长期利率降低。

货币市场利率向中长期债券市场和信贷市场的传导主要通过价格与数量两种渠道。

价格渠道通过利率水平变化影响银行负债成本完成传导。对银行来说，其负债主要包括吸收存款、向中央银行的借款、同业拆借负债与同业存单、金融债、次级债、大额存单等应付债券。货币市场利率的变化会影响银行的负债端成本，进而影响银行资产端的配置，因此利率从货币市场传导至债券和信贷市场。

数量渠道通过影响银行资产负债表规模调节银行资产端头寸。在 2008 年金融危机后，美国政府开展多轮量化宽松，大量购买银行和住房抵押贷款机构手中的债券，向市场注入流动性，导致其资产端可用的资金增加，从而提高债券市场的需求和信贷市场的货币供给，引导利率下行。

4. 货币市场利率向存款市场传导

对银行来说，信贷市场利率降低一方面可以放出更多贷款，另一方面也压缩了银行资产端收益。为维持盈利水平，即净息差不变，银行会同时选择降低其负债端的成本。2008 年之前，美国商业银行负债中存款占比较为稳定，维持在65% 左右。金融危机后，美国商业银行扩表过程中，存款占美国商业银行总负债的比重不断上升，从 2008 年初的66% 升至 2021 年末的88%。因此，为降低负债端成本，对银行来说最有效的途径就是调低存款利率。

（二）美国利率传导效率

为了探究美国政策利率向市场利率传导的效率，本书运用 SVAR 模型进行了实证分析。

$$A_0 Z_t = A_1 Z_{t-1} + A_2 Z_{t-2} + \cdots + A_q Z_{t-q} + e_t$$

$$其中 Z_t = \begin{bmatrix} E_t \\ CPI_t \\ R_t \\ N_t \end{bmatrix}$$

E_t 表示工业增加值，CPI_t 表示通货膨胀，R_t 表示联邦基金利率，N_t 表示 3 个月国债收益率。

联邦基金利率向短期国债收益率传导的脉冲响应结果如图 4-18 所示。短期国债利率对联邦基金收益率变动的响应在即期为正，并在下一期达到最大值。在整个响应周期内始终大于 0，并逐渐趋于 0。格兰杰因果检验显示联邦基金利率是 3 个月国债收益率变动的原因，表明美国政策利率向短期国债收益率传导是有效且迅速的。

类似地，对 1 年期、3 年期、5 年期国债收益率做实证分析，得到结果如图 4-19 所示，显示联邦基金利率对国债收益率影响都比较快速且显著。

model36,R,美国国债收益率3个月

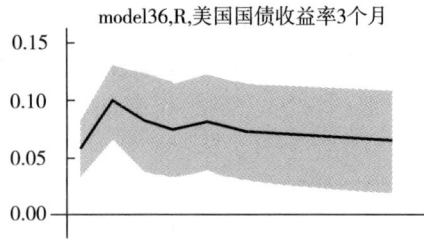

图 4-18　美联储基金利率向短期国债收益率传导的脉冲响应结果

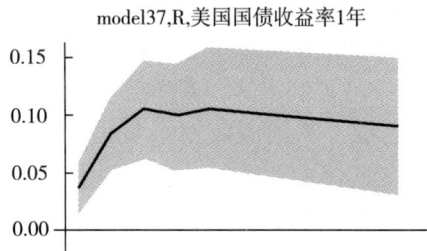

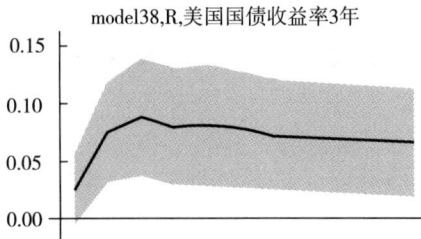

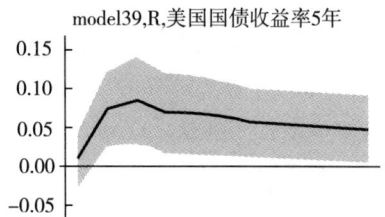

model37,R,美国国债收益率1年

model38,R,美国国债收益率3年

model39,R,美国国债收益率5年

图 4-19　美联储基金利率向 1 年期、3 年期、5 年期国债收益率传导的脉冲响应

从相关系数分析，整体上来看，短期利率与国债收益率、金融票据收益率的相关性较高，说明美国利率的传导较为通畅（见表 4-5、表 4-6）。

表 4-5　2005～2020 年美国短期利率与债券收益率的相关系数

	联邦基金利率	美国3个月国债收益率	美国1年国债收益率	美国3年国债收益率	美国5年国债收益率	美国金融票据利率AA级3个月	美国企业债券收益率Aaa
联邦基金利率	1						
美国 3 个月国债收益率	0.9809	1					

续表

	联邦基金利率	美国3个月国债收益率	美国1年国债收益率	美国3年国债收益率	美国5年国债收益率	美国金融票据利率AA级3个月	美国企业债收益率Aaa
美国1年国债收益率	0.9843	0.9943	1				
美国3年国债收益率	0.9490	0.9602	0.9778	1			
美国5年国债收益率	0.8934	0.8974	0.9203	0.9773	1		
美国金融票据利率AA级3个月	0.9882	0.9771	0.9829	0.9540	0.9018	1	
美国企业债收益率Aaa	0.4831	0.4511	0.4841	0.5968	0.7318	0.5134	1

资料来源：Wind 数据库。

表4-6 2015~2020年美国短期利率与债券收益率的相关系数

	联邦基金利率	美国3个月国债收益率	美国1年国债收益率	美国3年国债收益率	美国5年国债收益率	美国金融票据利率AA级3个月	美国企业债收益率Aaa
联邦基金利率	1						
美国3个月国债收益率	0.9868	1					
美国1年国债收益率	0.9436	0.9740	1				
美国3年国债收益率	0.8168	0.8634	0.9496	1			
美国5年国债收益率	0.7058	0.7560	0.8724	0.9793	1		
美国金融票据利率AA级3个月	0.9650	0.9734	0.9628	0.8727	0.7743	1	
美国企业债收益率Aaa	0.1993	0.2356	0.3960	0.6162	0.7391	0.2962	1

资料来源：Wind 数据库。

三、中美利率传导的效率比较

从机制上来看，美国银行存款利率盯住联邦基金利率这一政策利率，而后者很大程度上决定了银行的负债成本。因此，联邦基金利率事实上控制了商业银行融资的成本。所以，利率可以从银行的负债端高效传导到银行的资产端，从而影响信贷市场的中长期利率。其结果是央行控制能力强，能够将政策利率的变化更快更有效地传导至市场利率。而中国则经历了长期的利率双轨制，即尚未完全市场化的存贷款利率和完全市场化的货币市场利率并存的情况，和以货币供应量为货币政策中介目标的数量型货币政策时期。截至 2021 年底，中国的利率市场化机制也尚未建设完成。因此，中国的利率传导机制效率相距美国仍有一定的差距。

从实证角度看，央行 2016 年的工作论文《货币政策通过银行体系的传导》通过 SVAR 模型分析了中美政策利率变化对各期限债券收益率的影响，发现中国各期限债券收益率对政策利率的脉冲响应程度较低。2002～2015 年，中国的平均传导效率为美国的 42%，2010～2015 年，中国各期限平均传导效率是美国的 77%。这说明，相对于美国，中国的利率传导效果相对较弱，特别是 2002～2010 年中国的利率传导效率与美国相差很大。另外，中国的利率传导机制中，在短期利率向中期利率传导这一部分受到一定程度的限制。近年的利率传导机制效率高于以往，说明中国政策利率传导的效率在逐步提升，但总体上来看与美国的传导效率相比仍有一定的提升空间。而对于短期市场利率对银行贷款利率的传导效率方面，中国的利率传导效率大概是美国的一半。

总体来说，中国政策利率向市场利率传导效率较低的情况可从以下三个方面进行归因：

（1）理论方面。央行 2014 年工作论文《政策利率传导机制的理论模型》中，以不同部门利益最大化为前提建立了政策利率的理论模型，通过模型的系数分析得出，存款准备金率、贷存比、对贷款的数量限制、企业预算软约束和债券市场流动性不足都会不同程度地弱化政策利率对银行存贷利率的传导效率。

（2）政策方面。首先，过去人民银行数量型的货币政策中介目标是导致利率传导效率较低的根本原因。中国早期的货币政策以货币供应量（M_2 和社会融资规模增量）为中介目标，近年来才逐渐强调从数量型货币政策框架转向价格型货币政策框架。而美国自 20 世纪 80 年代以来就开始逐步转为盯住利率的货币政策框架。目前，中国政策利率的传导机制尚不健全，自然难以谈论效率的问题。

其次，利率价格"双轨制"的存在是一个重要原因。2015 年及以前央行仍发布存贷款基准利率，事实上对利率进行了直接干预。一方面，存贷款方面仍存在基准利率约束；另一方面，货币市场利率完全由市场决定。这是造成过去中国政策利率传导效率低的重要原因：原本应该由市场决定的利率被基准利率限制，"双轨制"对利率传导机制产生了巨大的阻碍。

最后，一些金融监管也导致了传导效率低下。较为严格的金融监管使非标债券利率等的变动受到限制，导致这一市场利率与其他市场利率关联程度低。在银行层面，同时存在同业业务负债和存款业务负债，为达到利益最大化的两种负债边际成本应该相同。但由于达到考核标准的需要，部分银行控制了在同业市场上的负债规模，使两种负债成本不同，影响了短期利率向信贷市场的传导。

（3）市场方面。在中国的固定收益市场上，投资者更倾向于持有至到期的投资方式，因此在银行间和交易所市场上债券流动性较低。同时，中国金融衍生市场发展尚不完善，这也是导致短期利率向长期利率传导效率低下的一部分原因。此外，影子银行的存在也是一个重要原因。据估算，到2020年上半年为止，中国广义影子银行资产总量达到59.6万亿元。而影子银行同样有信用创造功能，却缺乏相应的监管，这也导致利率作为资金价格的传导机制受到干扰。

四、LPR 的意义与效果

贷款市场报价利率（Loan Prime Rate，LPR）是商业银行向信誉最好的客户收取的利率，它又构成了大多数其他贷款利率的基准。

（一）中国 LPR 改革的背景与意义

2019年8月16日，中国人民银行改革完善贷款市场报价利率（LPR）形成机制，报价行根据本行对最优质客户的贷款利率以公开市场操作利率（主要指MLF利率）加点形成的方式报价，由中国人民银行授权全国银行间同业拆借中心计算并公布的基础性的贷款参考利率，各金融机构应主要参考 LPR 进行贷款定价。目前，LPR 包括1年期和5年期两个品种（见表4-7）。央行此次对 LPR的改革幅度较大，不仅将其口径变更为贷款市场报价利率，更加体现出其市场化特征，还在其形成机制上进行了多方面的完善，主要体现在以下四点：

表4-7　新旧 LPR 报价机制对比

	旧 LPR 报价机制	新 LPR 报价机制
报价基础	参考贷款基准利率	1年期 MLF 加点
报价行数量	10家	18家
报价计算公式	加权平均法	算术平均法
期限品种	1年期	1年期、5年期

（1）修改报价基础：LPR 定价机制由原先参考贷款基准利率，改为采用公开市场操作利率加点的方式，这里的公开市场操作利率主要指1年期中期借贷便利（MLF）利率，加点幅度主要取决于各报价行自身资金成本、市场供求、风险溢价等因素。后续新增的其他类型贷款的利率也会以 LPR 为参考加减点后进行定价（实际贷款利率＝LPR＋银行加点），加减点数主要根据商业银行的风险偏好和客户的风险溢价确定。新的 LPR 报价机制及实际贷款利率的确定除受政策因素影响外，还通过两次加点反映资金成本、风险溢价等因素，使贷款利率更加市

场化。

（2）增加报价行：LPR 报价行的类型在原有的全国性银行基础上增加城市商业银行、农村商业银行、外资银行和民营银行，共计 18 家。新增加的报价行具有在同类型银行中对贷款市场影响力大、贷款定价能力强、服务中小微企业效果好等特点，提高了 LPR 的代表性。同时为了减少新增报价行体量相对小的影响，报价计算公式改为使用算术平均法。

（3）增加期限品种：在 1 年期期限品种的基础上增加 5 年期以上的期限品种，完善了 LPR 的期限结构，也可为未来银行发放长期贷款的利率定价提供参考。

（4）更改报价频率：由原来的每日报价更改为每月 20 日报价 1 次，有利于提高报价行的重视程度，提高 LPR 的报价质量，引导市场预期。

当前中国货币政策利率传导渠道不畅，政策利率、银行间市场利率、贷款利率及非标利率均存在割裂，尤其是由于存贷款基准利率的存在，使货币政策难以有效传导至与企业居民融资最为相关的实体经济融资利率。LPR 机制改革，实质上就是为贷款利率定价提供新的市场化定价基准，推动各类银行贷款利率与政策利率直接挂钩，对于推动中国利率市场化改革、疏通利率传导渠道、降低中国实体企业融资成本具有积极意义。

（二）中国新 LPR 的运行机制与效果

LPR 报价机制改革以后，其运行效果基本达到了改革目的。

（1）在反映市场资金供求变化方面，新 LPR 报价能直接反应 MLF 的边际变动。MLF 利率代表了银行体系从中央银行获取中期基础货币的边际资金成本，虽然 MLF 等货币政策工具提供的资金在银行负债中占比不高，但对市场利率起决定性作用的不是总量而是边际量。自 2019 年 9 月 20 日调整后，1 年期 LPR 与 MLF 利率之间的加点幅度持续稳定在 90bp。新报价机制下的 LPR 对于 1 年期 MLF 的变动反应灵敏，LPR 会随着 MLF 利率的下降迅速下调，充分反映了银行体系的资金成本及市场资金供求的变化情况。

（2）在促进降低实际贷款利率方面，新 LPR 报价成效显著。从图 4-20 可以看出，LPR 改革前，一般贷款加权平均利率基本在 6% 附近。而在 2019 年 8 月 20 日央行公布新 LPR 报价后，实际贷款利率下行明显。一般贷款加权平均利率和贷款加权平均利率均随着 LPR 报价下调而下降，贷款加权平均利率在 2020 年 6 月末已接近 5.0%，2022 年 6 月已降至 4.4%。LPR 新报价机制成效显著，通过下调 MLF 利率影响 LPR 报价，进而传导到其他贷款利率，有效降低了实体经济的融资成本。

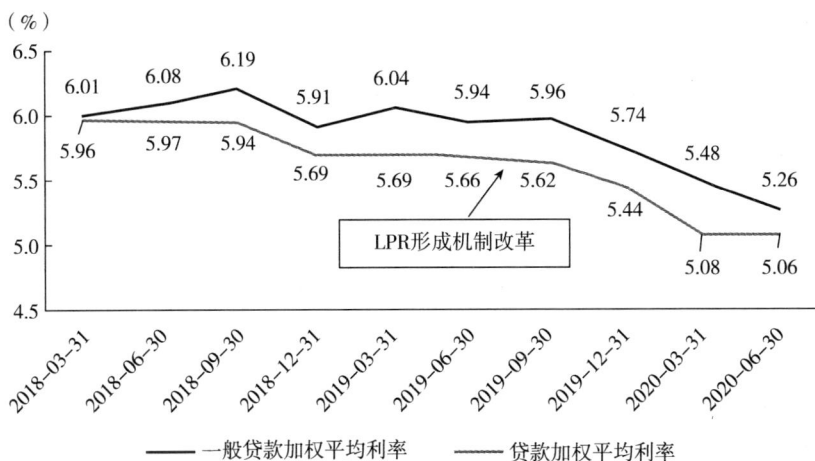

（％）

图4-20 季度贷款加权平均利率

（3）在推动存款利率市场化改革方面，新LPR报价同样起到了重要作用。随着LPR改革深入推进，贷款利率实现和市场利率并轨，市场化水平明显提高。同时，由于贷款市场利率整体下行，银行会适当降低其负债端成本，高息揽储的动力会随之下降，从而引导存款利率下行。根据央行2020年第二季度货币政策执行报告，部分银行已经主动下调了存款利率，市场化定价的货币市场基金等类存款产品利率也有所下行。通过央行统计数据与存款市场利率变化趋势可以看出，存款利率与市场利率正在实现"两轨合一轨"，贷款市场利率改革有效地推动了存款利率市场化。

（三）美国LPR的推出与发展

美国LPR是商业银行对其最优质客户执行的贷款利率，最早起源于1929年美国大萧条时期。当时社会资金需求低，银行大量的资金无法借贷出去，导致商业银行恶性竞争，在降低贷款标准的同时降低贷款利率。为了防止恶性竞争进一步发展，美国于1933年推出了规定贷款利率下限的LPR报价，推动形成统一的基准利率作为贷款最低利率，各银行贷款利率要在这个基准之上。

当时，美国LPR由最大的30家银行进行报价，并由华尔街日报根据报价行提供的数据计算并发布，报价原理主要基于成本加成法，报价行同时会参考联邦基金利率，故当时的LPR本质上仍应算作一种管制利率，对市场利率的变化并不敏感。这就造成当时美国的金融市场出现管制利率（贷款利率）与市场利率（回购利率）并存的局面。1994年，美国LPR利率形成机制转为完全钉住政策利率，美联储将LPR报价区间调整为联邦基金目标利率加300bp，使LPR的走势直接与联邦基金利率保持同步。

（四）中美 LPR 对比

中美 LPR 的区别主要体现在以下三个方面：

首先，中美 LPR 报价参考的利率基准不同。美国联邦基金利率为短期利率，而中国的利率基准 MLF 为中期政策利率。这主要是因为中国短期利率向中长期利率传导不畅，所以央行在不断探索直接调控中长期利率的方式。此次 LPR 定价机制改为 MLF 加点形式，MLF 作为中期政策利率可直接作用于信贷市场，进一步强化了政策利率体系从短端到中长端的作用。

其次，中美 LPR 定价机制的加点幅度不同。中国的新 LPR 报价机制中的加点幅度主要取决于各报价行自身资金成本、市场供求、风险溢价等因素，体现了报价行报价的市场化特征。而美国 LPR 为联邦基金目标利率加 300bp，利差被固定，所以与市场利率之间的联动性被弱化。

最后，目前中美 LPR 的应用情况不同，这主要与中美利率市场化推进程度、资本市场的成熟度以及直接融资的发展程度不同相关。美国 LPR 是其利率市场化进程中的过渡工具，而随着美国市场化改革的推进和资本市场的成熟，各类主体利率敏感度不断提升，不同融资方式占比更加均衡，LPR 相对僵化的报价制度难以满足不同类型的企业需求，多数企业偏向于通过更加市场化的方式融资。LPR 应用范围逐步转向规模较小或对市场利率变动不敏感的贷款品种，而以市场利率作为定价参考的贷款品种成为主流。截至 2017 年，美国工商业贷款中仅约 15% 根据 LPR 定价（见图 4-21）。资产规模小、议价能力相对较弱的中小银行是

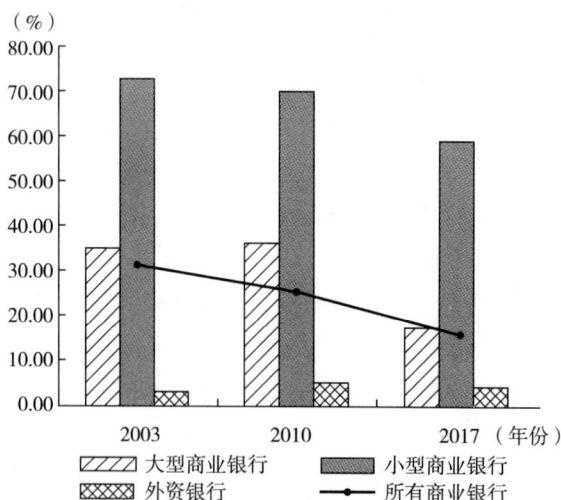

图 4-21　美国商业银行贷款中使用 LPR 定价的比例

资料来源：中债资信。

LPR 的主要使用者。如今，美国的 LPR 主要用作中小企业贷款、个人住房贷款及消费贷款等对银行依赖较强的资金业务的定价基准。而中国自 2019 年公布新 LPR 形成机制后，把其视为其他贷款利率的重要参考利率。根据央行公布的数据，截至 2020 年，银行增量贷款中运用 LPR 定价的占比已超过 90%，而存量贷款定价基准转换进度也达到约六成。

中美 LPR 出现这三点不同的主要原因在于中美货币政策利率传导效果、中美利率市场化推进程度、资本市场的成熟度以及直接融资的发展程度不同。

第四节　对中美无风险利率及期限结构的探讨

一、无风险利率及利率期限结构

无风险收益率是指在理想状态下，在一定期限内将资金投资于某"无风险"资产所能得到的收益率。利率期限结构是指不同期限的即期利率（一般指无风险利率）与到期期限的关系。利率的期限结构可用一条曲线来表示，横轴为到期期限，纵轴为收益率，实践中可能出现水平线、向上倾斜和向下倾斜的曲线等情况。

理论上，无风险收益率是投资者进行投资所期望的最低回报，如果要求投资者接受额外的风险就必须给予其大于无风险利率的收益率。一般而言，无风险收益率应该具备如下特征：

（1）市场参与程度高、有较强的流动性。无风险标的资产的特征之一就是具有很强的流动性，即投资者能将无风险标的资产以确定的价格迅速、大量变现，且不会蒙受损失，无交易成本或交易成本极低。这就要求无风险标的资产必须有较强的市场参与性，具有一定的市场深度和包容性，使各类机构投资者都能够广泛参与。

（2）收益稳定，安全性强，形成机制相对透明，没有或只有极低的违约风险。首先投资者持有无风险标的资产必然能够获得一定的收益，其次持有人在无违约风险的前提下所取得的收益相对固定，不随发行者经营收益的变动而变动。无风险标的资产收益的稳定性主要是由无风险标的资产的"无风险"特性决定的，此处的"无风险"特性指无风险收益率在市场中的形成机制透明，无违约风险或只有极低的违约风险。同时无风险收益率还要能代表市场上的真实无风险收益率，应当是完全竞争的结果，不能遭受人为的扭曲。

（3）较好的可控性，具有基础性，与其他资产关联性强。无风险收益率中除包含资金的时间价值外还包含对通货膨胀的补偿，因此无风险收益率易受通货膨胀率等宏观经济因素的影响，能在一定程度上反映出市场融资成本和经济状况，要能为货币当局所控制。同时无风险收益率一般可以作为本国资本市场的基准利率，并具有作为其他金融产品定价基础的作用，因此其应与其他金融子市场保持高度的关联，可以作为引导有效资源配置信号的作用。

（4）期限结构合理性强，容易构建相对完整的零息收益率曲线。期限结构合理性是指某种证券期限结构丰富，市场上有各种不同期限的证券及其对应的收益率，可以合理满足各种不同期限偏好的投资者的特性。只有期限种类丰富，证券期限结构合理，进而才会形成合理的利率期限结构，从而构建出一条平滑、完整的零息收益率曲线。

二、中国无风险利率的确定

中国自 1996 年起逐步进行利率市场化改革，时至今日，利率市场化改革取得了卓有成效的进步，但仍未完全完成利率市场化建设，距离真正的市场化仍有一定的差距。目前，关于中国无风险利率品种的选择问题还存在较多的争议。国内对无风险利率品种的选取主要有如下观点：

（1）选择国债利率作为无风险利率。国债安全性高、收益性好，国债市场具有一定的市场参与度，同时国债利率简单易得，符合国际上通行的做法。但是选择国债利率作为无风险利率也存在以下缺点：中国债券市场上的各期限国债的类型有限，因此难以构建一条相对完整的零息收益率曲线；同时中国国债利率尚缺乏高度的市场化，部分国债（如凭证式国债）的发行利率是由财政部和中国人民银行综合各因素而确定的，市场化水平明显不足。

（2）选择国债回购利率作为无风险收益率。由于国债回购交易实际是一种以国债为抵押品拆借资金的信用行为，违约风险较小，安全性较好，因此较符合无风险收益率的特征，如英国就是以两周国债的回购利率作为无风险利率。但是选择国债回购利率作为无风险收益率也存在流动性上的不足。从流动性来看，由于中国银行间债券市场和交易所债券市场分割，一定程度上分散了市场交易，同时两个市场的参与主体、资金性质、资金量和交易机制等因素差别较大，使两个市场的规模失衡，而且两个市场的回购利率也经常出现背离。

（3）选择银行存款利率作为无风险收益率。国债利率、银行间拆借利率和债券回购利率缺乏无风险特征，但由于中国是一个高储蓄率的国家，同时银行存款利率无风险特征明显，因此可以选取银行的整存整取利率作为无风险利率。但是，银行存款利率较缺乏市场特征，存在利率期限结构不合理等问题。

（4）选择银行间拆借利率作为无风险收益率。银行间拆借利率可交易性强，市场参与者较多，更接近市场参与者的真实融资成本，并且容易据此构建零息债券利率曲线。例如在国际金融市场上就经常采用 Libor 作为无风险利率。但是由于 Libor 是由少数大银行指定报价得出的，而参与制定的银行也往往在市场上持有头寸，银行就可能产生操纵 Libor 的动机。2008 年金融危机时发生的 Libor 操纵案就揭示出了这一利率产生机制的缺陷。此外，银行间拆借利率的形成机制不透明，且仍存在对手方风险，因此选择银行间拆借利率作为无风险收益率也存在一些不足之处。

（5）选择央行票据利率作为无风险收益率。央行票据是由中央银行发行的，基于其特殊地位保证了央行票据有较高的安全性、信用风险低；而且央行票据的年发行量和年交易量都明显大于国债，流动性较好；同时央行票据市场化程度高，其发行和回购都是向全部公开市场业务一级交易商进行利率招标，因此应该选择央行票据利率作为无风险收益率。但是由于央票是央行进行公开市场操作的主要工具，央行可通过调整央票利率来影响宏观经济，因此央票利率在形成机制上具有一定的政治色彩，其市场性水平必然受到一定的限制。同时，随着中国外汇占款下降，2017 年后，央行基本不再使用央票作为流动性回收工具。

（6）选择银行理财产品收益率作为无风险利率。主要有以下理由：一是大多数理财产品过去存在刚兑现象，可近似认为无风险；二是随着银行表外业务和非银金融以及互联网金融的迅速发展，银行理财产品的规模迅速扩张，2021 年底接近 30 万亿元，较 2014 年增长一倍；三是银行理财产品的投资门槛低、面向对象广，符合居民心中对无风险利率的要求。但随着 2018 年 3 月资管新规正式通过，要求打破银行理财产品的刚兑，实行全面的净值化管理，银行理财产品收益率无法再作为无风险利率。

三、美国无风险利率的确定

无风险利率的确定涉及利率的品种和期限的选取。

一方面，在美国等金融市场机制完善和债券市场发达的国家，由于其利率市场化程度较高、国债发行量大，因而对无风险利率的品种选取争议较少，实践中常采用国债利率。可用不同期限的国债利率构成如图 4-22 所示的利率期限曲线。

另一方面，具体到使用国债利率对其他资产进行定价时，无法绕开的问题是使用哪一个期限的国债利率。对此主要有以下三种不同观点：一是使用短期国债利率作为无风险利率；二是使用长期国债利率作为无风险利率；三是对不同期限的资产进行定价（或对不同期限的现金流进行贴现）时，使用对应期限的国债利率，以上三种观点从理论上来说都具备一定的合理性。

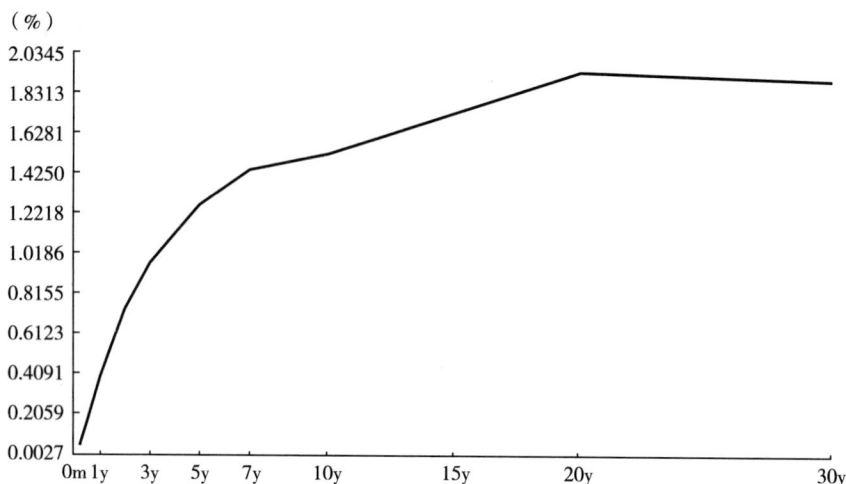

图 4-22　美国国债收益率曲线（利率期限结构）

第五节　对中美零利率与负利率的探讨

一、零（负）利率的定义

一般而言，负利率往往指的是负的实际利率，但事实上，目前世界多国存在负的名义利率的现象。当前的零利率、负利率主要指的是什么？这是否与传统理论有所背离？

（一）何谓零利率、负利率

当前所指的零利率、负利率，主要指负的政策利率、债券到期收益率以及商业银行的存贷款利率等。随着利率传导，许多利率都可能出现负的情况，但负利率首先是负的政策利率，其中又以超额准备金利息率最为常见。从实施的范围来看，欧洲央行对所有超额准备金普遍适用负利率；而瑞士、日本央行仅对部分超额准备金适用负利率。表 4-8 为主要国家（地区）实行负（零）利率的目的和内容。

表 4-8　主要国家（地区）实行负（零）利率的目的和内容

国家（地区）	主要目的	内容
丹麦	控制汇率	2012 年商业银行在央行的七天存单利率调至-0.2%；2019 年日德兰银行推出负利率按揭贷款

国家（地区）	主要目的	内容
瑞士	控制汇率	2015 年对金融机构超过上限的准备金收取-0.25%的利息，不同机构的上限不同；部分商业银行已经开始对高净值客户存款收取利息
瑞典	刺激经济	2015 年将基准利率（央行 7 日回购利率）设至-0.1%；2016 年基准利率降至-0.5%，超额准备金降至-1.25%
日本	刺激经济	2016 年开始实施三级准备金利率：对金融机构的部分超额准备金收取-0.1%的利息
欧盟	刺激经济	2014 年 6 月将利率区间下限隔夜存款利率降至-0.1%（适用于所有超额准备金、隔夜存款便利及部分指定第三方存款），随后三次下调，并于 2019 年 9 月降至-0.5%
美国	刺激经济	2008 年 12 月至 2015 年 12 月联邦基金目标利率区间为 0~0.25%，2020 年新冠肺炎疫情发生后再次调至此区间

负政策利率同样也会影响债券市场和商业银行的存贷款利率。瑞士、德国、日本等多国出现了到期收益率为负的国债。瑞士银行等部分银行也已经开始对部分存款账户实行负利率。不过在大部分实行负利率的地区，商业银行还没有将负利率传递给一般的存款账户。

（二）零利率和负利率是对传统理论的违背吗

根据费雪的利率理论，在没有贮藏成本的前提下，若一个理性人借出货币后将收到负的利息，那么他会选择持有现金而不是将货币借出，因此利率存在"零利率下限"。这里关键在于现金的储存成本。"零利率下限"是以现金持有成本为零为前提，但实际上金融机构持有实物现金存在成本。这在一定程度上能够解释金融机构为什么愿意接受债券或存款的负利率。

凯恩斯的流动性陷阱理论认为，当名义利率降到接近零的水平时，人们出于流动性偏好或者对债券价格下跌的预期，无论中央银行此时增加多少货币供给，人们都会选择持有货币，货币需求弹性将变得无限大。货币当局难以通过增加货币供给来进一步降低利率。凯恩斯的流动性陷阱理论没有考虑到央行的预期管理工具。"流动性陷阱"成立的一个前提是，人们预期债券价格会下降，或者说，未来利率将会上升。因此，如果央行作出维持低利率的承诺，就能够通过形成对未来实际利率下降的预期来促进当前的投资和消费，而实现这一目标的关键在于央行承诺的可信程度。

二、零利率、负利率政策效果及影响

各国实行零利率、负利率主要出于刺激经济与控制汇率两大目标。欧债危机期间，瑞士、丹麦等国货币成为避险资金，为抑制本币升值、保护出口而实行负利率政策。除此之外，其他地区实施零利率、负利率的目的大多在于刺激经济。

（一）对经济的影响

在稳定汇率和提升物价水平方面，丹麦的负利率政策取得了不错的成绩。2012 年 7 月，丹麦实施负利率政策后，丹麦克朗对欧元由升值转为贬值，且丹麦物价水平逐步止跌企稳。类似地，瑞典的负利率政策也在提升物价水平方面取得了显著的效果，2015 年初瑞典实施负利率以来，瑞典的 CPI 同比增速从 2015 年初的 0.4% 逐步上升至 2017 年的 2% 左右，瑞典的房价也经历了持续的上涨。瑞典已于 2019 年末结束了负利率政策。

但欧洲和日本央行的负利率政策却难言成功。从稳定汇率和提升物价水平方面看，欧元区及日本的货币政策目标均为 2.0% 的通胀水平，但在其分别实施负利率后，日本 CPI 同比数据从未超过 1.5%（见图 4-23），欧元区仅在 2018 年有6 个月 CPI 略超 2.0%（见图 4-24）。2014 年欧元区实行负利率政策后，欧元确实有所贬值，但其间还有其他因素的干扰：如欧元区在实施负利率政策的同时，还采取了资产购买等其他货币政策；而美联储也在相近时间退出 QE 并开始加息。因此，欧元贬值的效果就很难单独归因于负利率政策。日本宣布负利率政策后，由于日元一直以来的避险属性，以及英国公投等国际市场上的风险事件，日元甚至在一段时间中出现了升值。从刺激经济和提振需求的角度看，在欧元区实施负利率政策后，欧元区的实际经济增速在政策实施之初确实有所恢复，失业率进入下降通道，但随着政策利率进一步调低，其对经济刺激的作用反而减弱，欧元区实际经济增速开始放缓，失业率虽然下降，当仍然保持 8% 的高位（见图 4-25）。类似地，日本的负利率政策在实施之初对经济增长起到了一定的促进作用，但随后，日本经济增长再度进入下降通道（见图 4-26）。

图 4-23　日本 CPI 同比和日元兑美元即期汇率

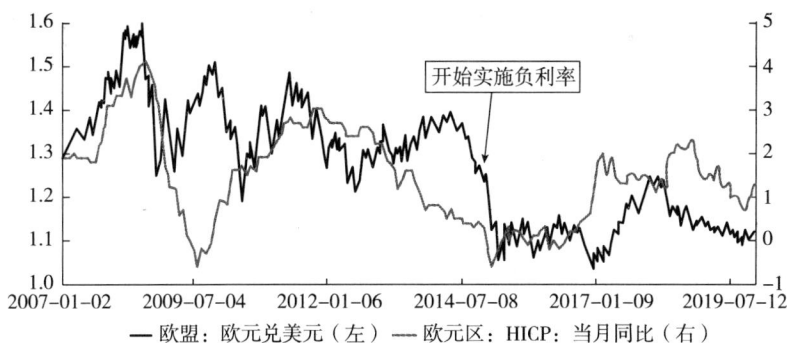

图 4-24 欧元区调和 CPI 同比和欧元兑美元即期汇率

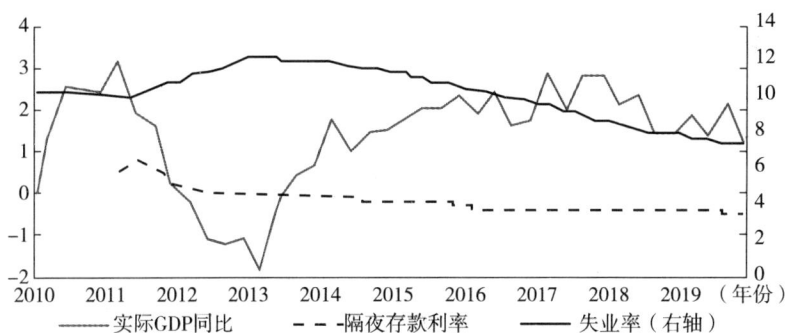

图 4-25 欧元区经济指标与负利率政策

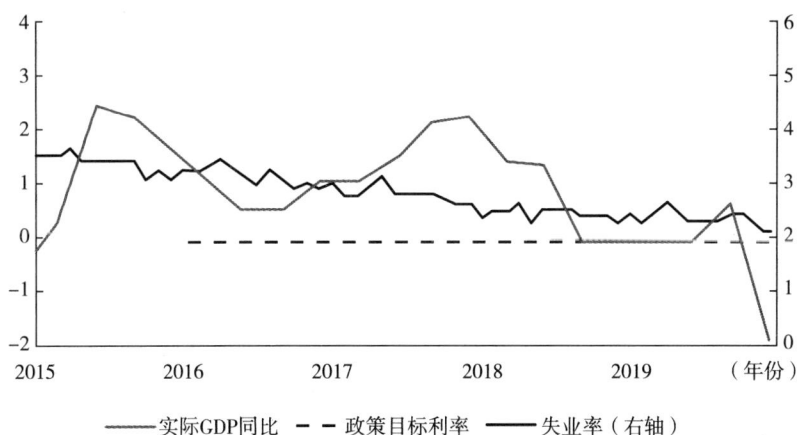

图 4-26 日本经济指标与负利率政策

因此，总体而言，零利率和负利率对于刺激经济、抑制本币升值的效果并非每次都尽如人意。由于各地区本身的政治、经济情况不同，货币政策、财政政策的实施力度和范围也不同，零利率和负利率政策的效果存在较大差异。

（二）对商业银行的影响

（1）随着负利率的实施，在短期利率水平下降的同时，长短期利差也有所收窄，导致商业银行的传统业务利润下降。例如，据国际清算银行的测算，欧元区银行业平均利息收入占比由负利率政策实施前的65%降至2017年的60%，净息差降幅超10bp。相关研究表明，业务模式更加单一的中小银行受到的冲击更大。以欧元区为例，随着负利率政策的深化，欧元区整体利率水平下降，同时，长短期利差收窄，具体期限结构变化如图4-27所示。

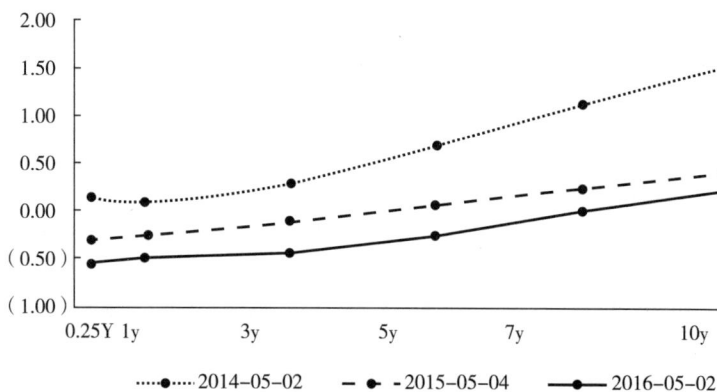

图4-27　欧元区公债收益率期限结构变化

（2）商业银行持有的风险资产占比增加。Bubeck、Maddaloni 和 Peydro（2020）研究发现，在欧央行实施负利率之后，欧洲高储蓄银行相比低储蓄银行持有的资产风险更大，风险资产占比更高，久期更长，主要表现为持有更多的私人部门发行的债务性证券。此外，它们也持有更多的以外币而非欧元发行的证券。

事实上，低利率环境下，其他金融机构的风险偏好也会上升。Aramonte、Lee 和 Stebunovs（2015）发现，低利率环境下，美国保险和养老金公司大规模扩张影子银行业务，风险偏好显著提升，从而可能带来系统性风险。随着国债等低风险债券收益率下降以及负利率政策的持续推行，商业银行、养老保险等金融机构均可能开始配置更多高风险的资产，增加金融体系的脆弱性。

（三）其他负面影响

如前文所述，随着利率降低，金融机构与企业将会更加偏好更高风险的资产。同时，利率本身也会影响资产价格，极低的利率水平可能会使资产定价形成扭曲。这些因素将共同推动资产价格泡沫的形成，带来系统性风险。

即使零（负）利率能够有效增加信贷投放，获得贷款的企业未必会投资于实体经济。当经济疲软，企业投资实体经济项目的收益较低时，降低利率可能会诱导企业通过加杠杆的形式将低成本的资金投向金融市场，最终并不能真正推动实体经济复苏。

三、未来中美实施零（负）利率可行性分析

从目前情况看，日本、欧洲等国家和地区均曾长期实行零利率、负利率政策，那么中美两国未来会不会也在较长的时间内采用零利率、负利率政策？

历史上，美联储于 2008 年金融危机后及 2020 年新冠肺炎疫情后，分别将联邦基金利率目标区间降至 0～0.25%，近似可认为是零利率政策。但在美国经济出现复苏迹象后，美联储即开启加息周期；而中国即使在面临经济下行压力的情况下，也从未将利率降至零附近。未来，预计中美两国未来长期采用零利率、负利率政策的概率较小的主要原因如下：

（一）中国

目前来看，中国在未来相当长的一段时间内不会采取零利率、负利率的货币政策。这主要是基于以下三点原因：一是相比美国、欧洲、日本等主要经济体，虽然中国近年来 GDP 增速有所放缓，但整体经济增长中枢仍较高，且通胀水平相对稳定，没有通缩的迹象；二是中国的利率水平仍较高，货币政策调控空间巨大；三是由于体制的差异，中国财政政策相比美国、欧盟的推行效率更高，故没有实施零利率、负利率政策的必要。

此外，中国实施零利率、负利率政策也面临其他制约因素：一是与欧美国家不同，商业银行是中国金融市场的主体，如果实行零（负）政策利率，可能会引发居民的挤兑，影响商业银行的运营，并增加社会不安定因素；二是实施零（负）利率时往往伴随货币投放和信贷供给的增加，杠杆资金进入金融市场或是房地产市场可能进一步加剧资产泡沫的形成，导致系统性风险。

（二）美国

2020 年新冠肺炎疫情时，美联储再度将联邦基金利率降至 0～0.25%，尽管美国的联邦基金利率水平已经十分接近零下限，但美联储对于负利率的态度极为谨慎。美联储主席鲍威尔曾在 2020 年 5 月表示，联邦公开市场委员的成员普遍认为，负利率对美国来说可能不是一个合适或有用的政策。从金融危机以后美国

的经济复苏表现，以及美国的政治、经济结构和人口等因素来看，美国在可见的未来并没有采用负利率来刺激经济的必要。

此外，负利率政策的实施也将受到很多其他条件制约。例如，美国的货币市场基金规模庞大，随着负利率的传导，可能会引发大量的赎回，对货币基金市场带来不利影响。另外，美元作为国际结算和储备货币，保持币值相对稳定对美元至关重要，实施负利率将会使美元贬值，不仅会带来国际金融市场的紊乱，还可能会影响投资者对美元的信心，影响美元的国际地位。

第五章 中美财政政策调控比较及影响研究

第一节 研究财政政策的现实意义

财政政策是政府进行宏观调控的政策工具之一，主要职能是保证国民经济的平稳运行，通常与国家的货币政策结合起来进行经济干预、宏观调控，以保证充分就业和物价稳定。财政政策主要是通过改变政府的税收收入、财政支出、债务融资等来改变国民总需求。

近年来，财政政策在宏观调控中的重要性日益凸显，尤其是 2020 年新冠肺炎疫情暴发以来，以美国为代表的主要发达国家均通过货币与财政协同调控（或财政赤字货币化）的方式刺激国内经济。因此，研究一国的财政体系和调控方式具有重大的现实意义。

按照调节经济周期的作用机制来划分，财政政策可分成相机抉择的财政政策与自动稳定的财政政策。前者主张政府需要根据不同的经济状况，进行灵活的财政调控，如经济萧条时期进行基础设施建设投资、繁荣时期抑制总需求等；而后者则强调经济有自动修复的功能，税收与政府的福利支出都存在自动稳定机制，为此政府不需要过多干预，经济便可以自动调节。

按照对国民经济的影响划分，财政政策可以分为扩张性、紧缩性与中性财政政策。扩张性财政政策通常用于经济衰退时期，主张政府扩大财政开支，减少财政收入，用于促进总需求增长，加快经济的复苏；紧缩性财政政策一般用于经济过热时期，政府会通过增加财政收入或减少财政支出等手段，抑制国民总需求，延缓经济危机的来临；中性财政政策则是既不扩张也不紧缩，对总需求的影响保持中性。

第二节　中美财政政策比较

一、中美两国财政收支概况

从总量的视角看，近年来中国 GDP 增长迅速，与美国的差距逐步缩小，而两国财政收入、税收占 GDP 的比重则存在着一定差异。

图 5-1、图 5-2 分别统计了 2010 年以来中美广义财政收入及税收占 GDP 的比重。2010 年以来中国全口径财政收入占 GDP 的比重和美国接近，约为 35%，但其中税收收入占 GDP 的比重明显高于美国。中美两国财政情况特点可以总结为，美国是较高的 GDP 总量和较低的税收收入占比，而中国是较低的 GDP 总量和较高的税收收入占比。这也就决定了两国的基本国情不同，也将势必会采取不同的财政政策以适应各自的国情。

图 5-1　中国广义财政收入及税收占 GDP 比重

资料来源：Wind 数据库。

二、财政政策具体调节工具

政府进行财政调控的工具主要包括调节税收、财政支出以及政府债券。

首先是对税收的调节，可以通过改变个人收入与企业收入来分别影响消费及生产。改变税收可以通过适当设置税种和税目，确定起征点、免征额、税率，税收减免和加成等方式进行，比如中国的营改增改革、对进出口商品税率的调整以及 2008 年为应对金融危机美国出台的退税方案等。

图 5-2　美国历年广义财政收入及税收占 GDP 比重

资料来源：Wind 数据库。

　　其次是通过改变财政支出的方式，具体包括购买性支出和转移性支出。购买性支出主要是消费性支出与公共投资，分别用于行政、国防、基建、能源、公用设施等方面，能够有效影响社会的资产配置。而转移性支出则是政府无偿性支出，如社会保障支出、财政补贴等，影响收入分配，能够增加个人和企业的可支配收入，间接增加社会购买力。增加政府的消费性支出能够直接增加国民总收入，而其他类型的政府支出则可通过刺激投资、消费、生产的方式影响经济。如美国 2022 年 8 月签署的《芯片与科学法案》对美国本土半导体研发、制造提供的政府补贴，中国于 2008 年推出的四万亿经济刺激计划以及目前对新能源、高科技等行业的补贴等。

　　最后是通过调节政府债务。一方面，国债可以作为国家实现宏观调控和财政政策的重要手段，通过改变私人部门的投资或消费、改变货币总量供需关系、改变资本市场利率水平等方式影响宏观经济运行，并且能够有效沟通财政政策与货币政策。另一方面，地方债是地方政府资金重要来源之一，国家对地方政府债务的管控也是一种财政调控手段，中国 2008 年地方债务宽松以及 2018 年专项债扩容都是积极扩张性财政政策的表现。

三、中国财政政策的选择与应用

（一）历史上中国财政政策的应用

　　为了厘清财政政策工具的应用，笔者大体将其按照消费、投资、政府支出和净出口进行分类，并相应列举典型的财政政策及其目的。

　　消费方面，2018 年中国进行个人所得税调整，提高了个人所得税的免征额，另外允许子女教育、继续教育、大病医疗、住房贷款利息、住房租金、赡养老人支出在税前扣除。个税降低的政策提高了居民的可支配收入，其目的在于提高内需，增加居民消费，应对外需减弱。

投资方面，2012 年起中国实行了"营改增"的税收改革，原先缴纳营业税的应税项目改成缴纳增值税。营业税就单位和个人所取得的营业额征收，而增值税仅对增值额征税。一方面"营改增"可以有效避免偷税漏税，另一方面也消除了重复扣税，企业购进固定资产和不动产可以抵扣进项税额，从需求的角度，减少了企业的支出负担，起到了鼓励企业进行存货、设备等投资的积极作用。2017 年，实施 60 多年的营业税正式退出历史舞台。

政府支出方面，2008 年全球金融危机爆发，中国政府及时推出四万亿的一揽子计划，其中 60%以上的资金投资用于基础设施建设和灾后重建，旨在通过政府支出扩大内需，促进经济增长。2020 年新冠肺炎疫情暴发，中国发行抗疫特别国债专门用于补足公共卫生等基建短板和抗疫医疗相关支出，并提高财政赤字率，从而有效对冲疫情对减收增支的影响。

净出口方面，2007 年 7 月，财政部宣布调整 2831 项商品的出口退税政策，取消了 553 项"高耗能、高污染、资源性"产品的出口退税，降低了 2268 项容易引起贸易摩擦的商品的出口退税率。此次财政政策调整主要是为了控制外贸出口等过快增长，以缓解外贸顺差为主要政策目标，促进进出口贸易的平衡，减少贸易摩擦，同时，促进经济增长方式转变和经济社会可持续发展。

（二）中国财政政策导向的改变

在财政政策以需求为导向时期，中国主要依据的是凯恩斯定律，即需求创造供给，认为在经济衰退时，政府需要利用扩张性的财政政策和货币政策刺激总需求。与此相对地，供给侧结构性改革下的财政政策则是以供给学派的理论作为基础的，其认为短期的经济调控需要结合需求和供给的分析，而长期的经济增长分析则完全取决于供给侧。

具体到实践中，中国财政政策的改变主要经历了以下不同的侧重点：

1. 以短期需求管理为主的财政手段

自 20 世纪 90 年代起，中国通过以短期需求管理为主的财政手段维持经济稳定。90 年代末，在经济增长下滑的情况下，政府实施扩张性财政支出政策，通过基建和福利支出的增加来刺激总需求增长。2008 年美国金融危机爆发后，中国政府也采用了相似的财政政策工具。

然而，连续的扩张性财政政策也逐渐显露出弊端，政府的大规模支出依靠发行债券进行融资，导致利率水平上升，私人投资被挤出，财政赤字风险加大。此外，中国的经济增速自 2010 年来呈现出逐年下降的情况。这其中包括世界经济衰退导致出口减少的原因，但究其原因还在供给侧：一方面，中国前期依靠大规模的劳动、资本、自然资源投入，以及劳动力从农业部门向工业部门的转移实现经济高速增长，但随着整体工资水平的提高，劳动密集型产品在国际上将逐渐失去低价优势；另一方面，部分行业如钢铁、水泥等出现了严重的产能过剩问题，导致产品价格长期维持在低位，企业盈利能力差，不利于中国经济健康长远发展。

因此，要改变中国经济的结构性问题，必须依赖供给侧管理，用科学技术、物质资本、人力资本等因素来支撑长期的经济增长，而非利用短期需求管理手段。

2. 供给侧结构性改革下的财政政策

2015 年以来，中国财政政策的着力点逐渐从需求侧转向供给侧。此前的政策调控手段以增加政府支出为主，在供给侧改革的背景下，财政政策主要通过减费降税、专项资金扶持等手段增强企业投资意愿，扶持特定行业企业发展，通过影响供给结构来达到调整产业结构的目的。其中，积极财政政策中最为突出的调控手段就是减税降费，包括降低增值税、降低社保费率、降低电费和物流成本等。

2018 年提出减税降费政策后，政府陆续出台了促进实体经济发展、支持科技创新等一系列措施，全年减税降费规模达到 1.3 万亿元以上。2019 年，中国实现新增减税降费超过 2 万亿元。从当年减税降费构成中可以看到，主要以企业增值税减税为主，辅以社保降费，其他收费和个税的减收相对较少（见图 5-3）。

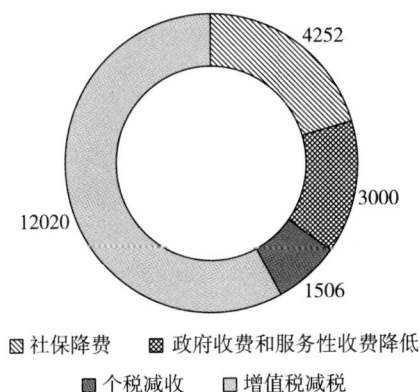

4252
3000
1506
12020

☒ 社保降费　　▨ 政府收费和服务性收费降低
■ 个税减收　　▨ 增值税减税

图 5-3　2019 年减税降费具体构成（单位：亿元）

资料来源：国务院常务会议、财政部、国税总局。

此外，供给侧结构性改革必然要求削减企业的过剩产能，其中一大问题就是裁减人员的安置。中国现行的社保体系是分省统筹，且费率较高，这不仅加重了企业负担，也影响了劳动力在行业间的自由流动，因此社保降费的财政调控也成为供给侧结构性改革的重要组成部分。2019年5月，社保降费正式实施，其内容包括缴费比例的下调、缴费基数的下调等政策。总体来看，社保降费能够减少企业人工成本对企业利润的挤占，推动企业投资发展、产业升级，同时也能够为产业结构优化下人力资本的顺利流动奠定基础。

3. 中国当前财政调控最大特点：专项债+新基建

目前中国财政赤字率处于国际中等水平，在不考虑地方政府融资平台等隐性债务的情况下，2021年，中国政府债余额占GDP的比重约为47%（见图5-4），远低于美国超过100%的水平。

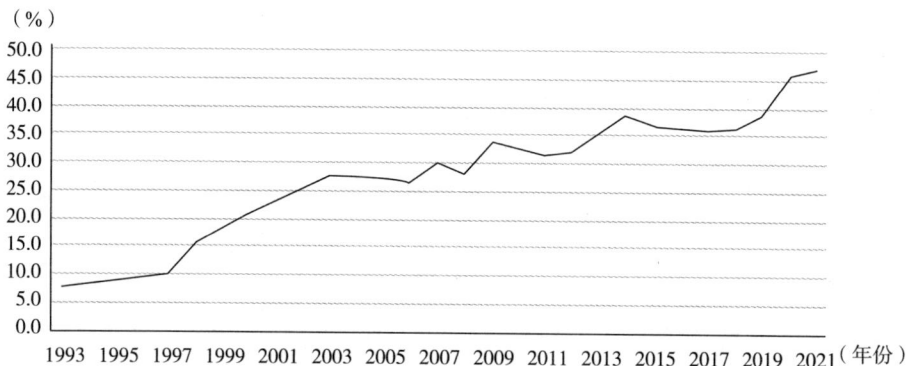

（%）

图 5-4　中国政府债务占 GDP 比重

资料来源：Wind 数据库、中国社会科学院统计。

近年来，中国专项债额度持续提高，对投资的支持力度明显增强。由图5-5可见，专项债占比也逐年提升。专项债重点支持基础设施建设，禁止用于土地储备等领域，并可作为项目资本金撬动杠杆，进一步加大了政府债券对投资的支持力度。实际上，近年来财政分工逐渐明晰，一般财政重点向民生、科技等领域倾斜，而政府投资等支出事项逐渐由政府性基金承担，以专项债、特别国债等政府债券为代表。总体来看，专项债的发行空间仍然较大，对财政支出的支撑力度较大。

此外，专项债额度的增加也为减税降费和增加政府支出腾出空间，尤其是新基建领域。目前，中国传统的"铁路、公路、机场"等基础设施的建设规模已较大，但以5G、特高压、大数据中心、新能源汽车充电桩等为代表的新基建仍有巨大的建设空间。

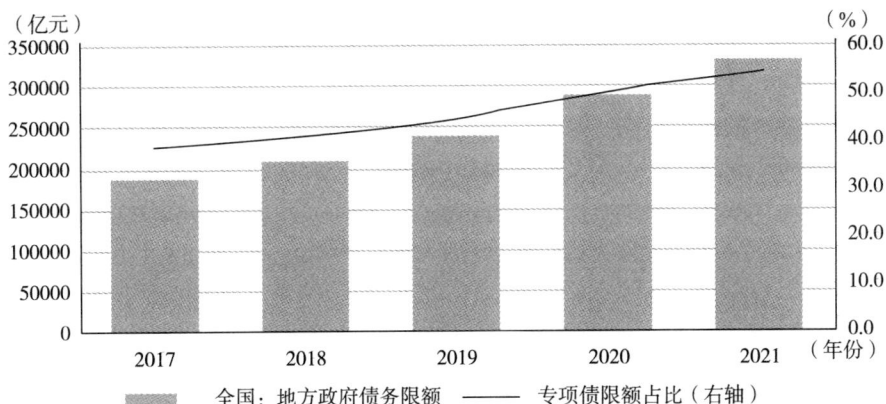

图 5-5　中国地方政府债务限额及专项债占比

资料来源：中国人民银行、Wind 数据库。

四、美国财政政策的选择与应用

（一）历史上美国财政政策的应用

财政政策的目标主要有稳定经济、促进经济发展、公平分配及平衡预算。经济稳定又分为内部经济稳定，如国内价格水平及国民收入的稳定，以及对外均衡稳定，如国际收支进出口的稳定。经济发展指通过刺激需求或供给使经济保持合理增速。公平分配指收入在不同群体之间的分配和转移。平衡预算指通过对财政赤字的调控，维持国家财政收支的平衡。笔者以上述财政政策的目标为标准，分别阐述 2008 年金融危机以来美国的财政政策。2008 年以来，美国财政政策的重点在经济稳定、经济发展、公平分配及平衡预算四大类中有所转换，总体表现出"扩张—调整—再扩张"的变动趋势（见表 5-1）。

表 5-1　经济危机后美国财政政策总结及分类

分类	具体举措	对应法案
经济发展	每人获得 400 美元薪酬抵免，并延长子女抵免、教育支出抵免等福利政策；同时，针对小企业减税，降低企业负担，促进企业投资	2009 年奥巴马政府经济刺激计划
	延长 2009 年经济刺激计划的减税方案，将雇员社会保障税率降低 2%，延长企业投资税收的抵免优惠政策	2010 年奥巴马政府《减税、恢复失业保险和创造就业法案》
	扩大财政支出，重点投入教育、基础设施建设、医疗卫生、能源和救济支出	2009 年奥巴马政府《经济复苏与再投资法》

分类	具体举措	对应法案
经济发展	不良资产纾困计划，救助银行、汽车及房地产等行业，并向金融机构注资，帮助这些产业恢复经济增长动力	2008 年奥巴马政府
	个人所得税方面：简化并降低各级税率，房屋贷款征税标准下调，提高遗产税免征额，实行儿童税收优惠 公司所得税方面：降低公司税率，取消公司替代所得税制度，采取属地税收制度，并降低对于回流本国的境外资金的税率	2017 年特朗普政府《减税和就业法案》
公平分配	重新征收遗产税，最高税率为35%；将年收入高于40万美元的个人所得税率提升到39.6%；延长符合条件的个人的紧急失业补助	2010 年奥巴马政府《减税、恢复失业保险和创造就业法案》及 2013 年奥巴马政府《2012 年美国纳税人救济法案》
平衡预算	特朗普政府调整财政支出结构，扩大在国防及基建上的支出，同时通过削减联邦开支及福利性支出来平衡政府赤字	2017 年特朗普政府
	修订《平衡预算和紧急赤字控制法》，将 2013 年所需赤字减少 240 亿美元	2013 年奥巴马政府
经济稳定	对特定货品提高关税，转变贸易逆差现象	2018 年特朗普政府签署总统备忘录

资料来源：根据公开资料整理。

2008 年奥巴马政府（经济稳定）：2008 年，美国金融市场崩溃，失业率显著上升，美国经济陷入萧条期。为应对金融危机，刺激美国经济走出经济危机，奥巴马政府通过减税补贴提高居民可支配收入，刺激居民消费，同时通过降低企业所得税促进投资需求。

2013 年奥巴马政府（平衡预算）：前期扩张性的财政政策大幅降低了税收收入并加大了政府支出，使美国财政赤字大幅上升。2009~2012 年，美国财政赤字连续四年超过 1 万亿美元。此时，美国财政政策进入调整阶段，更关注预算平衡目标。2013 年，奥巴马政府通过重新征收遗产税并加大高收入人群税收力度来起到公平分配及平衡预算的作用，财政赤字情况改善。

2017 年特朗普政府（经济稳定及经济发展）：2017 年特朗普任美国总统之后，美国经济内部的结构性问题重回公众视野，包括长期贸易逆差、制造业空心化等。特朗普政府将原因归结于产业的外包转移及美国金融市场的过度监管。因此，特朗普政府再次采用扩张性的财政政策，通过大规模减税来减轻美国居民和企业负担，刺激国内消费，吸引制造业回流美国，推动美国经济增长动力。

（二）美国现行财政政策重点

本节以特朗普政府时期的财政政策为例，基于前文所述的分类标准，详细分析美国当时财政政策的应用与核心主张。

2017 年特朗普政府上任时，美国经济状况处于短期企稳复苏，长期增长停滞的状态。面对上述经济趋势，特朗普政府财政政策的重点在于经济发展及经济稳定，尤其是通过促使制造业回流及提高关税等举措改变长期的贸易逆差。

经济发展方面，特朗普政府的主要举措是大面积税收改革计划，通过减免个人所得税及企业所得税促进经济增长。一方面，个人所得税的降低鼓励人们更多地选择就业和工作，从人力资本的角度增加供给及产出；另一方面，特朗普政府降低了企业所得税，同时以"属地原则"替代"属人原则"，即企业在境外的收入流入美国不用二次交税。这一系列措施可以增加企业的税后留存利润以增加企业投资。同时，税改中对于设备投资一次性费用化处理的举措也可促使企业加大投资力度。

经济稳定方面，主要是针对贸易逆差采取贸易保护主义的财政政策，其中包括针对特定国家及特定货品提高关税。这其中主要是出于政治因素的考量，因为单从经济角度出发，贸易关税政策与减税政策的目标是相冲突的。首先，由于美国同时采取降税等扩张性财政政策刺激消费，美国国内的产出无法满足增加的消费需求，美国进口增加反而加剧了贸易逆差。其次，提高贸易关税使美国居民及企业面临物价升高的局面，抵消了降税带来的个人实际收入提高以及对企业经营的利好。

美国现行财政政策的主要目的是经济发展及经济稳定，但一定程度上牺牲了公平分配及平衡预算两大目标。一方面，特朗普税改法案中，中高收入人群的边际税率降幅最大，使财富进一步向高收入人群倾斜。同时，企业所得税由累进税率改为单一税率，利好原本经营业绩就相对较高的大企业，挤压了由于利润偏低而原本享有低税率的小企业，扩大了不平等现象。另一方面，对于平衡预算而言，即使政府有意通过减少福利及政府支出对冲造成的赤字，但扩张性的财政政策依旧会给政府财政赤字及债务带来压力。政策实施之后，美国财政赤字及公共债务水平都达到了历史新高。

综上所述，特朗普政府时期美国的扩张性财政政策其核心逻辑是采取贸易保护主义，并推动经济长期增长动力。从短期来看，扩张性的财政政策会促进就业并推动企业投资，但潜在问题一是现行政策的核心目标存在冲突，二是会造成社会不平等及财政赤字高企，在某种程度上抑制了经济增长的核心目标。

第三节　中美财政调控机制差异的根源分析

一、中美经济结构不同——刺激经济的调控手段不同

中美处于不同的经济发展阶段，因此经济结构有很大的差异。

就中国而言，2000 年以来中国投资占 GDP 的比重整体呈现上升趋势，而个人消费占比则呈现下降趋势。截至 2021 年，中国居民端最终消费支出占 GDP 比重为 38.5%，投资占 GDP 的比重为 43.0%（见图 5-6）。个人消费占比的下降可能与中国居民工薪收入占 GDP 比重较低有关，因此消费欲望和实际消费需求较低。在这些因素的共同作用下，形成中国目前低消费、高投资的经济结构。

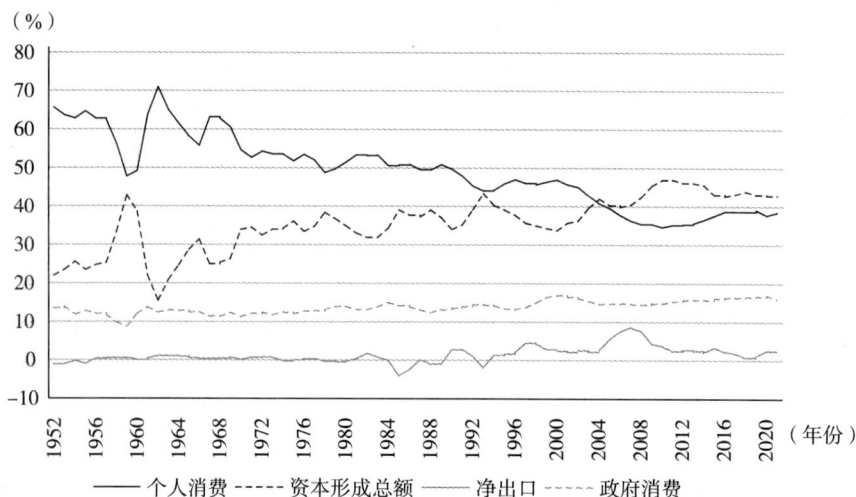

图 5-6　中国 GDP 结构

资料来源：Wind 数据库。

相比之下，美国一直以来倡导消费主义，居民有着足够的工薪收入能够支持较高消费需求。此外，美国经济发展较为成熟，投资需求较低，2021 年其个人消费占 GDP 比重为 68.5%，而投资占 GDP 比重仅为 17.9%（见图 5-7）。

经济结构的不同使中美对于财政调控的选择不同。

在中国的经济结构中，投资占比略高于个人消费，二者之间较为均衡，因此中国财政政策的调控一部分直接作用于促进投资，但同时也会兼顾消费，为此中

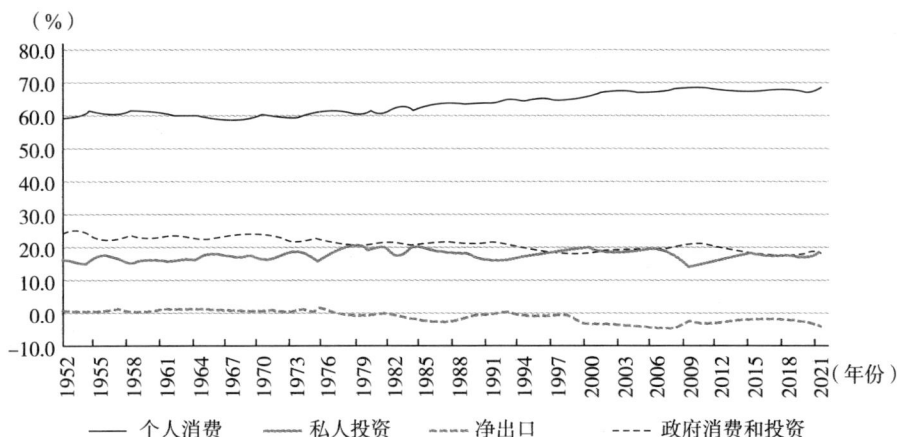

图 5-7 美国 GDP 结构

资料来源：Wind 数据库。

国推出新基建、减税降费、财政补贴等一揽子计划，来实现中国的政策目标。而美国的经济结构中，消费占比则远远高于投资，在经济中起决定性作用。因此，美国的财政政策绝大多数作用于刺激消费，比如调整居民税收、推出各种医疗补助、失业救济、对个人直接发放现金支持等。

此外，从中美近年来的财政政策梳理中可以发现，当前中美财政调控手段的一个明显差异在于税收政策的调整。在奥巴马和特朗普执政期间，都注重遗产税和个人所得税税率的调整。相比之下，中国的税改政策相对集中在企业增值税、个人所得税上。造成这一差异的原因主要是由于中美两国财政收入的结构不同。美国的个人所得税是财政收入的主要来源，占比近六成，企业所得税占比较低。而中国的情况则恰好相反，由于人均收入仍较低，财政收入中个税收入占比仅不到 10%（见图 5-8）。因此，在这种情况下，中国调整个人所得税税率或起征点，对整体税收收入的调节作用有限。

二、中美货币地位不同——刺激经济的力度不同

美国的税收优惠和减免力度以及政府支出的金额均远高于中国，这必然会导致美国更高的财政赤字。这种强有力的财政政策源于美元的国际货币地位，可以让美国不断发行国债弥补其财政缺口。因此，美国可以在危急时刻通过强力有效的财政政策来刺激美国居民消费，从而加速经济恢复。

相比之下，人民币的国际地位与美元不可同日而语。如果中国政府发行过多国债、地方政府债并配以相应的货币宽松政策，将导致人民币对外存在较大的贬

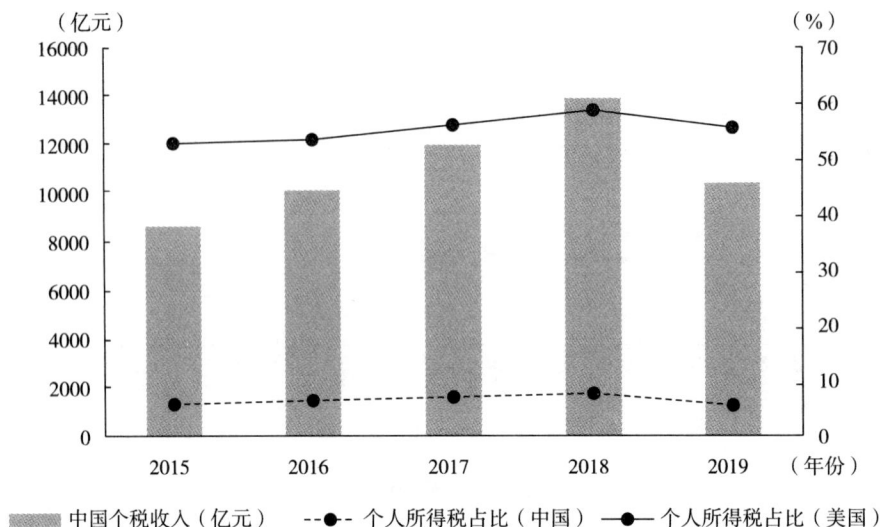

图 5-8　中美个税对比

资料来源：中美财政部、国家统计局。

值压力。因此，中国只能采取相对温和的财政政策。

三、中美央地关系不同——影响政策实施与政府债务

（一）中国的中央与地方财政关系演化

新中国成立初期，中央财政高度集权并实行统收统支，其后进行了两次"放权—收权"的改革尝试，直到改革开放初期"包干制"的实施以及 1994 年分税制改革，中国财政体制不断变化。具体而言，中国央地财政关系大体可分为以下四个阶段：

1. 第一阶段：新中国成立初期中央财政的高度集权（1949~1957 年）

1949 年，中央财政经济委员会成立，中央高度集权的财政制度由此建立。此后两年时间里，政务院将全国财政收支划分为三级：中央、大区和省，第一次在政策上清晰划分了央地的财政权限。1954 年，撤销六大行政区，中央集权进一步提高。经历上述调整后，中央政府可支配财力占国家预算收入的 75%。此时，财政收支权完全集中于中央，地方财政仅是中央财政的延伸。

2. 第二阶段：社会主义建设时期央地财政间"放权—收权"（1958~1978 年）

在中央高度集权的情况下，地方积极性无法有效调动。中央政府在 1957~1978 年先后进行两轮"放权—收权"的改革尝试。

自 1958 年初开始，中央政府开始全面下放权限，这是新中国历史上的第一

次大规模放权的变革。第一次放权在一定程度促进了地方经济，但也导致了较为严重的财政赤字。1961 年，中央开始收权，加强中央集权与财政收支管理，增强对预算外资金的管理并进行了适当的压缩。

20 世纪 70 年代初期，中央政府开始第二次放权，下放企业管理权和财政收支权。与第一次放权类似，虽调动了地方财政的积极性，但也造成了无序生产和重复建设等问题，导致经济结构失调，地方保护主义盛行。为了加强中央集权，于 1975 年开始对铁路、民航等重要的经济部门加强统一领导。

3. 第三阶段：改革开放初期"包干制"下的放权尝试（1979~1993 年）

1980~1984 年、1985~1988 年、1988~1993 年，中国分别实行"划分收支、分级包干""划分税种、核定收支、分级包干""财政大包干"的财政管理体制。但这一时期，中央财政收入占比急剧减少，1992 年中央财政收入仅占全部财政收入的 28%。1989 年、1991 年，国务院先后两次在全国财政工作会议上要求各地为中央财政做贡献，以解决中央财政困难。

4. 第四阶段：分税制建立（1994 年至今）

1994 年的分税制改革是新中国成立以来设计调整力度最大、影响最为深远的一次财政体制改革，其主要内容如下：

第一，根据权力范围属性确定央地财政支出范围，属于全国范围的支出由中央财政负担，属于地方事务范围的支出由地方财政承担。

第二，按照税种划分央地收入，将税种统一划分为中央税、地方税和中央地方共享税，这是分税制改革的核心内容。

第三，实施中央财政对地方的税收返还以及转移支付制度。

分税制确立了中央与地方财权、事权划分的基本框架，同时明确了中央政府与地方政府的"财与政"边界，对财政运行和宏观经济运行均产生了良好效应。

（二）美国联邦与地方财政关系演化

美国联邦与各州、地方的财政关系演化大体分为两个阶段，第一个阶段以邦联制为核心，权力集中于各州政府；第二个阶段是建立联邦财政制度，将美国政府分为联邦、州和州以下地方政府，确立了联邦权力高于各州权力、行政、立法和司法三权分立、相互制衡。

1. 第一阶段：邦联制建立，主权由联邦和各州分享（1778~1786 年）

1776 年北美宣布独立后，第二届大陆会议着手起草全国宪法——《邦联和永久联合条例》（Articles of Confederation and Perpetual Union）（以下简称《邦联条例》）。1778 年，《邦联条例》正式批准生效。该条例表明美国是由 13 个州组成的邦联制国家，各州保留其主权、自由和独立。邦联条例侧重地方而忽视中央，权力集中在州政府，各州拥有主权国家所享有的一切权利。随着美国资本主

义经济的发展，邦联制难以适应其发展需要，反而扩大了各州之间经济联系的
壁垒。

2. 第二阶段：联邦财政制度建立，三权分立、相互制衡（1787年至今）

1787年，邦联国会召开制宪会议，废除《邦联条例》并制定新的宪法。
1787年，新的宪法草案获得通过。1789年，美国第一届联邦国会宣布《美利坚
合众国宪法》正式生效。宪法规定美国是一个联邦制国家，联邦权力高于各州权
力，确立了行政、立法、司法三权分立，相互制衡的原则。这种纵向的分权制在
权力结构中突出了"分权与制衡"的原则，避免了权力过于集中。

美国的联邦、州、地方三级政府改变了邦联政府在财政事务上的不利地位，
实现了从财政邦联向财政联邦的转变。在财政联邦体系下，地方政府具有独立的
事权和税权，但在中央与地方的财政关系上，无论从财政收入规模还是从财政支
出规模上看，中央财政均处于主导地位。

（三）中美央地关系与收支结构比较

中美央地关系比较如表5-2所示。

表5-2　中美央地关系比较

	中国	美国
制度	单一制	联邦制
含义	若干行政区构成的单一主权国家	若干成员单位组成的联盟国家
法律体系	只有全国人大具有立法权	联邦与州政府均可立法
国家机构	只有一个中央政府	有联邦中央政府，各州也有自己的中央政权机关
权力授予	地方权力由中央授予	各州权力并非联邦授予
央地关系	中央为核心，行使决策权	联邦、州、地方三级财政体系
地方政府独立性	独立性弱，但支出责任较大	独立性强，财政自主性较强

美国实行联邦—州—地方三级财政体制，这是由其联邦制的政治制度所决定
的。美国由若干个政治单位——州组成，联邦政府与州政府之间并不是上级与下
级的关系，而是不同权力、不同职能的政府在不同范围内行使统治权。州地政府
在政治上相对独立的体制，使其在财政上也能实现相对独立，拥有很大的财政自
主权，并且财政收支能够自洽。目前联邦政府收支与州地政府收支在1∶1左右
波动，央地之间的财权与事权较为均衡。美国联邦政府、州和地方政府的财政收
入及支出占比如图5-9、图5-10所示。

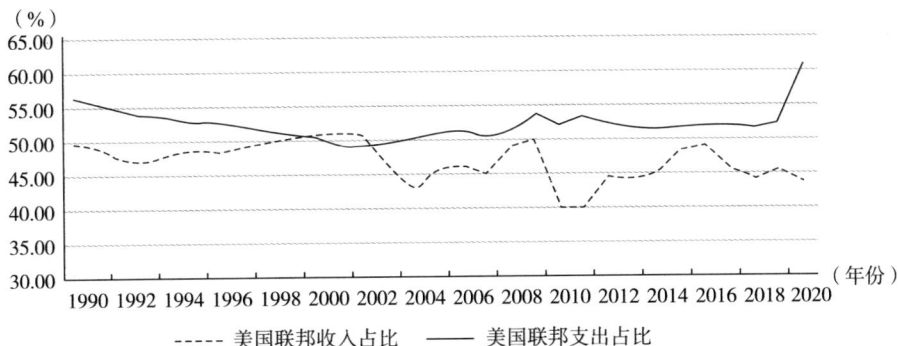

图 5-9　美国联邦及地方政府收入占比

资料来源：Wind、美国国会预算办公室、美国商务部普查局。

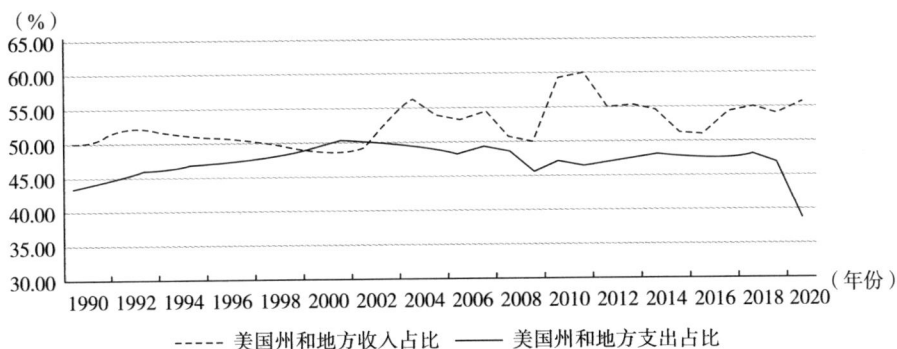

图 5-10　美国联邦及地方政府支出占比

资料来源：Wind 数据库、美国国会预算办公室、美国商务部普查局。

　　相比之下，中国是单一集权制国家，只有中央政府具备统治权、决策权，而地方政府则是实现全国政府目标的行政机构，受到中央政府的管辖。尤其是 1994 年分税制改革将地方政府大部分财权上移至中央，地方财政收入占总财政收入比重降至 40%～50%的水平，但城市基础设施投资与建设的责任并未减少，财政支出占比依旧维持在 80%左右，使地方政府的财权与事权相分离。财政政策决策权在上而责任在下，中央政府进行决策而地方政府执行，这与美国的分权模式有本质上的区别。中国中央政府、地方政府的财政收入及支出占比如图 5-11、图 5-12 所示。

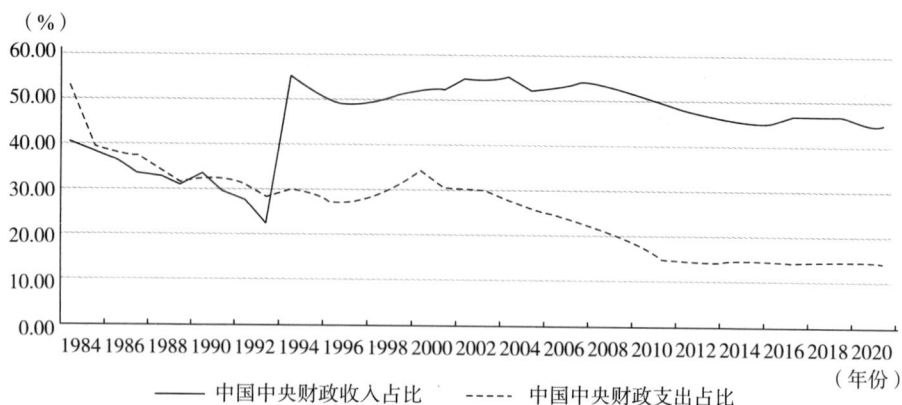

图 5-11　中国中央财政收支占比

资料来源：中国国家统计局。

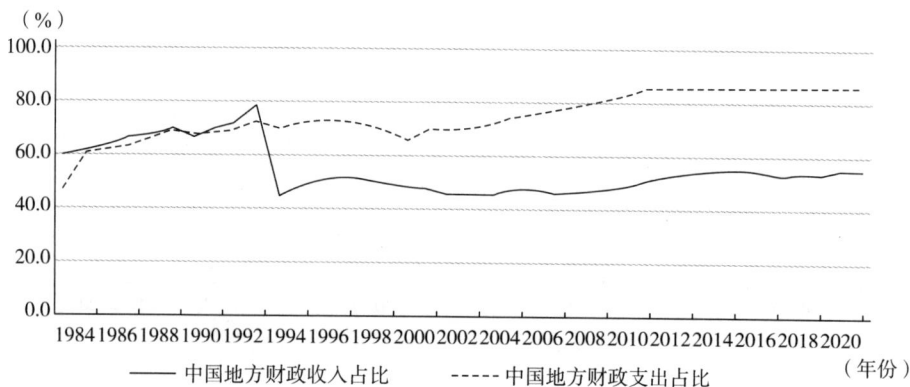

图 5-12　中国地方财政收支占比

资料来源：中国国家统计局。

　　从中美中央与地方政府的收支结构上来看，美国联邦政府主要依靠个人所得税、企业所得税以及社会保险税等（见图 5-13）；而州政府与地方政府则分别以销售税与财产税为主（见图 5-14）。就财政支出而言，联邦政府支出集中于国防支出、社会福利支出与利息支出（见图 5-15）；而州地政府则集中于区域性较强以及与居民日常生活密切相关的项目，如教育、公路、公共福利支出等（见图 5-16）。

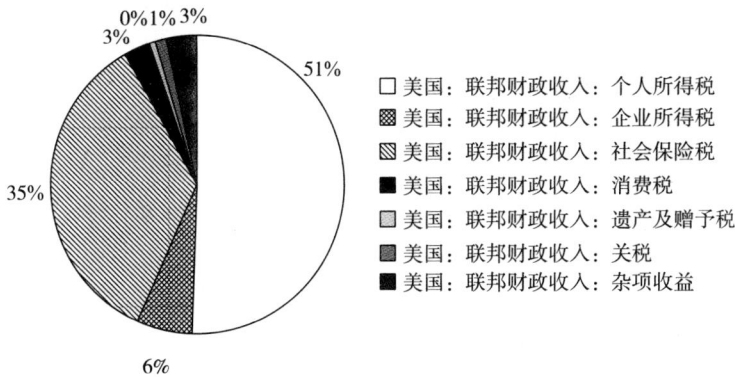

图 5-13 美国联邦政府收入架构

资料来源：Wind 数据库、美国国会预算办公室。

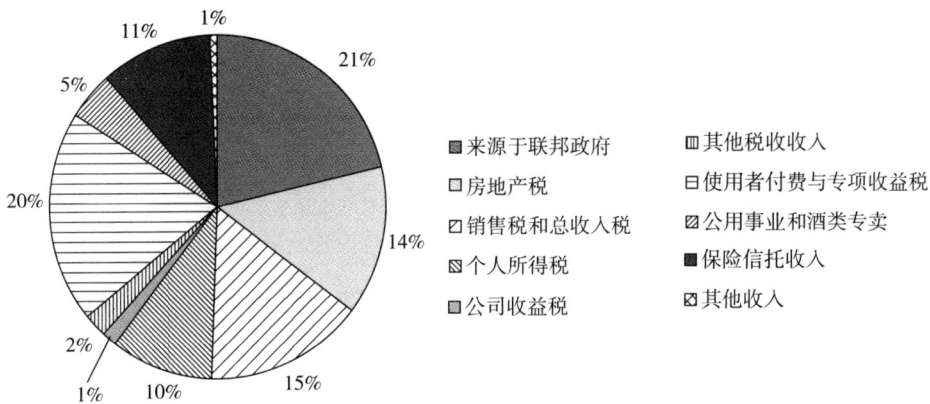

图 5-14 美国州地政府收入架构

资料来源：Wind 数据库、美国国会预算办公室。

此外，美国联邦政府还会对州地政府进行一定的财政补助，包括专项补助与非专项救助，前者由联邦指定使用用途与期限，占比较大；而非专项补助的限制性较少，主要是为了平衡各地区间财力。联邦补助的目的主要是在保留地方财政自主权的同时，有效推行联邦政府的政策意图，加强联邦政府对州地政府的控制。

中国的中央政府税收收入以消费税、增值税、企业所得税为主（见图 5-17），地方税则主要来自增值税、所得税的分成以及上级政府的转移支付（见图 5-18）。在税种划分制度上，中国将体现国家主权的税种如关税、进口环节税

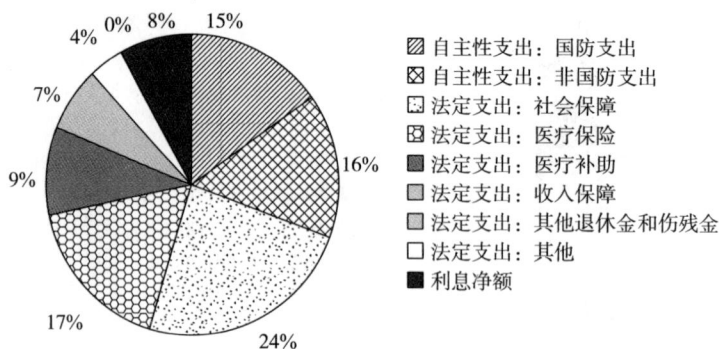

图 5-15　美国联邦政府支出架构

资料来源：Wind 数据库、美国商务部普查局。

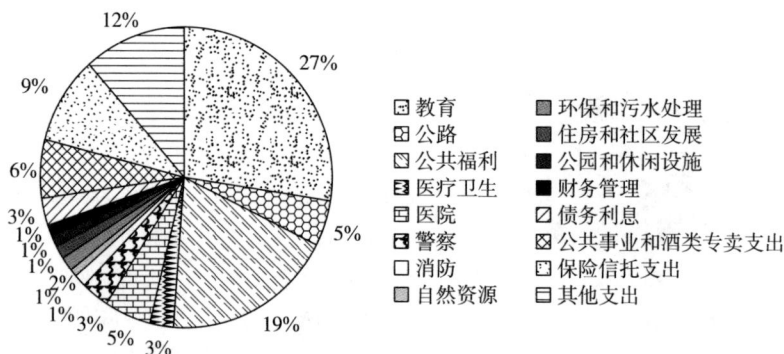

图 5-16　美国州地政府支出架构

资料来源：Wind 数据库、美国商务部普查局。

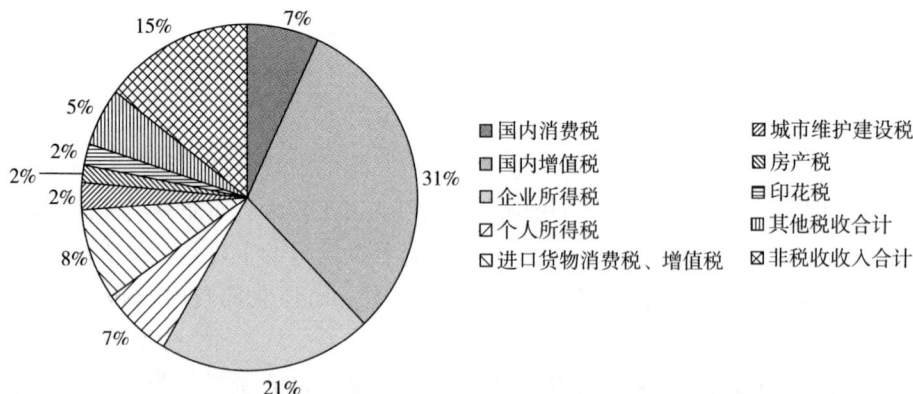

图 5-17　中国中央政府收入架构

资料来源：Wind 数据库。

收等划为中央收入；税基地域化属性明显的房产税、市政税等税种划为地方收入；而增值税、企业所得税、消费税等税源金额较大且地区分布不均衡的税种划为中央收入或中央按照较高的比例分享。

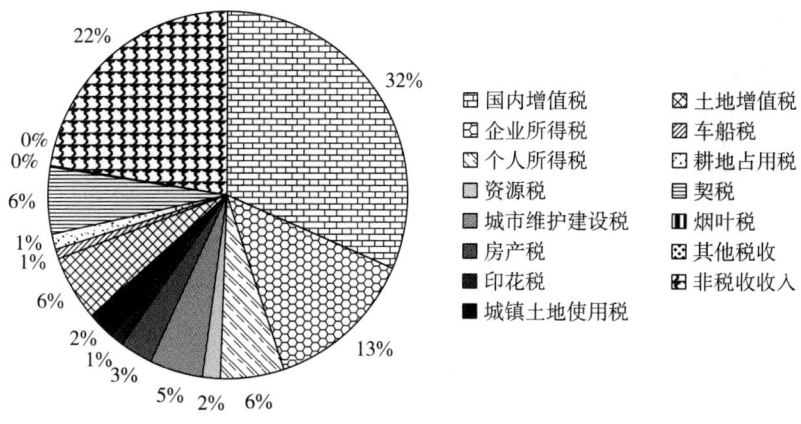

图 5-18　中国地方政府收入架构

资料来源：Wind 数据库。

转移支付，包括税收返还、专项拨款、一般性转移支付等方式，是中国减轻各省份间贫富差距，平衡各地公共服务发展，维持社会稳定的重要手段。目前，中国总体上形成了以财政事权和支出责任划分为依据，以一般性转移支付为主体，共同财政事权转移支付和专项转移支付有效组合、协调配套、结构合理的转移支付体系。

在财政支出方面，中央政府负责国防、外交、行政管理等方面的支出（见图5-19），地方政府则承担了主要的支出义务，负责基础教育、社会救助、社会治安、市政交通等（见图5-20）。

（四）中美不同央地关系对财政政策的影响

1. 制定部门不同

美国分权的政治体制使各州政府拥有很大的财政自主权，财政政策的制定不仅是联邦的责任，各州政府也会出台各自的财政手段，并根据其州与下属地方地区的经济状况变化，进行财政的有效调整。

相比之下，在中央集权的政治体制下，中国财政政策的制定多是由中央决定，并逐级传递给地方政府。

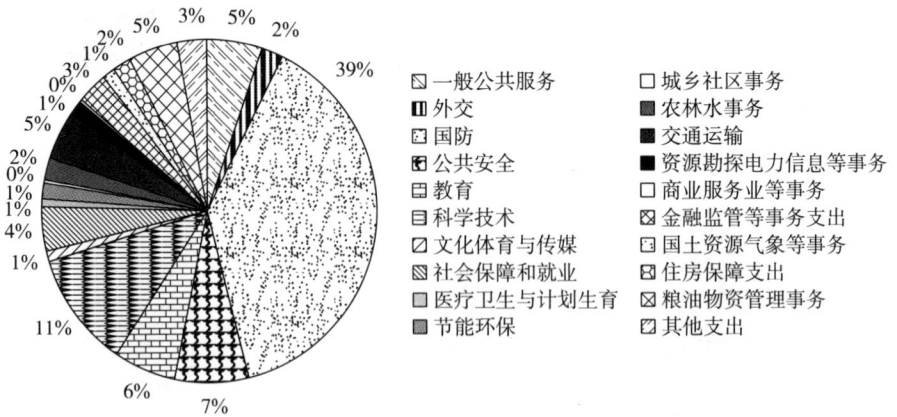

图 5-19　中国中央政府支出架构

资料来源：Wind 数据库。

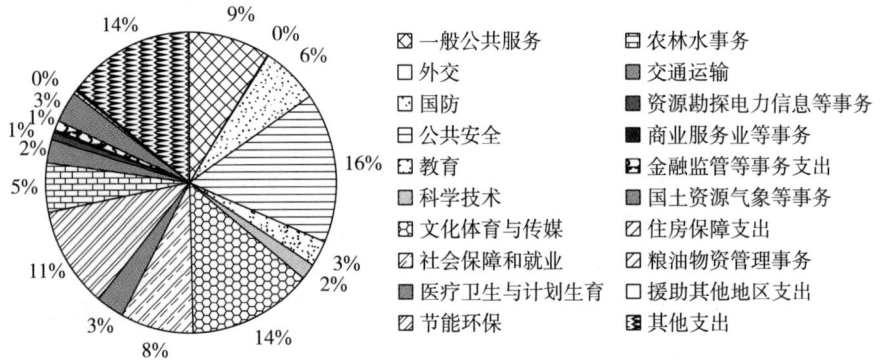

图 5-20　中国地方政府支出架构

资料来源：Wind 数据库。

2. 传导效率不同

美国州政府相对自治的体制并不利于联邦政府的财政政策向地方传导，州政府的强势地位可能会使财政政策的执行偏离最初设定的目标。为此联邦政府会通过财政补助手段来进行对各州的调控，如美国 2008 年七千亿美元的财政刺激计划中就包括了对各州的财政补助。

相比之下，中国地方政府的财政调节空间比起美国的州政府小很多，中央政府财政政策的传导相较于美国更加顺畅，特别是应对危机时政府的执行力更强。

3. 实施结果不同

中国各级地方政府在管辖区域内具有较大的财政支出权力，在以 GDP 为重要衡量的官员晋升机制下，各地以经济增长为首要目标，形成了较强烈的政府间竞争。这种竞争一方面促进了当地经济发展，另一方面会忽视社会公共服务、引发地方保护主义，并且容易造成紧缩性的财政政策比较难以在地方推行。

而美国州政府官员则是由本州的选民投票选举产生，仅对本州选民负责，并不直接对联邦政府或总统负责，政府之间竞争受到法律和民主程序监督，也就不存在简单以 GDP 为导向的问题。

4. 债务结构不同

中国财权的上移使地方财政赤字增大，必须依靠外部融资。不同于美国州政府的自主举债，中国地方政府的债务规模受到中央政府的管辖，为此在显性债务之外还形成了大量隐性债务，如城投债、隐性担保等。长期来看，地方政府适当举债可以促进当地经济发展，推动地方财政收入增长；但财务杠杆提升了财政不稳定性，尤其是隐性债务的高度不透明形成极大风险，不利于整体财政体系稳定。此外，由于中国地方政府事权较大，因而中国地方政府负债率水平显著高于美国州政府。一部分原因是地方政府承担了本该由中央政府承担的支出压力，实质上是将中央政府的部分债务转移至地方政府，减轻了中央政府的债务压力。

而美国联邦政府与州政府的财权、事权划分明确且相对独立，不存在中国目前中央与地方财权、事权不匹配的问题。

第六章　中美金融危机下货币、财政协同比较研究

第一节　金融危机下美国的政策应对及影响

2001~2006 年，美国房地产市场持续繁荣，住房抵押贷款利率处于历史低位水平，商业银行和住房贷款机构大量发放房贷。截至 2007 年底，美国住房抵押贷款余额达到 14.6 万亿美元，较 2002 年初的 7.6 万亿美元几乎翻了一倍。这其中有相当一部分住房贷款发放给了信用条件差、还款能力弱的贷款人，也就是常说的次级贷款（Subprime Mortgage）。美国次级贷款占全部住房贷款的比例从 2001 年的 7.6% 大幅上升至 2006 年的 23.5%。截至 2007 年上半年，浮动利率次级贷款占美国全部住房贷款的 9%，随着美联储不断加息，还贷压力加大，美国房地产价格开始下跌，导致次级贷款违约率大幅上升，并最终引发"次贷危机"。

在房地产繁荣时期，美国华尔街的投行创造并发行了大量以住房抵押贷款为底层资产的金融衍生产品，而美国乃至全球的金融机构持有大量相关金融衍生品头寸。房地产市场泡沫的破灭，直接导致金融机构的巨额损失。次贷危机逐渐演变成美国的金融危机，并最终传导至全世界。2008 年金融危机期间，美国华尔街最大的 5 家投资银行一家破产（雷曼兄弟）、两家被兼并（美林、贝尔斯登），仅剩高盛与摩根坦利仍维持独立运营。市场预计，全球与金融危机相关的损失达到 1.5 万亿美元。

一、金融危机下美国货币财政政策总结

在此背景下，美国出台了一系列货币政策和财政政策，总结如表 6-1 和表 6-2 所示。

表6-1　金融危机下美国货币政策总结

	措施	效果
调整利率	2007年9月开始降息周期；2008年10~12月，三次累计下调联邦基准利率175bp，达到0.25%的历史最低水平	美联储连续9次降息，联邦基金利率从5.25%下调至0.25%，降低了存贷款利率从而降低企业的借贷成本，给企业注入了流动性
调整贴现率	2007年8月17日美联储下调贴现率50bp；2008年3月18日，再次下调贴现率75bp，与联邦基金利率缩小至25bp，贷款期限延长至90天	
公开市场操作	2007年8月9日开始频繁采用隔夜回购交易，满足市场流动性需求	有效阻止了金融市场流动性短缺向其他市场蔓延，创新流动性政策工具拓展了美联储注入流动性、介入金融和市场的渠道：PDCF工具是美联储自20世纪30年代以来首次直接向投资银行敞开贴现窗口的工具；AMLF、CPFF、MMIFF开始通过商业票据向实体经济和企业注入了流动性
创新流动性政策	①针对存款机构的创新工具，包括TAF，TAPP等；②针对交易商的工具创新，包括PDCF、TSLF；③针对货币市场的工具创新，包括AMLF、MMIFF；④针对借款者和投资者提供的流动性，包括CPFF、TALF等	
大规模注入流动性	2007年8月11日向银行系统3次注资，总额达到380亿美元，2007年11月1日向银行系统注资410亿美元，11月15日再次注入472.5亿美元	
量化宽松	2008年11月，美联储开始实行首轮量化宽松，计划买入6000亿美元抵押支持债券，包括由房地美、房利美和联邦住宅贷款银行发行的价值1000亿美元的债券及其担保的5000亿美元的资产支持证券	首先，向金融市场注入流动性，缓解由于挤兑所致的银行倒闭的恐慌；其次，创新流动性支持工具主要是为了缓解金融业和非金融业贷款机构的市场流动性短缺问题，改善金融业的市场功能
美联储与其他中央银行协调	2007年12月起，美联储先后和欧央行、瑞士央行等西方主要央行达成货币互换协议，在TAF和TSLF上设立了美元和对应货币的互换额度，支持这些央行对其辖内金融机构提供美元流动性	

表6-2　金融危机下美国财政政策总结

	措施	效果
援助金融机构	①救助投资银行贝尔斯登，贝尔斯登将其流动性最差的300亿美元资产作抵押，纽约联储通过摩根大通向其提供为期28天的等额融资；②救助房利美和房地美，纽约联储成为美国财政部向"两房"提供信用贷款的财务代理人；③救助美国国际集团（AIG），2008年9月16日，美联储宣布向AIG提供850亿美元的高息抵押贷款，条件是美政府需获得AIG 79.9%的股权；④采取国际联合救助行动，美联储先后与欧央行、英格兰银行和日本银行等进行了大规模的国际联合援助行动	实行国有化政策，保护美国金融资产，避免其遭受外资的兼并和收购，维护美国金融机构和经济安全，建立市场信心

	措施	效果
财政刺激计划	2008年1月4日，美国国会宣布实施1500亿美元的一揽子财政刺激计划； 2008年10月3日，时任美国总统布什签署7000亿美元的金融救援计划； 2008年9月，美联储向AIG提供1500亿美元的救助资金，对债券和基金进行回购和担保	美国政府在通过美联储对金融业进行救助的同时，通过财政部从税收、财政支出、失业救济和问题资产救助等方面进行调整和巨额财政救助；政府实施减税政策和对贫困与失业的救济，重振制造业，在一定程度上减缓了金融危机对实体经济的打击，使失业率逐步降低，经济逐渐转好
金融稳定计划	2009年2月17日，奥巴马签署了高达7870亿美元的《美国复苏与再投资法案》；2月18日，奥巴马政府公布"房屋所有者负担能力和稳定性计划"；2008年12月19日财政部动用174亿美元用于为汽车业提供短期贷款；2009年6月，美国又通过总额为10亿美元的旧车换现金计划	
援助接管两房	2008年7月13日，美国财政部和美联储联手对深陷困境的"两房"提供援助，2008年7月22日，美国众议院批准总额3000亿美元的住房援助法案，授予财政部向"两房"提供援助的权力，并可以为陷入困境的房贷家庭提供帮助	

二、金融危机下美国货币政策

金融危机爆发后，美国的货币政策最初仍是以传统的货币政策为主，主要包括大规模注入流动性、降低联邦基金基准利率、公开市场操作。其后美联储加大了货币政策支持力度，采用了一系列非传统的货币政策工具。

（一）传统货币政策

1. 调整超额准备金利率

2007年9月，美联储开启降息周期，至2008年12月，联邦基金目标利率下调450bp。同时，美联储对银行存放在美联储的存款准备金通过支付准备金利息，间接达到实际降息的效果。此前，美联储和其他主要国家的中央银行均不为商业银行的法定存款准备金和超额准备金存款支付利息。在金融危机冲击下，为了增加受困金融机构的收入并减少公开市场操作的业务压力，2008年10月，美联储宣布向存款准备金支付利息。

2. 调整贴现窗口贷款政策

从2007年8月起，美联储多次通过调整贴现政策，鼓励出现财务困难的商业银行向美联储借款。2007年8月，美联储下调贴现率50bp，使其与美联邦基金利率之差由此前的100bp缩小为50bp，贷款期限延长至30天，并可请求延期。

2008 年 3 月，美联储再次下调贴现率 75bp，使其贴现率与联邦基金利率进一步缩小至 25bp，贷款期限延长至 90 天。

3. 公开市场操作

自 2007 年 8 月起，美联储开始频繁使用公开市场操作。除采用隔夜回购交易之外，美联储还多次使用 14 日回购等工具满足市场持续流动性需求。2007 年 8 月 10 日，美联储向市场当日注入高达 350 亿美元，远超 10 亿美元的日均交易规模。至 2008 年底，美国有效联邦基金利率贴近 0% 的历史最低水平。

（二）非传统货币政策

金融危机下，尽管美联储实施了大规模的金融救助行为，但美国的金融市场风险溢价仍然居高不下，金融市场流动性紧缩问题严重，以短期利率为主要操作目标的传统货币政策传导机制阻塞。在特殊情况下，美联储便开始使用大量创新性非传统货币政策。

1. 创新流动性政策

（1）针对存款机构的创新工具。2007 年 12 月，美联储实施定期拍卖便利 TAF，通过招标方式向财务健康的存款类金融机构提供贷款。其他针对存款机构的创新性货币政策工具还包括定期贴现措施（TDWP）、不良资产救济计划（TAPP）等。

（2）针对交易商的工具创新。2008 年 3 月，华尔街投行贝尔斯登流动性严重恶化，而贝尔斯登不是存款性金融机构，无法申请贴现贷款。为了救助流动性严重缺乏的大交易商，阻止金融市场流动性危机向其他市场蔓延，美联储创设了一级交易商信贷便利（PDCF）。PDCF 使一级交易商获得了与存款机构相同的进入贴现窗口的权利，可以按存款机构同样的贴现率借款，并以各种投资级证券作为抵押物。2008 年 9 月，PDCF 抵押品的范围进一步扩大到三方回购市场的抵押品。美联储通过 PDCF 改善了一级交易商的融资能力，其他针对交易商的创新性货币政策工具还包括定期证券借贷便利（TSLF）等。

（3）针对货币市场的工具创新。为了对货币市场提供流动性支持，稳定金融市场，2008 年 9 月，美联储引入资产支撑商业票据货币市场基金流动性便利（AMLF）；10 月，美联储引入货币市场投资者融资便利（MMIFF）。AMLF 允许存款机构、银行控股公司和外国银行在美国的分支机构以高质量资产支持商业票据（ABCP）为抵押，从联储获得相应的资金，以提高 ABCP 的流动性，维护货币市场的正常运行。MMIFF 允许纽约联储向 SPV 提供融资，从合格投资者手中购买合格资产，包括高评级金融机构发行的存单和商业票据，间接释放流动性至货币市场。

（4）针对借款者和投资者提供的流动性。为刺激实体经济，防止信贷紧缩在实体经济中蔓延，2008 年 10 月，美联储创设商业票据融资便利（CPFF），通过 SPV 直接从符合条件的商业票据发行方手中购买评级较高的资产抵押商业票据和无抵押商业票据，为商业银行和大型企业等商业票据发行者提供信用支持，用来改善短期融资市场的流动性。其他针对借款者的创新性货币政策工具还包括定期资产抵押证券贷款工具（TALF）等。

2. 大规模注入流动性

金融危机爆发初期，美联储曾在 2007 年 8 月 11 日一天之内向银行系统三次注资，总额达到 380 亿美元。随着危机日益严重，美联储进一步向金融系统注入流动性。2007 年 11 月 1 日，美联储向银行系统注资 410 亿美元，11 月 15 日，再次注入 472.5 亿美元。2008 年 2 月 12 日，美联储划拨 300 亿美元的资金。2008 年 3 月以后，美联储启用新的政策工具，建立了大规模流动性注入的常设渠道。

3. 量化宽松

2008 年 11 月，美联储开启首轮量化宽松，计划买入 6000 亿美元抵押支持债券，包括由房地美、房利美和联邦住宅贷款银行发行的价值 1000 亿美元的债券及其担保的 5000 亿美元的资产支持证券。2009 年 3 月，美联储宣布将购买 3000 亿美元的长期国债，同时还准备再次购买 8500 亿美元机构债（主要是"两房"担保的房地产抵押债券）。截至 2010 年 6 月，美联储持有的债券规模达到 2.1 万亿美元，远远超过金融危机前 2007 年底 7500 亿美元的债券持有规模。此后，美联储又分别于 2010 年 11 月和 2012 年 9 月开启第二轮、第三轮量化宽松。

4. 美联储与其他中央银行协调

金融危机期间，美联储也加强了与其他中央银行协调合作。2007 年 12 月起，美联储先后与欧央行和瑞士央行以及其他西方主要央行达成货币互换协议，在 TAF 和 TSLF 上设立了美元和对应货币的互换额度，支持这些央行对辖内金融机构提供美元流动性。之后，外汇互换额度也在不断扩大，对欧央行和瑞士央行的货币互换额度分别从 200 亿美元和 40 亿美元提高到 500 亿美元和 120 亿美元。为配合美联储的政策工具调整，其他央行在扩大合格可抵押债券范围和延长流动性放贷期限等方面也做出了调整。

（三）货币政策效果

美联储推出的"量化宽松"等非常规货币政策主要目的是支持资产价格，通过降低金融摩擦来降低融资成本，而不是简单地增加货币量来降低利率。金融危机期间，美国深陷流动性陷阱，已经很难单纯通过货币量的增加降低利率。

1. 增加货币量的目标效果不显著

美国居民储蓄率整体较低，银行无法仅靠吸收存款发放贷款，还需向资本市场发行债券融资。金融危机期间，在美联储降息至零区间后，债券市场利率反而开始上升，提高了银行融资成本，从而影响贷款成本。同时，银行发放贷款的质量急剧下降，银行需要补充核心资本金。由于融资成本过高，银行不得不通过回收贷款来偿还债券，以减少核心资本金要求的压力，从而使信贷市场萎缩。事实上，美联储投放的大量流动性并没有导致广义货币供应量迅速大幅增加，如2008年末至2010年，美国货币供应量仅上升了约10%。其原因是金融机构放款意愿大幅下降（见图6-1），导致货币乘数急剧下降。

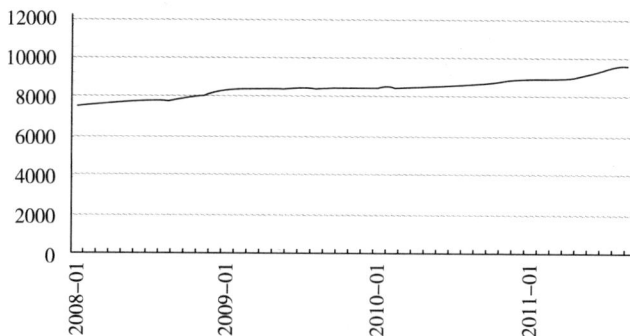

图 6-1　美国货币供应量

2. 形成美元贬值压力和通胀预期

金融危机后，美联储大量增发货币形成美元贬值预期，压制美元价值，同时，增发的美元很大一部分流向国际市场，进一步导致美元指数下降。在通胀预期和美元贬值的推动下，黄金、石油价格从 2007 年 5 月开始节节攀升。尤其是2010 年 11 月美联储宣布推出第二轮量化宽松货币政策后，黄金价格加速上涨（见图 6-2）。

图 6-2　2007 年 5 月至 2012 年 5 月黄金历史价格走势

3. 增加就业的目标缓慢达到

2008 年实施量化宽松政策后，2010 年起美国经济呈现恢复性增长态势，GDP 增速同比转正且当年增速已高于金融危机前（见图 6-3）。但同时，美国失业率却居高不下，到 2010 年 12 月，失业率仍高达 9.4%（见图 6-4）。这一现象被称为"失业型复苏"（Jobless Recovery）。美国失业率从 2011 年起开始缓步下滑，直至 2015 年才恢复至危机前水平。

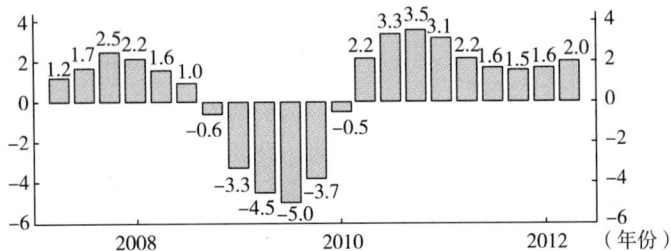

图 6-3　美国 GDP 增长率

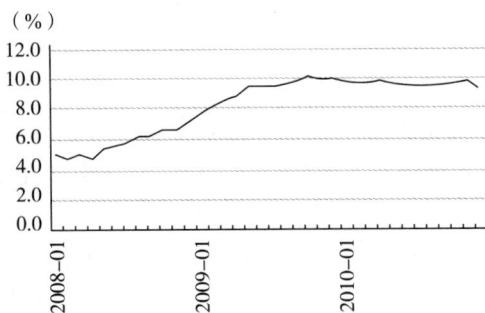

图 6-4　美国失业率变化

三、金融危机下美国财政政策

为恢复金融市场信心，美国救市计划赋予财政部向银行系统注资以及获取银行股权或将个别银行国有化的权力。美国对金融机构的援助如下：

（1）救助贝尔斯登。美联储紧急批准了摩根大通与贝尔斯登的特殊交易，贝尔斯登将其流动性差的 300 亿美元资产作抵押，纽约联储通过摩根大通向其提供为期 28 天的等额融资。这是自 20 世纪 30 年代美国经济"大萧条"以来，美联储首次向非银行金融机构开放贴现窗口。

（2）救助房利美和房地美。美联储和美国财政部联合对陷入财务困境的"两房"提供救助。财政部在公开市场收购"两房"发行的房贷抵押证券，同时美联储通过纽约联储向"两房"提供特别信贷额度。

（3）救助美国国际集团（AIG）。美国金融危机爆发以后，市场违约风险急剧上升，作为全球信用违约掉期市场主要卖方的 AIG 受到严重影响。2008 年 9 月，美联储宣布向 AIG 提供 850 亿美元的高息抵押贷款，条件是美政府获得 AIG 79.9% 的股权，并持有其向其他股东分红的否决权。2008 年 10 月，美联储声明，此前向 AIG 提供的 850 亿美元贷款额度已用尽，允许 AIG 以投资级固定收益证券作抵押，美联储将再度给予 AIG 378 亿美元的贷款额度。

此外，美国还推出了一系列金融救援计划：

（1）财政刺激计划。2008 年 1 月，美国国会宣布实施 1500 亿美元的一揽子财政刺激计划。根据这一计划，美国家庭将得到不同程度的税收返还，中小企业还可以享受到额外税收优惠。2008 年 10 月，时任美国总统布什签署有史以来最大规模的 7000 亿美元的金融救援计划，对濒临破产的金融机构直接注资，并计划动用 500 亿美元外汇稳定基金（Exchange Stabilization Fund，ESF）为货币市场基金提供临时担保。

（2）金融稳定计划。2009 年 2 月，奥巴马签署了高达 7870 亿美元的《美国复苏与再投资法案》。该法案把保障就业作为应对经济危机的直接举措，而将发展清洁能源作为美国经济未来转型和发展的长远战略。2 月 18 日，奥巴马政府公布"房屋所有者负担能力和稳定性计划"，用至少 2750 亿美元的资金实现保障美国家庭的"清偿力"和加强对"两房"的支持以维持较低按揭利率水平的目标。2009 年 6 月，美国又通过总额为 10 亿美元的旧车换现金计划，消费者通过以旧换新的方式购买更经济环保的小轿车和卡车，可获得政府提供的 3500~4500 美元的补贴。

（3）援助并接管"两房"。2008 年 7 月，美国众议院批准总额 3000 亿美元的住房援助法案，授予财政部向"两房"提供援助的权力，并可以为陷入困境的房贷家庭提供帮助。根据这一法案，联邦住宅贷款银行委员会（Federal Home Loan Bank Board，FHLBB）可以向约 40 万个面临丧失抵押品赎回权风险的房贷家庭提供总上限为 3000 亿美元的再融资担保，帮助他们将目前利率较高的按揭贷款转换为利率较低的 30 年固定利率贷款。2008 年 9 月，由于"两房"形势进一步恶化，美国政府宣布联邦住房金融局（Federal Housing Finance Agency，FH-FA）牵头接管"两房"，财政部与"两房"签署高级优先股购买计划，为"两房"和联邦住房贷款银行建立一个有担保的新借贷工具，同时推出购买政府资助企业按揭抵押证券的临时计划。

（4）最大规模的金融救援计划。2008年10月3日，时任美国总统布什批准了《2008年紧急经济稳定法案》，推出有史以来最大规模的7000亿美元的金融救援计划。主要内容包括：一是授权美国财政部建立受损资产处置计划（TARP），在两年有效期内分步使用7000亿美元资金购买金融机构受损资产；二是建立受损资产处置计划后，允许财政部向金融机构受损失资产提供保险；三是成立金融稳定监督委员会和独立委员会对法案的实施进行监督；四是对接受政府援助企业的高管薪酬做出限制；五是与国外金融监管部门和中央银行合作；六是将保护纳税人利益放在重要位置；七是增加对丧失抵押品赎回权的房贷申请人帮助。

四、金融危机期间美国财政货币政策对金融市场的影响

2008年金融危机期间，美国出台了大规模的刺激政策，对美国股票市场、债券市场、黄金市场及外汇市场都产生了深远影响。

对美国股票市场而言，金融危机爆发之初，股票市场上蔓延的恐慌情绪和资产抛售演化成流动性危机，美股进入快速下跌通道。标普500指数从2007年11月的1481点，一路下行至2009年2月的735点，跌幅超过一半。虽然期间美国政府和美联储展开大规模的救市行动，市场恐慌情绪有所消退，但在盈利预期未改善的情况下，股市仍呈现偏弱走势。2009年3月后，随着宽松政策效果显现与宏观经济好转，市场信心逐步得到恢复，美股终于走出为期2年的熊市，迎来了新一轮的上涨。金融危机后期，标普500指数涨幅整体表现较为强劲（见图6-5）。

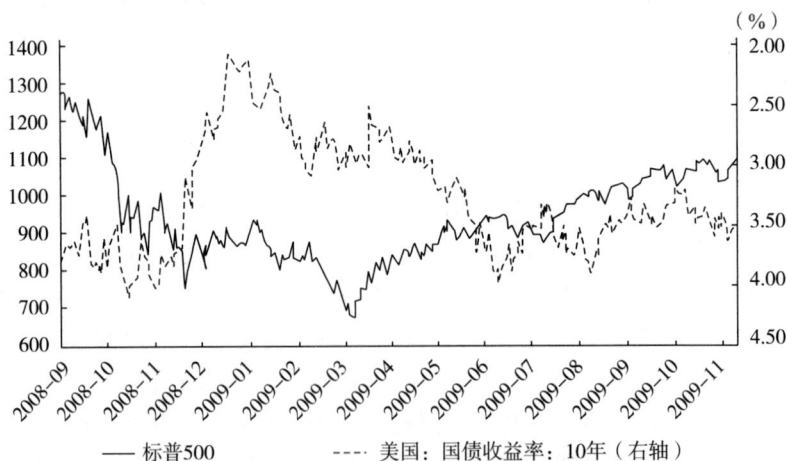

——标普500   ---- 美国：国债收益率：10年（右轴）

图6-5　金融危机期间股债走势

资料来源：Wind数据库。

对于美国债券市场而言，2007 年 9 月，美联储从之前的加息转为降息，并在其后的两年时间内连续 9 次降息，美国 10 年期国债收益率也相应地从 2007 年 9 月的 4.5% 下降超过 240bp 至 2008 年底的 2.08%。2008 年底，美联储已经将联邦基金目标利率调至零区间，货币政策空间缩窄，债券市场对于政策宽松的利好反映有所弱化，前期超跌的收益率出现一定程度的上行修复。从 2009 年 2 月开始，债市大幅下挫，美国 10 年期国债收益率大幅上行 134bp 至 2009 年 6 月的 3.98%。

对于黄金而言，在金融危机最严重的 2008 年，在"现金为王"的逻辑下，黄金遭到恐慌性抛售，伦敦黄金现货价格从 2008 年 3 月的 1003 美元每盎司下跌至 2008 年 11 月的 712 美元每盎司，下跌幅度近 30%。但随着美联储和联邦政府救市计划的推进，大量的流动性重新注入市场，流动性危机有所缓解，黄金现货价格在 2009 年底重新回到 1100 美元每盎司以上（见图 6-6）。

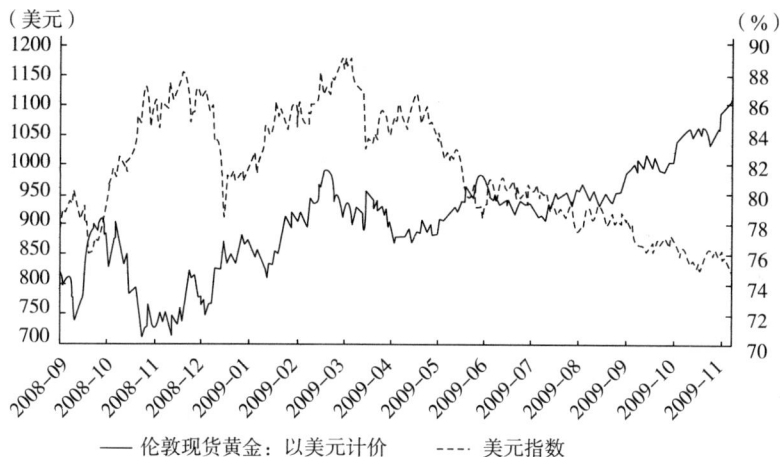

—— 伦敦现货黄金：以美元计价　　---- 美元指数

图 6-6　金融危机期间黄金与美元走势

资料来源：Wind 数据库。

美元在危机初期表现较好，美元指数不降反升，体现出全球恐慌情绪下美元的避险功能。同时，由于美联储为其他主要经济体央行提供美元互换，缓解了投资者对离岸美元流动性的担忧，对美元币值稳定起到一定的支撑作用。后期在大规模刺激政策的影响下，美国经济企稳，美、欧、英、日四国央行决定扩大货币互换协议，进一步保证海外市场的流动性需求，美元指数企稳下行。

第二节 金融危机下中国的政策应对及影响

2007 年 12 月，中央经济工作会议确定了实行从紧货币政策的操作方向，针对出现的经济过热实施以"紧缩"为特征的宏观调控。自 2007 年下半年起，中国经济增长开始放缓，下滑趋势一直延续至 2008 年。2008 年突如其来的全球金融危机使国际市场发生了巨大变化，国内出口受到冲击，并逐渐蔓延到各个经济领域，造成中国宏观经济波动。

一、金融危机下中国货币财政政策总结

在此背景下，中国政府出台了一系列货币政策与财政政策，总结如表 6-3 所示。

表 6-3　金融危机下中国货币、财政政策总结

		措施	效果
货币政策	利率调整	2008 年 9 月 16 日，下调一年期人民币贷款基准利率 0.27%	一年期定期存款利率由原来的 4.14% 下调至 2.25%，一年期贷款基准利率则由原来的 7.47% 降到了 5.31%，五年期以下（含五年期）住房公积金贷款利率由原来的 4.77% 降到了 3.33%
		10 月 8 日，中国人民银行再次降息 27bp，这次同时降低了存贷款的基准利率	
		10 月 29 日，在美联储议息会议前，中国第三次降低存贷款基准利率	
		11 月 27 日，下调金融机构存贷款基准利率 1.08%，同时将活期利率由原来的 0.72% 下调至 0.36%	
		12 月 23 日起，中国人民银行再次下调一年期人民币存贷款基准利率各 0.27%	
	法定存款准备金率的调整	从 2008 年 9 月 25 日起，除工农中建交和邮储银行外，其他存款类金融机构人民币存款准备金率下调 1%，汶川地震重灾区地方法人金融机构存款准备金率下调 2%	法定存款准备金比率的下调，是国际金融市场动荡影响到中国金融体系流动性的结果，在某种程度上也是对过去过于频繁提高法定存款准备金比率政策的反向修正
		在 10 月 8 日全球主要央行协调降息和向金融体系提供流动性支持的背景下，中国央行再次宣布下调存款类金融机构人民币存款准备金率 0.5%	

		措施	效果
货币政策	法定存款准备金率的调整	从 2008 年 12 月 5 日起，下调工农中建交和邮储银行等大型存款类金融机构人民币存款准备金率 1%，下调中小型存款类金融机构人民币存款准备金率 2%	法定存款准备金比率的下调，是国际金融市场动荡影响到中国金融体系流动性的结果，在某种程度上也是对过去过于频繁提高法定存款准备金比率政策的反向修正
		12 月 23 日，中国人民银行再度下调金融机构人民币存款准备金率 0.5%	
	公开市场操作	2008 年上半年，央行公开市场操作依然以冲销和回收流动性为主，所以各月央行票据发行规模较大。但随着全球金融危机的加剧，金融体系的流动性偏紧，央行公开市场操作的主要任务转变为维护金融体系稳定，合理提供流动性和贯彻适度宽松的货币政策，央行票据的发行频率和发行规模都大幅下降	随着法定存款准备金比率的下降和公开市场操作频率和规模的减少，金融机构的超额准备金比率上升，市场流动性得到改善
财政政策		2008 年 11 月 9 日，国务院常务会议公布扩大内需、加快基建投资等十项措施，预计 2010 年底前将投资 4 万亿元	四万亿计划中有 1.5 万亿元用于铁路等基础设施建设，2009 年中国固定资产投资和基础设施建设投资增速快速上升
		2008 年 12 月 10 日，中央经济工作会议提出 2009 年经济五大重点任务，包括实施积极财政政策及适度宽松货币政策、促进农业发展、推进经济结构调整、深化改革、维护社会稳定等	
		2009 年 1 月 12 日，中央制订一揽子振兴经济计划，包括十大重点产业振兴计划等	

二、金融危机期间中国货币政策

2008 年全球金融危机期间，中国的货币政策操作可以分为两个截然相反的阶段。2008 年上半年货币政策的基调为"从紧"，货币政策操作主要着眼于国内的经济过热和通胀压力。随着全球金融危机加剧，中国货币政策开始转向，从紧缩转为适度宽松。货币政策不仅有保国内经济增长的需要，同时也要维护金融体系稳定，参与全球主要中央银行危机管制的协调政策行动。

（一）利率的调整

全球金融危机爆发后，中国人民银行积极应对，五次下调存贷款基准利率，及时释放确保经济增长和稳定市场信心的信号。

2008年9月15日，创立158年的华尔街著名投行雷曼兄弟公司宣布申请破产保护，全球金融市场陷入恐慌。中国人民银行紧急降息，下调一年期人民币贷款基准利率0.27%。2008年10月，欧洲的形势骤然恶化，全球主要央行掀起了一轮协同降息的高潮。10月8日，中国人民银行再次降息27bp，并同时降低了存贷款的基准利率。10月29日，中国第三次降低存贷款基准利率。11月27日，中国人民银行实施第四次利率调整，下调金融机构存贷款基准利率1.08%，同时将活期存款利率由原来的0.72%下调至0.36%。12月23日，中国人民银行又一次下调一年期人民币存贷款基准利率各0.27%，其他期限次存贷款基准利率作相应调整。同时下调中央银行再贷款、再贴现利率。一系列利率调整后，一年期定期存款利率由原来的4.14%下调至2.25%，一年期贷款基准利率则由原来的7.47%下降至5.31%，五年期以下（含五年期）住房公积金贷款利率由原来的4.77%下降至3.33%。

（二）法定存款准备金率的调整

2008年上半年，针对"双顺差"继续扩大、外汇大量流入的态势，为对冲多余的流动性，中国人民银行先后五次上调金融机构人民币存款准备金率。但进入下半年，随着全球金融局势动荡加剧，在全球主要央行协调降息和向金融体系提供流动性支持的背景下，中国人民银行从2008年9月起至年底四次下调金融机构存款准备金率，大型存款类金融机构累计下调2%，中小型存款类金融机构累计下调4%。

（三）公开市场操作

2008年上半年，央行公开市场操作以冲销和回收流动性为主。但随着全球金融危机的加剧，央行公开市场操作的主要任务已转为流动性供给和贯彻适度宽松的货币政策，因此，从7月起，央行逐步调减中央银行票据发行规模和频率。2008年全年累计发行中央银行票据4.3万亿元，其中各季发行量分别为1.78万亿元、1.17万亿元、9810亿元和3710亿元。此外，央行创设了短期招标工具（TAF），及时为流动性出现暂时困难的境内金融机构提供资金支持。同时，为与存贷款利率、准备金政策等货币政策工具协调配合，公开市场操作利率稳步下行。截至2008年末，1年期、3个月期央票和28天正回购操作利率分别较年内峰值累计下行约180bp、240bp和230bp。

三、金融危机期间中国财政政策

2008 年 11 月，国务院常务会议公布扩大内需、加快基建投资等十项措施，计划 2010 年底前投资 4 万亿元。十大保经济措施包括：加大公营房屋、农村基建、交通、环境卫生及环保等投资，以及改善医疗教育，加大农业及低收入人士补贴等。

2009 年 1 月，中央制订一揽子振兴经济计划，其中包括十大重点产业振兴计划，涉及钢铁、汽车、造船、石化、轻工、纺织、有色金属、装备制造、电信、物流产业；国家科学技术长期规划中，与当前经济发展紧密联系的六个重大专项加快进行，作为科技支撑，准备投入 6000 亿元。

同时，受外贸出口持续下滑影响，财政部年内三次调整出口退税率，其中，箱包、鞋帽、伞、毛发制品、玩具、家具等商品的出口退税率提高到 15%。电视用发送设备、缝纫机等商品的出口退税率提高到全额的 17%。

四、金融危机期间中国货币政策与财政政策协同效果

2009 年起，货币政策效果开始显现，贷款基准利率、存款准备金率的下降以及取消银行信贷约束等措施使货币供应量和贷款增速快速增加。其中，M$_2$ 增速从 2008 年 11 月的 14.8% 不断增加至 2009 年 11 月的 29.7%，各项贷款余额同比增速也从 2008 年 11 月开始迅速增加，从 16.0% 快速增加至 2009 年 10 月的 34.2%（见图 6-7）。

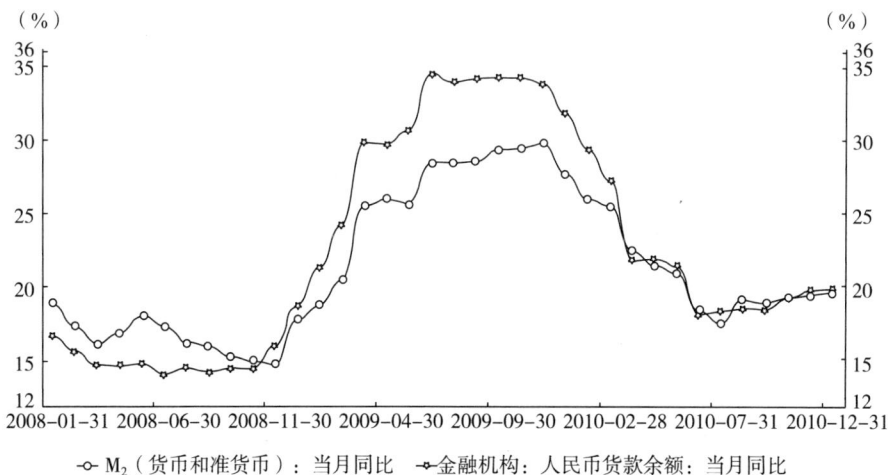

图 6-7　M$_2$ 和金融机构人民币贷款增速

财政政策方面，四万亿计划中有 1.5 万亿元用于铁路等基础设施建设，其中，基建投资增速从 2008 年 11 月的 20.3% 快速增加至 2009 年 6 月的 50.8%。政府增加在道路、桥梁等非竞争性领域的投资，可以直接增加对相关产业，如水泥、钢铁、建材、机械等产业的产品需求，这些产业的发展又形成了对其他产业的需求，以乘数效应的方式促进经济的发展。

政府增加支出在一定程度上导致市场利率上升，使私人投资受到抑制，在一定程度上减少了企业投资的规模，这对扩大内需和拉动经济增长产生了一定的负面作用。但通过同时实行的适度宽松的货币政策，比如降低利率等，可以在一定程度上减弱对私人投资的挤出效应。

综合来看，一揽子稳增长措施在 2009 年带来了明显的效果，全年经济增速达到 9.4%，实现了保增长的经济目标。

五、金融危机期间中国财政货币政策对金融市场的影响

2008 年全球金融危机期间，国内货币与财政政策适时调整，并及时推出大规模刺激计划，对稳定经济和金融市场起到了至关重要的作用。危机期间，国内金融市场总体趋势主要由国内经济政策所主导。

对于国内股市而言，2008 年的 A 股市场受到内外部因素的共同影响。在经历了 2007 年波澜壮阔的大牛市之后，2008 年初，A 股市场开始由盛转衰。在 2008 年 9 月国内货币政策由 "从紧" 转向 "适度宽松" 之前，上证指数已经跌去 70%。2008 年 9 月，雷曼兄弟公司破产，央行迅速调整货币政策方向，宽松的货币政策对股市形成利好，A 股迎来短暂的反弹窗口。但随后，随着全球金融危机的蔓延，对国内经济冲击日渐显现，此后的货币宽松政策未能起到提振股市的效果，A 股市场重回下降通道。直至 2008 年 11 月，中央政府公布四万亿大规模刺激计划，A 股开始真正触底反弹（见图 6-8）。

对于国内债市而言，2008 年 9 月后，随着国内货币政策转向宽松，国内 10 年期国债收益率快速下行，基本与 10 年期美债同步触及历史低位。2008 年 9 月随着雷曼兄弟的破产，次贷危机升级为全球金融危机，但由于系统性流动性风险的出现，美国国债收益率并未显著下行，而是维持了震荡走势。相反，国内债市在通胀走高、经济增速下行及降准降息的拉动下，收益率快速下行。随着美联储大规模流动性支持政策的落地，流动性危机得到一定程度缓解，美债收益率开始下行。随后，随着中美两国大规模宽松政策的出台，经济逐渐企稳，两国国债收益率又逐步开始回升（见图 6-9）。

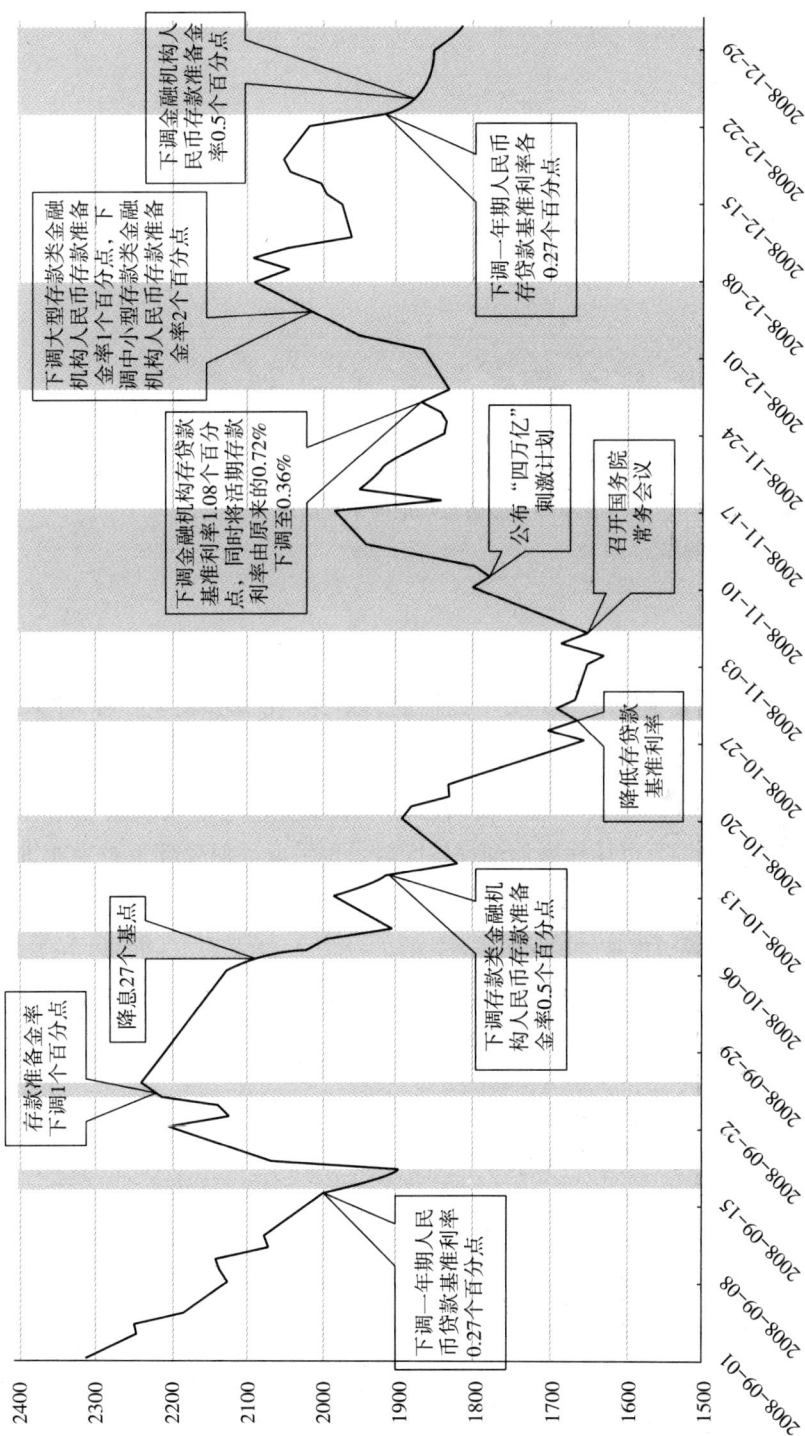

图 6-8　金融危机爆发后沪深 300 指数走势

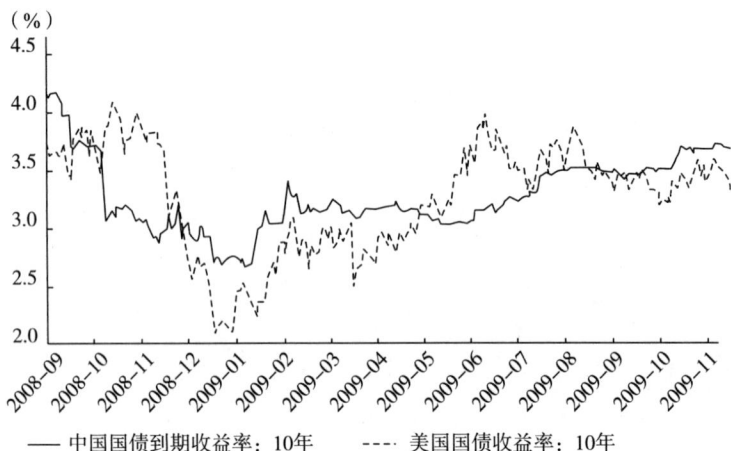

图 6-9　金融危机期间中美债市

资料来源：Wind 数据库。

第三节　金融危机期间中美政策措施及影响对比

在应对金融危机的过程中，中美两国都采取了货币与财政政策相结合的方式，在使用货币政策为市场注入流动性的同时，也采取了财政政策对企业进行相应支持。但由于中美两国国情不同以及受金融危机影响程度的不同，两国在具体的政策实施上也有所不同。

在货币政策方面，美国作为金融危机的发源地，采用了货币政策工具进行调控，并将常规货币政策运用到了极致，表现为极低的联邦基金基准利率、存款准备金率及贴现利率，同时采用非常规的创新性货币政策工具为金融市场提供流动性。相比之下，中国实行适度宽松的货币政策，货币政策的力度显著小于美国。同时，由于美国的资本市场较中国更为成熟、多样，所使用的创新货币工具也较中国更为丰富。

在财政政策方面，由于中国受到金融危机的波及主要在外贸等实体经济领域，中国实行的财政政策主要致力于扩大内需，促进信贷以及保证出口。中国利用财政投资计划扩大内需，出台结构性减税政策为纳税人减负促进消费与投资，调整商业银行信贷政策以促进信贷规模和结构的优化，同时调整出口退税率来刺激出口，力保实体经济的稳定和发展，保证经济平稳较快增长。美国在同样提供税收优惠的同时，则更为注重救助问题资产、金融机构及特定行业，以避免破坏金融体系和经济体系运转。

具体来看，两国在应对金融危机的过程中实施政策措施有以下几个不同点。

一、金融危机期间中美财政政策和货币政策的选择差异

货币政策和财政政策是政府实行宏观调控的主要经济政策，针对不同的宏观经济形势，政府相应采取不同的政策组合方法加以应对。

在美国金融危机发生伊始，其采取的主要政策是货币政策，财政救助则主要针对金融市场主体，例如美国先后对花旗银行等多家金融企业进行注资。但随着金融危机的影响日益扩大，美国政府才将财政政策从金融领域逐渐转向实体经济。

中国虽然也在较大程度上实施货币政策，但是财政政策一直都占据中国应对金融危机的主导地位。例如中国实行的四万亿计划，表现了中国政府着力于通过刺激投资拉动经济的战略。

二、金融危机期间中美政策实施力度不同

美国是危机的发源地，宏观经济的各个方面受金融危机的影响程度远高于中国。因此，美国政府应对金融危机所采取的调控力度显然要大于中国。美联储在将传统货币政策运用到极致后，又采取了诸多创新性的非常规货币政策，以及一系列的金融调控措施。而中国资本市场尚未完全对外开放，所以金融市场受到危机的冲击有限，影响主要集中在出口等实体经济方面。因此，中国的调控政策主要是传统的货币政策与财政政策组合来扩大内需。在财政政策方面，中国大力实行安置房建设投资、基础设施建设投资等一系列关乎民生的建设投资，带动了国内需求。

美国金融危机是由房地产部门传导至金融部门，并最终影响实体经济。因此，美国需要首先向金融市场提供流动性，稳定金融市场，从而刺激国内需求。而中国受到的负面影响是由实体经济蔓延到金融体系，因此，中国更多采取扩张性的财政政策，直接拉动投资，推动实体经济走出危机带来的负面影响。

三、金融危机期间中美政策差异的原因探究

2008年全年，美国GDP为14.71万亿美元，按全年常住人口计算，人均GDP突破了4.36万美元；同期，中国的GDP为4.59万亿美元，人均GDP为3278美元。同年，美国的狭义财政收入总计24220亿美元，中国披露的全国一般公共预算收入为58486亿元。

由上述数据计算，中国狭义财政收入占 GDP 比重为 18.8%，美国财政收入占 GDP 比重为 16.4%。此外，考虑到国有企业的因素，中国政府实际可支配的财政收入更高，资金实力雄厚。因此在遇到经济金融危机时，中国政府更倾向于采用扩张性的财政政策，通过增加政府支出刺激总需求。

相比之下，在金融危机初期，美国更侧重于使用货币政策，试图通过货币政策来解决所有问题。但是随着危机的进一步扩散和加剧，货币政策的边际作用减弱，美国开始将重心转移至财政政策。

因此，危机时中美两国选择不同政策路径的重要原因是中国财政政策实施空间较大，而美国采取财政刺激政策需要通过国会批准，政策周期较长，实施成本较高。

第四节　中美财政赤字货币化比较

财政赤字货币化，广义的定义是央行通过增发货币的方式为政府财政提供融资。具体方式包括央行在一级市场购买国债，在二级市场购买国债，在国有商业银行购买国债等；狭义的定义是央行直接在一级市场上购买国债帮助政府融资。财政赤字货币化下，中央银行通过发行货币的方式为财政融资，其结果导致货币供给量的增加。

一、财政赤字货币化在美国的历史与未来

（一）美国历史上的财政赤字货币化

财政政策与货币政策的协调是宏观经济稳健运行的重要保障，尤其是在经济金融危机时期，有效运用财政与货币政策协同进行逆周期调节，对于实现经济复苏至关重要。政府通过发行债券筹措资金弥补财政赤字，如果政府直接向央行发行政府债券，则被称为严格意义上的财政赤字货币化，而央行在二级市场上购买政府债券，相当于间接地向政府债务提供融资，可视为现代货币银行体系下的广义财政赤字货币化。从货币创造的角度来看，央行从一级市场和从二级市场买进政府债券的效果相似，但政府向市场发行债券会面临更多的约束，而由央行在一级市场直接购买政府债券会令财政纪律受到挑战，缺乏约束的财政行为可能会引发恶性通胀、货币贬值等严重问题，因而各国往往禁止央行从一级市场买进政府债券。如 1913 年《联邦储备法》（Federal Reserve Act）规定，美联储只能在"公开市场"购买政府债券，而不能直接与财政部进行交易，此规定意在维持中央银行在执行货币政策方面的独立性。中国的《中国人民银行法》第二十九条

也规定：中国人民银行不得向地方政府、各级政府部门提供贷款。

通过回顾美国不同时期的重大经济危机发现，大规模的广义财政赤字货币化（以下简称财政赤字货币化）往往出现在经济危机之后，主要是因为政府需要加大财政支出托底经济，从而导致债务上升（见图6-10）。同时，经济衰退时期需要央行持续释放流动性，而由央行发行货币购买国债则能一举两得。财政赤字货币化的情形历史上并不鲜见，在1929年美国经济大萧条期间，时任美国总统罗斯福曾依靠央行购买国债支持财政扩张来刺激经济复苏。而2008年金融危机之后，美日欧等主要发达国家和地区相继使用量化宽松等政策，试图通过财政赤字货币化托底经济。应对危机的有效方式应当是纾困与刺激并行，财政与货币协同配合拉动内需使经济逐步恢复。但持续大规模的财政支出和宽松的货币环境，容易导致债务激增和恶性通胀等不良后果。

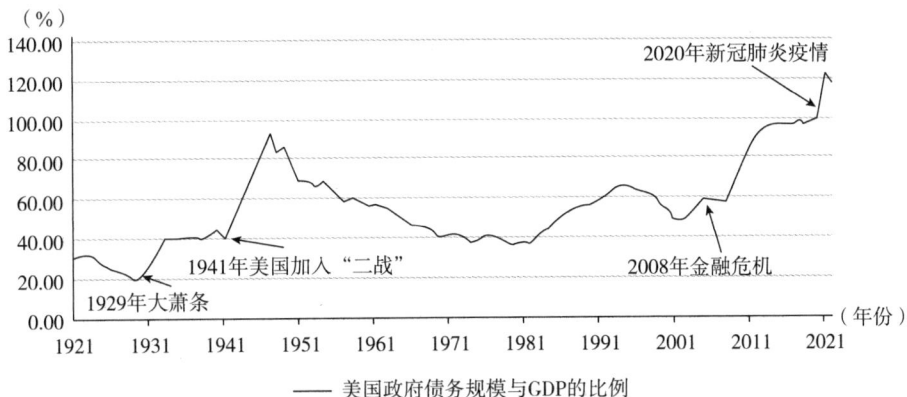

图6-10　美国联邦政府债务存量规模在危机期间迅速扩张

资料来源：bloomberg。

1.1929～1933年美国大萧条时期的政策应对

大萧条时期货币政策工具十分局限，1929～1932年，美联储货币政策目标是维持金本位制度。在经济衰退以后，为避免黄金外流，美联储采取紧缩政策，控制货币供应量，提高利率，客观上加剧了经济衰退。1933年罗斯福就任美国总统后开始实施新政，废除了金本位制，美联储打破了货币投放的束缚，转为扩张货币供给，很快就结束了通货紧缩。同时，由于美元兑黄金持续贬值，美国财政政策受制于不断膨胀的债务。罗斯福新政通过取消长期政府债务锚定黄金价值的条款成功实现了债务重组。银行主动增加了政府债务持有量，扩大向私营部门提供贷款，货币供应量随之提升。罗斯福新政的核心是采用积极财政扩大政府支出实现定向纾困（Relief）、恢复经济（Recovery）、经济改革（Reform）的"3R"目标。

罗斯福新政实行后，美国经济快速反弹，随着罗斯福持续实施财政刺激政策，导致美国财政支出大幅上升。美国财政由20世纪20年代的盈余转为三四十年代财政赤字不断扩大。当时，美国的财政赤字主要由发行国债弥补，为了维持利率稳定，联邦储备银行吸纳了大量的国债。1930~1940年，联邦储备银行持有政府债券规模从5.9亿美元大幅上升至24.7亿美元。加入"二战"以后，美国财政赤字进一步扩大，联邦储备银行持有政府债券规模也在1945年突破200亿美元。"二战"期间，美国各界达成了极度宽松的货币政策和财政政策协同的政治共识，白宫和财政部对美联储施加影响，美联储明确低利率盯住美元汇率的政策立场，保证美国国债利率处于低位，为政府发行战争债券融资提供便利。

"二战"结束后，1947年美国CPI攀升至17.6%。长期大规模的财政赤字货币化导致了严重的通货膨胀，市场开始呼吁美联储将政策目标从筹集战争资金转向抑制通货膨胀。朝鲜战争爆发后，美联储面临着大量发行新国债的货币化与通货膨胀失控的压力，美国CPI在1951年进一步上行。经过白宫与财政部官员以及联邦公开市场委员会的多次谈判，1951年3月，美国财政部和美联储在国债管理和货币政策方面达到完全一致，共同发表《美联储—财政部协议》，表示将维护美联储的独立性，"尽可能减少政府债务的货币化"。

2. 2007~2008年金融危机时期美国的政策应对

在金融危机爆发前，美联储已经开始转变此前紧缩的货币政策立场，通过降低贴现率与降息等手段提前应对。2008年，随着金融危机逐渐深化并开始在全球蔓延，世界主要经济体都陷入衰退，美国启用量化宽松和加大财政赤字货币化力度来应对危机。

危机发生后，美联储和财政部通过大幅增加中央政府杠杆的方式继续缓冲企业和居民的去杠杆，即政府减税和增加支出。同时，自2008年11月开始，美联储相继实施了三轮量化宽松，购买国债和机构债券，维持政府高赤字运转使其持有国债占全部国债的比重从2008年低点的约5%一路上升至约20%（见图6-11），最终逐步修复了居民和企业的资产负债表，使得居民和企业重新扩张资产负债表，推动经济逐步走出阴影。直至2017年，美联储才开始缩表进程，逐步退出财政赤字货币化进程，修复货币政策空间。

3. 美国2020年新冠肺炎疫情经济危机的政策应对

为了应对新冠肺炎疫情导致的危机，美联储转向超常规宽松的货币政策立场，采用连续降息、大回购规模、下调贴现窗口利率等常规工具，下调了美元流动性互换利率、与世界主要央行建立临时美元互换机制应对全球流动性危机。美

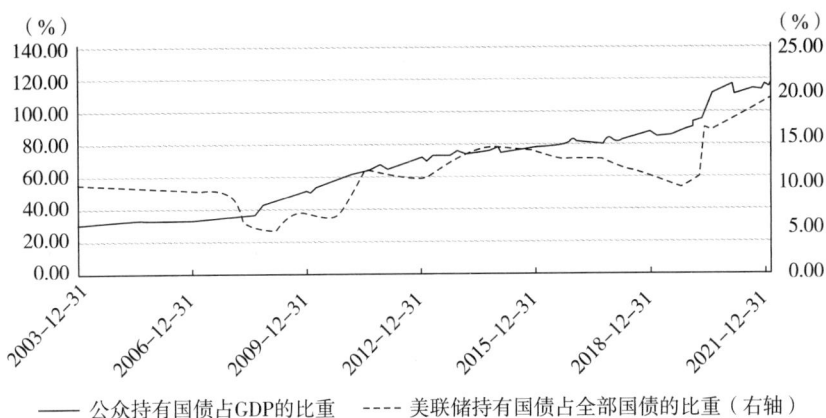

図 6-11　2008 年金融危机后美联储持有国债占国债总规模比重迅速攀升

资料来源：bloomberg。

联储的相关操作也开始注重与财政的协同，新设工具中更多采取与财政部共同注资来为实体经济提供支持。

目前，美国财政与货币政策协同创造了新的模式，在推出的众多新工具中，主街贷款计划、薪酬保护计划流动性融资等都体现出货币与财政协同的特点。还有一些模式则具备了财政赤字货币化的政策倾向。如为了帮助州和地方政府管理由新冠肺炎病毒大流行造成的现金流压力，美联储设立市政流动性便利，向州和市政当局提供高达 5000 亿美元的贷款，财政部将为美联储提供 350 亿美元的信贷担保，以支持市政流动性便利。市政流动性便利相当于为地方政府支出提供融资，因此也使美联储成为地方财政的坚强后盾。

4. 美国三次危机的政策应对经验对比

从三次危机后美国采取的经济政策来看，美国政策响应越来越及时，财政货币刺激力度越来越大。对于 2007 年爆发的金融危机，货币政策应对金融风险十分迅速，但财政刺激计划直至 2008 年 10 月才推出第一轮。而新冠肺炎疫情暴发后仅一个多月，美国就陆续推出了累计 2.8 万亿美元的财政刺激计划，占 GDP 的比例超 13%。

新冠肺炎疫情危机中，财政赤字货币化是在利率水平降至零、常规货币政策失效后的超常规政策选择。危急时刻，货币政策应与财政政策并行，宽松的货币政策为扩大内需提供了基础，再通过扩大财政支出的方式进行有针对性的补贴与救助来刺激经济。

此外，美联储资产负债表不断扩张，新冠肺炎疫情下规模增长速度远远超过金融危机后的三次量化宽松。截至 2020 年 5 月，美联储总资产已突破 7 万亿美元，自 2020 年 3 月以来已累计购买超 1.5 万亿美元的国债与 0.49 万亿美元的 MBS。

（二）美国是否可能长期进行财政赤字货币化

在三次危机应对过程中，可以看出美联储与政府的配合，而新冠肺炎疫情危机中，美国政策应对更加迅速和强力。

1951 年美联储和财政部达成的协议标志着美联储获得了制定货币政策的完全独立性。然而，美联储同时代理着国库财务收支、政府公债发行管理及政府贷款人等职能，再加上美联储公开市场操作对美国债券市场的决定性影响，使美联储与美国财政部之间存在着紧密联系，这种联系决定了美国货币政策同财政政策能够有效结合，在货币政策调整空间越来越小的时候，财政政策就显得越发重要。

但是，危机时期的财政赤字货币化会为未来的金融体系与宏观经济埋下风险隐患。新冠肺炎疫情危机中，美联储通过多种渠道为财政部实施纾困计划提供资金来源，这种超常规政策无论未来适时退出还是常态化实行，带来的市场风险都是前所未有的。

首先，美国政府推出的超常规财政赤字货币化的措施，未来将面临如何平稳退出的难题。2013 年美联储原计划放缓量化宽松却引发了金融市场的恐慌，导致不得不推迟资产购买计划的结束时点，直至 2017 年 10 月才开始缩表计划。2019 年 8 月结束缩表时，美联储资产负债表规模仍远高于危机前水平。新冠肺炎疫情危机中，美联储采取的刺激政策规模更庞大、影响更广泛，若美联储在政策退出过程中不能有序引导市场预期，将加剧金融市场的波动，引发后危机时代的次生风险。

其次，如果长期施行财政赤字货币化，会鼓励财政过度负债，对经济的影响弊大于利。财政过度负债会使政府占用大量资源，挤出企业部门的经济活动，导致整个经济的生产率和增长潜力下降。历史上，当政府将中央银行当作印钞机，无限扩张信用帮财政埋单时，往往会导致货币长期超发，最终导致通货膨胀失控，例如"一战"后的德国、20 世纪 70 年代的智利等。价格体系受到冲击将扭曲经济主体决策，破坏宏观经济平稳增长的目标。即使货币超发没有导致严重的物价上涨，也会导致资产价格泡沫，挤出实体经济投资，引发金融风险。

二、财政赤字货币化在中国的历史与未来

（一）中国提出财政赤字货币化的背景

2020 年新冠肺炎疫情冲击下，中国经济供需两端承压，通过货币和信贷政

策精准扶持中小企业的机制尚未完全建立，因而只能更多地依赖财政政策，致使财政赤字扩大。在全球低增长、低通胀、低利率、高债务和高风险的"三低两高"形势下，有学者提出"财政赤字货币化"具有合理性、可行性和有效性。在当前经济形势下，可以考虑用发行特别国债的方式，适度地实现赤字的货币化，把财政和货币政策结合成一种新的组合，以缓解当前财政的困难。其主要依据有以下六点：

（1）过去无论是量化宽松还是低利率，都没有刺激起通货膨胀，表明通胀机理产生改变，"货币数量论"不适用。

（2）央行直接购买国债可以避免国债市场发行的挤出效应。

（3）目前的通胀是结构性的，主要受供给影响，而不是受需求影响。实行财政赤字货币化不会导致恶性通货膨胀。

（4）财政赤字、国家债务和央行发行货币都是基于国家信用，适度实现财政赤字货币化，把财政和货币政策结合成一种新组合，可以缓解当前的财政困难，解决货币政策传导机制不畅的问题。

（5）目前货币政策传导到商业银行、再到市场主体过程在操作上有难度。财政赤字货币化比货币政策仅在再贷款、降准降息方面采取措施更有效。

（6）地方对冲风险不如中央，疫情冲击下，中央政府和中央财政应该更多地承担对冲风险职责。

总的来说，在新冠肺炎疫情的特殊时期，适度进行财政赤字货币化是有效的，是非常时刻的非常之举。很多国家货币存量成倍增加，但并没有出现恶性通货膨胀，货币数量论并不完全适应当下的经济形势。当前经济收缩、大量企业和家庭亟须纾困的情况下，适度的财政赤字货币化有益于当前严峻的经济形势，相比现行货币政策能更有效地实现经济扩张目的。

（二）中国不会实行狭义的财政赤字货币化

狭义的财政赤字货币化是指央行直接在一级市场购买国债。虽然财政赤字化存在前文所述优势，但是就目前来看，中国不可能采取狭义的财政赤字货币化。其主要原因是实施财政赤字货币化会对央行的独立性产生影响。此外，目前中国货币政策调控尚有余地，无须进行财政赤字货币化。

1. 从中国的经济实际看

财政赤字货币化是扩张型货币政策的最后一个手段，当利率降至零及量化宽松都无法刺激经济的时候，就需要被迫采用财政赤字货币化。如果国家的财政支出成本很高，债务庞大且信誉不好，金融市场剧烈震荡、经济深度衰退可能就需要被动采取财政赤字货币化。但是目前，中国经济尚没有采取财政赤字货币化的需要。

（1）中国的信用市场流动性充足。疫情下中国国债市场平稳，国内的利率水平和国债收益率水平较为正常（见图 6-12），市场流动性充足，居民、金融机构有大量的对高质量利率债、国债的需求。通过市场融资还可以丰富利率产品，发展理财和资管产品，充实债券市场。政府赤字不必通过赤字货币化进行融资，而可以通过市场融资解决。

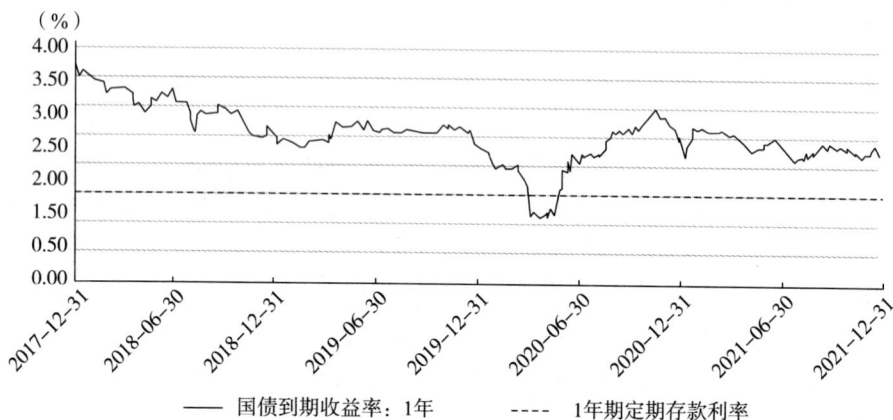

图 6-12　中国国债收益率和定期存款利率

资料来源：Wind 数据库、公开资料整理。

（2）实施财政赤字货币化会破坏央行的独立性。根据央行研究局研究成果，在当前复杂的国内外形势下，财政政策比货币政策更能直接对冲疫情影响。而若财政和央行的职能边界模糊，就有可能会出现货币超发和通货膨胀。一旦央行的独立性被破坏，就会影响到市场对政府财政和货币政策机制的信心，降低市场对政府财政纪律的约束效力。

（3）央行不经过市场定价直接购买国债，相当于政府直接为债券定价，这可能会影响到整个市场对其他金融产品的定价，扭曲市场定价机制，导致资源错配，与要素市场化改革相悖。同时，随着国债的积累，为了保持政府的偿付能力，政府可能对利率进行管制，造成国债定价的"双轨制"。

2. 从风险层面看

要实施适度的财政赤字货币化，首先，"适度"很难把握，一旦掌控不好量，就可能会引发高通胀和价格资产泡沫。在中国，尤其需要重视房地产价格泡沫带来的风险。其次，能否做到及时退出也存在很大的不确定性。如果经济无法企稳，实体经济投资回报差，经济增速不如预期，就可能无法消化掉被货币化的赤字。即使在经济复苏期，可以通过财政协助央行缩表，这个过程也是难以把握的。理论上来说，在一个封闭的经济体中，政府只要与央行合作，就可以在非市场化的利率水平无限量发行国债。但在开放的背景下，通货膨胀和货币贬值预期下会导致资本外流，从而制约国债发行。

3. 从理论层面看

为财政赤字货币化提供理论支持的是现代货币理论（Modern Monetary Theory，MMT）。现代货币理论是后凯恩斯主义经济学的发展，重点讨论财政政策与货币政策如何协调运作。现代货币理论的盛行主要是因为在 2008 年金融危机后，持续扩大的政府赤字和央行的量化宽松政策并没有带来通货膨胀，这与主流经济理论相违背，而现代货币理论却很好地解释了这一点。

目前，中国的社会主义市场经济体制是货币数量理论设立的前提，让市场在经济资源的配置中起决定性作用。货币数量论侧重于市场机制的成熟性和市场本身的调控能力，而现代货币理论则侧重于国家力量是否强大、政府对经济的干预和调节能力。现代货币理论挑战了财政政策和货币政策的传统观点，财政赤字货币化也被认为是一种极端的操作。在中国当前的市场化改革方向下，是不可能进行这种逆市场化操作的。

4. 从历史层面看

历史上，财政赤字货币化并不罕见，但都是政府无法靠市场化的借款来满足融资需求之后的无奈之举。这种情况大多数出现在战争期间，政府融资需求快速膨胀，而投资者又要求较高的风险溢价。此时，政府会向央行施压，以非市场化的利率直接认购国债或承包二级市场未消化掉的国债。

在 1995 年以前，中国财政可以向央行借款和透支。20 世纪 80 年代末，中国出现了通货膨胀，这对中国财政的进一步改革提出了要求。

5. 从法律层面看

1995 年出台的《人民银行法》规定，中国人民银行不得对政府财政透支，不得直接认购、包销国债和其他政府的债券。该法律的出台维护了央行的独立性，将财政与央行划分开。如果为了实施财政赤字货币化，就需要对《人民银行法》进行修改，这会破坏法律本身的权威性。法律条款的延展补充修订都是需要仔细研究、层层把关的，需要多次讨论、审议。如果为了实施财政赤字货币化随便修改法律条文是不严肃的，必须慎之又慎。

6. 从现实结果看

实际操作中，央行并未直接认购特别国债，并且，特别国债的发行并未对银行体系和股票市场造成流动性压力，债券市场和货币市场受到的冲击也并不明显。这主要得益于各方面的配合：一方面，发行期间减少了一般国债和地方债的发行量，同时抗疫特别国债采用多次续发的方式，分四期总共 16 次发行，降低了发债短期对于市场流动性的压力；另一方面，央行严密监控银行间流动性，适时通过逆回购、MLF中期便利等公开市场政策工具，保持流动性合理充裕。政府赤字通过向市场融资，大部分国债被银行体系吸收，央行实时监控市场利率和流动性供给情况，进行货币政策调控，避免严重的挤出效应和流动性短缺。

总体来看，中国目前还不需要实行财政赤字货币化。但如果未来某一时期，中国的经济走向深度衰退，陷入流动性陷阱，极度宽松的货币政策也无法刺激经济，财政赤字货币化也将不得不成为一种可能性。

（三）中国历史上的隐性财政赤字货币化

中国央行虽然不会直接认购国债发行，但可能通过其他方式实现赤字货币化。

1. 地方债务隐性赤字货币化

截至2019年底，中国官方统计的地方政府债务总额为21.3万亿元，除了这些显性的债务，还存在大量的隐性债务。根据审计署公布的数据，2010年底，地方政府债务已达10.7万亿元，到2013年6月跃升至17.9万亿元。2009~2013年，地方财政实际赤字每年约为GDP的9%。之后中央政府意识到快速上升的地方政府债务所带来的严重问题，自2015年起，决心清查并置换这些债务，实际上就是将隐性的历史赤字显性化。共有14万亿元的平台债务被置换成显性的地方政府债务，但实际上还有大量平台债务尚未被置换。

地方融资平台债务主要分为三类：银行贷款、城投债、非标融资。这部分债务数据披露并不充分。2013年6月底公开的平台债券融资余额有9.7万亿元，此后该数据不再公开。截至2020年8月底，中国地方政府的显性债务为25.1万亿元，其中纳入官方赤字的地方政府一般债务为12.8万亿元（见图6-13）。根据一些学者的估算，中国地方政府的隐性债务可能在35万亿元到50万亿元。

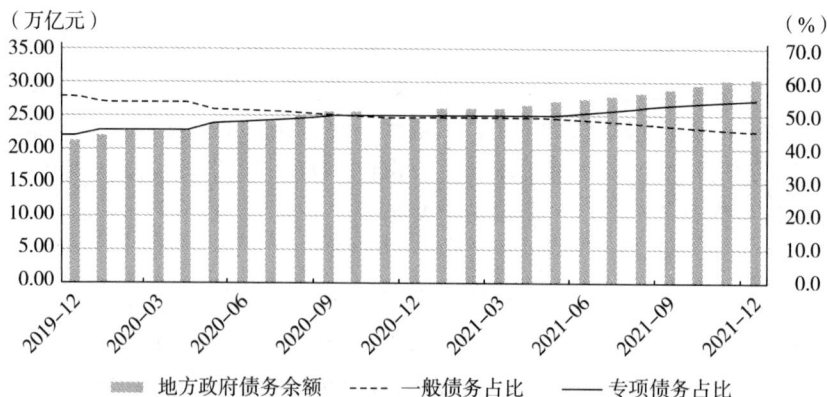

图6-13　中国地方政府债务余额

资料来源：Wind数据库、公开资料整理。

如果政府有还款能力，所借的资金能投入好的项目并还本付息，则为其提供的融资就不能算赤字货币化。但是由于地方政府预算软约束，再加上刚性兑付，投资平台项目鱼龙混杂，市场缺乏事前筛选和事后监督，最后就会导致无法偿还的债务不断累积。以目前地方政府整体的债务情况，在可预见的未来，绝大部分地方政府降低其债务存量的可能性很低，因此一部分地方政府显性债务可能会被货币化。

而中国现行经济体制下，商业银行及其影子银行体系是主要的信贷供应者，为了防范系统性风险，央行作为最终贷款人将不可避免地进行托底，通过政策性银行向地方政府或其平台放贷，增加基础货币供应，最后通过中央政府进行债务置换，将隐性的赤字显性化。

2. 抵押补充贷款和货币化棚改

具有较大争议的是抵押补充贷款工具（PSL）与货币化棚改，有学者认为这两者实质上就是赤字货币化。

截至2019年11月，央行通过抵押补充贷款直接增加了约3.6万亿元的基础货币。这笔资金由国家开发银行作为中介机构，最后贷给地方政府。棚改贷款的流向未必遵行商业原则，棚改资金的还本付息难度可能非常大，实质上类似于中央政府的转移支付。

反对者认为，抵押补充贷款是货币政策工具，央行的贷款不论是不是做棚改货币化，作为贷款最终都是要偿付的。地方政府和居民使用资金后会派生出商业银行存款和贷款，其本质还是央行增加基础货币投放的工具。这一问题的争议性在于还本付息的可能性。

2015年以来中国抵押补充贷款（PSL）期末余额如图6-14所示。

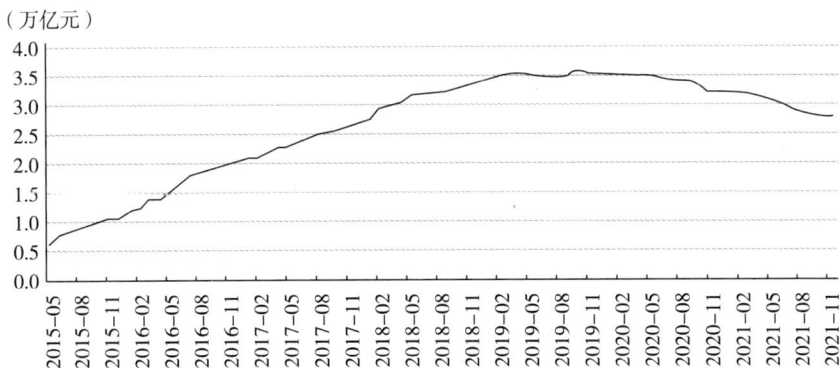

图6-14　抵押补充贷款（PSL）期末余额

资料来源：Wind数据库。

　　总体来说，中国面对危机大概率仍会通过央行印钞来提供资金，只不过从表现形式上看，央行不会直接向政府提供融资，而是通过二级市场或者通过商业银行吸收债券等方式迂回地进行。

　　面对此次新冠肺炎疫情冲击，经济衰退的广度和深度都是巨大的，各国央行均在为债务提供资金。这种前所未有的货币扩张，从全球来看可能带来超长的通胀周期。而中国由于自身产能过剩、货币传导机制不畅等问题，可能不会有严重的通胀，但可能会产生资产泡沫化，对未来经济增长和金融稳定造成隐患。

参考文献

［1］Gomme Paul. US Fiscal policy during and after the coronavirus ［J］. Canadi-an Journal of Economics/Revue canadienne d'economique, 2022, 55.

［2］汪金祥. 美联储应对疫情冲击的政策选择、操作特征及启示 ［J/OL］. 国际金融, 2021 （6）: 50-55. DOI: 10. 16474/j. cnki. 1673-8489. 2021. 06. 012.

［3］王进会, 邹悦, 宋伟宸. 美欧日央行应对疫情冲击的货币政策工具及效果 ［J］. 金融纵横, 2021 （4）: 89-95.

［4］Feldkircher Martin, Huber Florian, Pfarrhofer Michael. Measuring the effec-tiveness of US monetary policy during the COVID-19 recession ［J］. Scottish Journal of Political Economy, 2021, 68 （3）.

［5］李成威, 景婉博. 财政政策与货币政策的有效协同模式: 赤字货币化 ［J/OL］. 经济与管理评论, 2021, 37 （2）: 107 - 113. DOI: 10. 13962/j. cnki. 37 - 1486/f. 2021. 02. 010.

［6］宋效军, 赵晗. 负利率时代的银行应对之策 ［J］. 现代金融导刊, 2020 （8）: 46-51.

［7］刘思源. 财政赤字货币化: 理论与实践 ［J/OL］. 宏观经济研究, 2020 （9）: 48-57. DOI: 10. 16304/j. cnki. 11-3952/f. 2020. 09. 005.

［8］黄亚捷. 财政赤字货币化的国际实践及在我国的适用性分析 ［J］. 新金融, 2020 （8）: 19-24.

［9］Federal Reserve. Monetary Policy Report to the Congress ［R］. 2020.

［10］刘玄, 鲍思晨. LPR 形成机制改革及政策启示 ［J］. 新金融, 2020 （4）: 58-63.

［11］吴晓求, 许荣, 孙思栋. 现代金融体系: 基本特征与功能结构 ［J］. 中国人民大学学报, 2020, 34 （1）: 60-73.

［12］杨全社, 杨英杰, 皇甫建华, 李依玲. 美国金融危机以来财税政策演变及其实施效果评价 ［J/OL］. 经济研究参考, 2020 （1）: 76 - 89. DOI: 10. 16110/j. cnki. issn2095-3151. 2020. 01. 007.

［13］张晓娟. 中国货币政策的资产价格传导机制研究［D］. 兰州财经大学, 2019.

［14］殷剑峰. 中国金融体系的演变和改革［J］. 中国经济报告, 2018 (12)：86-90.

［15］汤胤. 浅析我国家庭资产配置的现状及改进策略［J］. 当代经济, 2018 (22)：114-116.

［16］Shaukat Ansari. US Fiscal Policy, Manufacturing Stagnation, and the Shift to Financialization in the Era of Globalization：An Econometric Analysis, 1973-2015［J］. Review of Political Economy, 2018, 30 (4).

［17］Ehtisham Ahmad. Rebalancing in China：Fiscal Policies for Sustainable Growth［J］. The Singapore Economic Review, 2018, 63 (4).

［18］Carlos Arteta, M. Ayhan Kose, Marc Stocker, Temel Taskin. Implications of negative interest rate policies：An early assessment［J］. Pacific Economic Review, 2018, 23 (1).

［19］宋来, 朱保华. 美国财政政策历史实践及其对我国供给管理的若干启示［J］. 世界经济研究, 2016 (9)：8-16, 135. DOI：10. 13516/j. cnki. wes. 2016. 09. 003.

［20］Prof Dr Selman Yilmaz, Prof. Dr. Cansu Şarkaya İçellioğlu. The Negative Interest Rate Policy：The Eventualities and Implications［J］. JOEEP：Journal of E-merging Economies and Policy, 2016 (1).

［21］杨伟. 基础货币投放渠道变化及货币政策应对［J/OL］. 金融与经济, 2016 (4)：27-30. DOI：10. 19622/j. cnki. cn36-1005/f. 2016. 04. 006.

［22］吴秀波. 海外负利率政策实施的效果及借鉴［J/OL］. 价格理论与实践, 2016 (3)：17-23. DOI：10. 19851/j. cnki. cn11-1010/f. 2016. 03. 003.

［23］牛慕鸿, 张黎娜, 张翔. 利率走廊系统的国际经验借鉴［J/OL］. 金融发展评论, 2015 (12)：59-64. DOI：10. 19895/j. cnki. fdr. 2015. 12. 005.

［24］贾晓俊, 向振博, 岳希明. 美国政府间税收划分的实践与借鉴［J/OL］. 税务研究, 2015 (9)：106-109. DOI：10. 19376/j. cnki. cn11-1011/f. 2015. 09. 023.

［25］Miao Han. The People Bank of China during the Global Financial Crisis：Policy Responses and Beyond［J］. Journal of Chinese Economic and Business Studies, 2012, 10 (4).

［26］刘胜会. 金融危机中美联储的货币政策工具创新及启示［J］. 国际金融研究, 2009 (8)：10-16.